丛书主编：张志明

新时代党建思想
研究丛书

发展积极健康的
党内政治文化

FAZHAN JIJI JIANKANG DE
DANGNEI ZHENGZHI WENHUA

张弛 著

SPM
南方出版传媒
广东人民出版社
·广州·

图书在版编目（CIP）数据

发展积极健康的党内政治文化/ 张弛著. —广州：广东人民出版社，
2019. 11（2020. 6 重印）
（新时代党建思想研究丛书）
ISBN 978 - 7 - 218 - 13159 - 7

Ⅰ. ① 发… Ⅱ. ① 张… Ⅲ. ① 中国共产党—政治文化—党的建
设—研究 Ⅳ. ① D26

中国版本图书馆 CIP 数据核字（2018）第 205238 号

FAZHAN JIJI JIANKANG DE DANGNEI ZHENGZHI WENHUA
发展积极健康的党内政治文化

张弛 著

出 版 人：肖风华

责任编辑：廖智聪 李尔王
装帧设计：李桢涛
责任技编：周 杰 周星奎

出版发行：广东人民出版社
地　　址：广州市海珠区新港西路 204 号 2 号楼（邮政编码：510300）
电　　话：（020）85716809（总编室）
传　　真：（020）85716872
网　　址：http：//www.gdpph.com
印　　刷：广州市浩诚印刷有限公司
开　　本：787mm×1092mm　1/16
印　　张：15.25　字　数：200 千
版　　次：2019 年 11 月第 1 版
印　　次：2020 年 6 月第 2 次印刷
定　　价：38.00 元

如发现印装质量问题，影响阅读，请与出版社（020 - 85716849）联系调换。
售书热线：020 - 85716826

总　序

张志明

　　党的十八大以来，随着全面从严治党战略部署的展开，全党不仅走出了一条依规治党的新路，并且提出和初步形成了中国化马克思主义党建理论体系，实现了执政党建设的理论创新、实践创新和制度创新，对党的长期执政和国家长治久安，意义深远。应该说，十八大以来党建理论和实践最鲜明的主题就是全面从严治党，而全面从严治党不断推进的过程，也是中国化马克思主义党建理论体系不断发展和完善的过程。特别是党的十九大宣布，中国特色社会主义伟大事业进入了新时代，这也意味着执政党建设新的伟大工程也进入了新时代。新时代要有新气象，更要有新作为。由中共中央党校党建部和广东人民出版社合作出版的《新时代党建思想研究丛书》，就是对全面从严治党与中国化马克思主义党建理论体系这一重大课题进行研究的阶段性成果。作为丛书的引子，结合十九大精神的学习，我在这里谈一谈自己对新时代中国化马克思主义党建理论体系的初步思考和体会。

　　"构建中国化马克思主义党建理论体系"这一重大命题，是在2016年3月习近平总书记为全国党建研究会换届大会所作的批示中提出来的。这一重大命题是与全面从严治党的战略部署，特别是与十八大以来逐步形成的习近平党建思想密切相关的。

这里简要谈谈三个方面的认识心得：关于新时代中国化马克思主义党建理论体系的创新界标问题；关于新时代中国化马克思主义党建理论体系的创新内涵问题；关于新时代中国化马克思主义党建理论体系的创新价值和意义问题。

先谈谈关于新时代中国化马克思主义党建理论体系的创新界标问题。具体有三句话：一是为什么说新时代中国化马克思主义党建理论体系是党的思想理论创新？二是新时代中国化马克思主义党建理论体系创新的基本特点是什么？三是如何把握新时代中国化马克思主义党建理论体系在全球治理环境下的党建定位？

我们讲执政党的重大理论创新，与学者个体或一般学术团队的所谓创新是有很大区别的。中国共产党的思想理论创新至少要具备三个方面的基本条件：一是中国革命、建设和改革发展确实遇到了新的重大问题，老的理念、思路、办法再也无法回答和解决这些问题；二是党的领袖或领袖集团为解决这些新问题，确实在集中全党智慧基础上提出了新的理论体系，并以此做出了新的战略布局和制度安排；三是一旦新的理论体系指导实践，这些问题的解决有非常明显的成效，中国革命、建设和改革发展的面貌由此就焕然一新了。这是中国共产党近百年奋斗历程中的历史事实，也是党理论创新的历史经验和基本特点，从毛泽东思想到中国特色社会主义理论体系，都显示了这些创新特点。因此，可以继续以此考量中国化马克思主义党建理论体系的创新价值。

首先，新时代中国化马克思主义党建理论体系的形成，是在中国特色社会主义事业发展新时代，中国经济进入新常态发展的新时期，中国发展进入"五位一体"总体布局发展新阶段，党治国理政进入"四个全面"战略布局新形势以后，着力回答和解决，当代中国要推进好"五位一体"总体布局新发展，总揽协调好"四个全面"新战略布局，"究竟需要一个什么样的执政党、怎样才能建成这样一个党"这一关键性的时代课题。应该说，过去党的建设的理念、思路、办法，越来越无法适应新的要求，党的建设和党的领导积累存在的严重的宽松软问题，就是这种不适应的症状。其次，为了解决这些党的建设和党的领导方面存在的严重问题，以习近平同志为核心的党中央，提出了习近平新时代中国特色社会主义思想，并作出了相应的战略布局和制度安排，在党建方面，提出并大力推进了全面从严治党的战略部署，并在指导和推进全面从严治党的进程中，形成了习近平党建思想体系，构成了中国化马克思主义党建理论体系的核心内容。再次，一旦这种新的党建理论成果用于指导党建实践，党的建设和党的领导的面貌就焕然一新了。这是十八大以来全党同志和全国人民感同身受的巨大变化。因此，新时代中国化马克思主义党建理论体系的创新，是具备党思想理论创新的必要条件和充分条件的。

那么新时代中国化马克思主义党建理论体系有什么基本特点呢？一是坚持了紧紧围绕党的政治路线和党的中心工作加强党的建设的基本遵循和历史经验。不是就党建说党建，不是自说自话自娱自乐，而是始终坚持执政党建设新的伟大工程与中国特色社会主义伟大事业的良性互动，并且把党的命运与伟大事业的命运融为一体。习近平总书记提出的"党的领导是中国特色社会主义事业最本质特征"的重要思想，强调党的建设必须紧紧围绕怎么领导好中国特色社会主义伟大事业、怎么统帅好国家治理体系和治理能力现代化来展开，就是这种良性互动和命运一体的集中体现，而且比过去任何时候都讲得更加具有理论和实践的彻底性和通透性。二是进一步明确了新时代坚持和加强党的建设的目标。这个目标就是解决建设一个什么样的党的问题。这与明确"党的领导是中国特色社会主义事业最本质特征"重要思想形成呼应，更指明了"把党建设成为始终走在时代前列、人民衷心拥护、勇于自我革命、经得起各种风浪考验、朝气蓬勃的马克思主义执政党"的党建目标，只有做到这样，才能确保党成为中国特色社会主义事业的领导核心。那么，如何才能确保党的领导核心地位呢？如何才能成功实现党对中国特色社会主义事业的领导权呢？是依靠党的纯洁性、先进性、领导水平和执政能力，是依靠厚植党领导和执政的政治基础。这也是党宝贵的建设和领导经验。正像毛泽东同志所说，"所谓领导权，不是要一天到晚当作口号去高喊，也不是盛气凌人地要人家服从我们，而是以党的正确政策和自己的模范工作，说服和教育党外人士，使他们愿意接受我们的建议。"习近平总书记也反复强调，坚持党要管党、从严治党，永葆党的先进性和纯洁性，是摆在我们面前的重大课题。强调全面从严治党必须首先从讲政治说起，从严治党要从党内政治生活严起，党要管党要从党内政治生活管起。三是确立了新时代党的建设的主线，布局解决怎样建成这样一个党的问题。为达到目标，新时代党的建设总要求提出了一条正确的主线，"以加强党的长期执政能力建设、先进性和纯洁性建设为主线"。与原来比较，把"执政能力建设"改为"长期执政能力建设"，更聚焦党的长期执政和国家长治久安，体现登高望远的历史担当。党的领导核心地位不是一劳永逸的，必须通过不断加强党的建设和党的领导才能得以持续实现，必须通过全面从严治党加以保障。正如习近平总书记指出的，全面从严治党，核心是加强党的领导，基础在全面、关键在严、要害在治。"全面"就是管全党、治全党，覆盖党的建设各个领域、各个方面、各个部门；

"严"就是真管真严、敢管敢严、长管长严；"治"就是从党中央到省市县党委，从中央部委党组（党委）到基层党支部，都要肩负起主体责任，扎实推进全面从严治党各项工作。党的建设总要求还提出了新时代党的建设的科学布局。只有围绕主线进行党的建设布局，才能推进党的建设向目标接近。总要求指出，"全面推进党的政治建设、思想建设、组织建设、作风建设、纪律建设，把制度建设贯穿其中，深入推进反腐败斗争"。强调把政治建设放在首位，把纪律建设写进新五大建设，把制度建设贯穿新五大建设，以反腐败斗争取代反腐倡廉建设。体现全面从严治党新理念新战略和新实践新要求，理论上更自洽圆满，实践上更切实可行。四是进一步指明了党的建设的根本价值取向和检验标准，即"人民中心论"。党的建设的一切努力，检验党的建设好坏成败的根本标准，是看中国人民是不是过上了更加美好的生活，是看人民群众高兴不高兴、答应不答应、满意不满意，是中国人民心中的那本民心账，是习近平总书记说的"民心是最大的政治"，当然民心也是最大的党建。

随着中国在全球治理体系中的影响力越来越大，对中国共产党的研究，正越来越成为国内外的显学。除了国内党校系统在加强党建学科的研究外，很多高校和人文社科研究机构也加大党建研究的力度，特别是国外很多政府研究机构和学界，也纷纷把研究的视角延伸到中国共产党的历史和建设。在这种情势下更应该明确新时代中国共产党中国化马克思主义党建理论体系的定位，我认为这也是习近平总书记提出这一重大命题的内在要求。那么，在这种全新的全球治理环境下，应该如何清醒把握好新时代中国共产党的党建定位呢？

一方面要强调，新时代中国化马克思主义党建理论体系首先是马克思主义的。新时代中国化马克思主义党建理论体系是马克思主义政党学说体系的最新成果，不是西方政党理论体系序列。要鉴别好两种情况，一是在国内研究党建的热潮中，要避免把新时代中国化马克思主义党建理论体系，解释成西方政治学的逻辑体系、理论体系和话语体系。习近平总书记提出，党建创新要善于把总结自身经验和借鉴世界其他政党经验结合起来。这就为我们党建研究打开了宽阔的国际视野，但在这种国际视野下更应该有马克思主义政党学说理论的守正与坚持。二是在国外研究机构的热评与关注中，更要保持头脑的清醒，对他们以西方政治学理论诠释中国共产党历史和建设的情况，要善于冷静分析，即便对方是善意的恭维的观点，也不要过分当真，要有自己的判断，要有马克思主义政党理论的彻悟和境界。

另一方面更要强调，新时代中国化马克思主义党建理论体系是中国的。新时代中国化马克思主义党建理论体系是当代中国的党建理论体系，是马克思主义党建学说在中国发展的最新成果，不是别的国家的政党理论，更不能解读成穿着中国外衣的西方政党理论。曾几何时，在言必称希腊的学术氛围下，用西方政治学的立场、观点和方法解读中国共产党，似乎成了一些地方和领域验证党史、党建研究学术水平的不成文约定，越离开问题导向做想当然的西方学理诠释，越是显得高人一等，最后云里雾里不知所云，也导致很多年轻学者人云亦云。实践证明，这样做不仅对养成严谨的党建学风不利，也探索不到中国共产党党建的特殊规律，更对党的建设实践产生不良影响。提出构建新时代中国化马克思主义党建理论体系，就要求全体党建学人自觉承载起中国共产党党建研究的担当，在大胆借鉴世界其他政党治国理政精要，包括借鉴有益的理论和方法的同时，聚精会神把中国共产党自己的党建研究好。

这是本人对新时代中国化马克思主义党建理论体系的理论创新界标问题的一些粗浅看法。下面谈谈新时代中国化马克思主义党建理论创新的内容体系问题。

　　新时代中国化马克思主义党建理论体系，在党的建设各个方面都提出了新的系统的思想、办法和制度安排，构成了全面系统的理论内容体系。以下八个方面的核心内容，构成了新时代中国化马克思主义党建理论体系的完整形态。一是把党的政治建设摆在首位。这是党的政治建设的全新思想表述。强调党的政治建设是党的根本性建设，决定党的建设方向和效果。保证全党服从中央，坚持党中央权威和集中统一领导，是党的政治建设的首要任务。强调要尊崇党章，严格执行新形势下党内政治生活若干准则，增强党内政治生活的政治性、时代性、原则性、战斗性，自觉抵制商品交换原则对党内生活的侵蚀，营造风清气正的良好政治生态，强调完善和落实民主集中制的各项制度。二是用新时代中国特色社会主义思想武装全党。这是党的思想理论建设的新表述。要把坚定理想信念作为党的思想建设的首要任务。三是建设高素质专业化干部队伍。这是党的组织建设中关于干部队伍建设的新要求。要坚持党管干部原则，把好干部标准落到实处。要坚持党管人才原则，聚天下英才而用之，加快建设人才强国。四是加强基层组织建设。这是党的组织建设中关于基层组织建设的最新要求，特别强调了基层党组织在服务群众中一定要注意强化自身的政治功能。强调要以提升组织力为重点，突出政治功能，把基层党组织建设成为宣传党的主张、贯彻党的决定、领导基层治理、团结动员群众、推动改革发展的坚强战斗堡垒。五是持之以恒正风肃纪。这是关于党的作风建设和纪律建设的新提法新表述。强调不断厚植党执政的群众基础。重点强化政治纪律和组织纪律，带动廉洁纪律、群众纪律、工作纪律、生活纪律严起来。强调运用监督执纪"四种形态"，抓早抓小、防微杜渐。加强纪律教育，强化纪律执行，让党员、干部知敬畏、存戒惧、守底线。六是夺取反腐败斗争压倒性胜利。这是反腐败斗争的新表述。强调要坚持无禁区、全覆盖、零容忍，坚持重遏制、强高压、长震慑，坚持受贿行贿一起查，坚决防止党内形成利益集团。提出在市县党委建立巡察制度。强调推进反腐败国家立法。强化不敢腐的震慑，扎牢不能腐的笼子，增强不想腐的自觉，通过不懈努力换来海晏河清、朗朗乾坤。七是健全党和国家监督体系。这是把习近平总书记关于"把权力关进制度笼子"的著名论断和全面从严治党中的实践成果写进政治报告的展开表述。强调要加强对权力运行的制约和监督，让人民监督权力，让权力在阳光下运行，把权力关进制度的笼子。强调深化政治巡视。深化国家监察体制改革，组建国家、省、市、县监察委员会，实现对所有行使公权力的公职人员监察全覆盖。制定国家监察法，用留置取代"两规"措施。改革审计管理体制，完善统计体制。构建党统一指挥、全面覆盖、权威高效的监督体系。八是全面增强执政本领。这是首次就提高党长期执政能力水平所做的新论述。强调要增强学习本领，建设马克思主义学习型政党，推动建设学习大国。增强政治领导本领，坚持战略思维、创新思维、辩证思维、法治思维、底线思维，把党总揽全局、协调各方落到实处。增强改革创新本领。增强科学发展本领。增强依法执政本领。增强群众工作本领。增强狠抓落实本领。增强驾驭风险本领。

这八个方面具体要求是把新时代党的建设的总要求落地生根，变成全党可以贯彻执行的党建部署。其中最鲜明的特点和创新是，特别强调了马克思主义执政党必须讲政治，必须提高马克思主义执政党政治意识的高度自觉，必须把党的政治建设放在新时代党的建设的首要位置，必须把党的政治能力建设放在党的长期执政能力建设中的首要位置，必须把党的政治文化建设放在党内文化建设的首要位置，必须把党的政治生态建设放在党内生态建设的首要位置。这是我们党在中国特色社会主义建设进程中走向政治成熟的根本标志，是我们党走向高度自觉的集中体现，对于进一步增强全党在新时代的政治定力，影响深远。

最后一部分，谈谈对新时代中国化马克思主义党建理论体系创新的价值和意义的看法。新时代中国化马克思主义党建理论体系的建立，无论对于党的自身建设，还是对于党更好地治党治军治国理政，乃至对于我们党在全球治理体系中牢牢把握话语权，都有极其重大的意义。我认为至少集中体现在以下四个方面：

一是新时代中国化马克思主义党建理论体系恢复发展了党的最大政治优势。这是中国共产党安身立命并保障党和国家长治久安的看家本领和修行内功。习近平总书记强调，讲政治关乎党的前途命运；强调讲政治的目的在于统一全党意志、凝聚全党力量，为实现党的纲领和目标而共同奋斗；强调民心是最大的政治；强调讲政治不是纸上谈兵、空喊口号，而是要落实到党的领导、党的建设、党和国家各项工作中去。中国共产党把讲政治与党内政治生活融为一体，创造性地培育了党的优秀政治传统和政治文化，创造了中国共产党独特的活动方式和领导方式，逐步成为了我们党强身健骨、固本培元、始终保持战斗力的看家法宝。从古田会议毛泽东首次提出党内生活政治化、科学化，到延安整风时期建立党内政治生活的制度基础，到改革开放之初制定《关于党内政治生活的若干准则》，再到十八届六中全会颁布《关于新形势下党内政治生活的若干准则》，一代又一代共产党人在党内政治生活这个大熔炉中，讲政治、炼党性、砺品格，凝聚成了中国共产党最大的政治优势。正因为如此，习近平总书记反复强调，全面从严治党首先要从讲政治说起。只要我们党通过《关于新形势下党内政治生活的若干准则》的贯彻实施，重新焕发出党内政治生活的勃勃生机和活力，我们党就一定会继续以高扬的理想信念和卓越的能力水平，持续赢得人民群众的拥护和支持，为党长期执政持续提供坚实的法理支撑。

二是新时代中国化马克思主义党建理论体系破解了一党长期执政条件下权力监督制约的党建难题。党的十八届六中全会提出了构建中国特色社会主义权力监督制约体制的重大课题，强调中国权力监督制约不能搞成资产阶级政党之间的钩心斗角和互相掣肘，应该坚定走党内监督与党外监督相结合的道路。还提出，中国特色社会主义权力监督制约机制，要着力形成对权力全程监督的新机制，目前已经形成了党内监督与党外监督相结合，在党的统一领导下实现对权力运行的全程监督，党委主责、纪委专责检查、巡视全覆盖的监督检查机制，并与领导干部问责和激励机制结合了起来。而《中国共产党党内监督条例》就是要"进一步扎紧制度的笼子"。随着依规治党的稳步推进，随着依法治国的不断进步，一定会在中国共产党领导下，走出成功破解权力监督制约这一重大课题的中国新路、中国方案和中国范例。

三是新时代中国化马克思主义党建理论体系成功走出了依规治党的制度治党新路。习近平总书记突出强调了思想建党与制度治党的紧密结合，指出从严治党靠教育，也靠制度，二者一柔一刚，要同向发力、同时发力。克服长期以来存在的一谈思想建设就陷入假大空道德说教，而一谈制度建设就忽视核心价值的倾向，切实把思想建党的优势和传统建基稳固于制度建设之中。习近平总书记指出，理想信念是"总开关"，要补足共产党人精神之"钙"。思想教育要突出重点，加强党性和道德教育。在教育方式上，习近平总书记提出思想教育要结合落实制度规定来进行，抓住主要矛盾，不搞空对空。要使加强制度治党的过程成为加强思想建党的过程，也要使加强思想建党的过程成为加强制度治党的过程。制度治党的意义在于以制度化、程序化、具体化方式治理党内政治生活，保证党的先进性与纯洁性。特别是这一种制度安排的重要价值，是着力于把制度规范形成优秀的党内政治文化，从而营造风清气正的党内政治生态，使管党治党达到知行合一的境界水平，以依规治党引领依法治国，以党的长期执政保障国家长治久安。

四是为全面从严治党永远在路上提供理论支撑。习近平总书记在十九大报告中指出，全面从严治党成效卓著。全面加强党的领导和党的建设，坚决改变管党治党宽松软状况。推动全党尊崇党章，增强政治意识、大局意识、核心意识、看齐意识，坚决维护党中央权威和集中统一领导，严明党的政治纪律和政治规矩，层层落实管党治党政治责任。坚持照镜子、正衣冠、洗洗澡、治治病的要求，开展党的群众路线教育实践活动和"三严三实"专题教育，推进"两学一做"学习教育常态化制度化，全党理想信念更加坚定、党性更加坚强。贯彻新时期好干部标准，选人用人状况和风气明显好转。党的建设制度改革深入推进，党内法规制度体系不断完善。把纪律挺在前面，着力解决人民群众反映最强烈、对党的执政基础威胁最大的突出问题。出台中央八项规定，严厉整治形式主义、官僚主义、享乐主义和奢靡之风，坚决反对特权。巡视利剑作用彰显，实现中央和省级党委巡视全覆盖。坚持反腐败无禁区、全覆盖、零容忍，坚定不移"打虎""拍蝇""猎狐"，不敢腐的目标初步实现，不能腐的笼子越扎越牢，不想腐的堤坝正在构筑，反腐败斗争压倒性态势已经形成并巩固发展。习近平总书记在2017年7月26日省部级主要领导干部"学习习近平总书记重要讲话精神，迎接党的十九大"专题研讨班开班式上发表重要讲话更强调，对党的十八大以来全面从严治党取得的成果，人民群众给予了很高评价，成绩值得充分肯定，经验值得深入总结。但是，我们决不能因此而沾沾自喜、盲目乐观。全面从严治党依然任重道远。全党要坚持问题导向，保持战略定力，推动全面从严治党向纵深发展，把全面从严治党的思路举措搞得更加科学、更加严密、更加有效，确保党始终同人民想在一起、干在一起，引领承载着中国人民伟大梦想的航船破浪前进，胜利驶向光辉的彼岸。因此，需要特别强调的是，全面从严治党永远在路上，全面从严治党依然任重道远。

新时代中国化马克思主义党建理论体系将为我们党顺利完成全面从严治党的治党大业，提供有力的理论支持。但新时代中国化马克思主义党建理论体系的构建和完善也依然任重道远，还有很多重大课题需要深入研究。在新时代，党的建设承载大道，全体党建学人需要继续共同努力，皓首穷经，焚膏继晷，贡献应有的学术成就。我们这套丛书愿意做这种努力和贡献的引玉之砖。

2017 年 10 月 26 日

（作者系中共中央党校党的建设教研部主任，教授，博士生导师）

目　录／CONTENTS

引　论

　　中国共产党第十九次全国代表大会（后简称"十九大"）报告将党的领导和党的建设提高到了新的历史高度，提出了一系列势必有着长期历史影响力的重大命题。新时代中国特色社会主义思想"明确中国特色社会主义最本质的特征是中国共产党领导，中国特色社会主义制度的最大优势是中国共产党领导，党是最高政治领导力量，提出新时代党的建设总要求，突出政治建设在党的建设中的重要地位"。结合十九大新修订的《中国共产党章程》（后简称"党章"）中相关内容的重大修改，新时代党的领导和党的建设的重要战略布局呈现出全新的时代气质和理论气质。

　　第一，党的全面领导的提出，统一了全党的思想，纠正了长期以来党内对于党的领导的内涵、方式、意义的认识误区。从领导范围来看，党的领导有着全覆盖、全领域的基本特征，党的领导贯穿至党的事业的全部领域。从领导方式上看，党章再度强调了"党必须按照总揽全局、协调各方的原则，在同级各种组织中发挥领导核心作用"。这就意味着党的全面领导也得讲方式、讲方法，要体现全局性、系统性、协调性，"党必须保证国家的立法、司法、行政、监察机关，经济、文化与组织和人民团体积极主动地、独立负责地、协调一致地工作"，党的全面领导不是说各级党组织都要越俎代庖，代替同级各种组织的工作职能。

　　第二，全面从严治党是实现新时代党的建设总要求的基本途径。全面从严治党必须以党章为根本遵循，"要把严的标准、严的措施贯穿于管党治党全过程和各方面"。这就是说，从严治党的突出特征在于依规治党，要在全党范围内塑造一种尊重制度、恪守纪律、重视规矩的党内政治生态。思想建党与制度治党同向发力，说明全面从严治党的重点不是调节人的行为，它重在培养和塑造人的精神，共产党的先锋队性质说到底在于党员有着高于普通公民的理想信念、价值观念，对自己有着更高标准的行为自觉。十九大报告指出新时代党的建设要"以调动全党积极性、主动性、创造性为着力点"，因此，全面从严治党直指人的主观世界，制度起到督促、保障、驱使和规训的作用。

第三，新时代党的建设要以政治建设为统领。十九大报告提出伟大斗争、伟大工程、伟大事业、伟大梦想等"四个伟大"，"其中起决定性作用的是党的建设的伟大工程"。如果说，党的领导与中国特色社会主义道路是互为表里的关系，那么党的建设就是中国特色社会主义不断向前推动发展的原动力。党的政治建设说明党的建设内在的政治要求和政治属性，我们党是马克思主义政党，要旗帜鲜明地讲政治。马克思主义揭示了人类历史发展的客观规律，党的政治路线建立在对这一规律的充分把握和运用之上，因此，坚定共产主义远大理想和中国特色社会主义共同理想，与塑造马克思主义的世界观、价值观、人生观是密不可分的。只有理论上的坚定和清醒，才能对党的事业充满信心，才能坚定执行党的政治路线，严守政治纪律和政治规矩，在政治立场、政治方向、政治原则、政治道路上与党中央保持高度一致。党的政治建设要求完善和落实民主集中制的各项制度，弘扬忠诚老实、公道正派、实事求是、清正廉洁等价值观，坚决反对个人主义、分散主义、自由主义、本位主义、好人主义，反对圈子文化、码头文化，自觉加强党性锻炼，提高党性修养。其落脚点也是人的主观世界的锻造和培养。

从党的十九大提出的坚持党的全面领导、坚持全面从严治党以及新时代党的建设总要求的重要论述可以看出，新时代党的领导和党的建设的内核是本着党的理论逻辑、历史逻辑、实践逻辑之上形成的理想信念、价值观点、宗旨意识和行为自觉。党的事业当中永远活跃着不变与变的对立统一关系。不变的是党成立 97 年以来对于人类历史客观发展规律的认识，对社会主义事业的信心，对中华民族伟大复兴的使命的关切，构成了党的一切活动的出发点和基本的行为原则，绝不因为现实条件的变化而变化，一切现实问题都不能成为背离党的初心的理由。与此同时，我们党并不是一个故步自封、停滞不前的政党。马克思主义强调社会革命对于推动社会发展的重要意义，我们党始终相信只有不断地适应时代变化的要求进而推动时代变化，党的生命力才能历久弥新。因此，党的十九大报告要求全党上下必须勇于变革、勇于创新、永不僵化、永不停滞。因此在新时代强调党的理想信念、价值观点、宗旨意识和自身使命，目的是为了让全党敢于直面现实问题，敢于刮骨疗毒，敢于消除一切有害于党的先进性和纯洁性的因素。这意味着党的领导和党的建设是高度一致的，党的建设需要全面从严治党来不断推动党的自我革命，从而为全党领导社会革命提供必要的前提和准备。

党的领导和党的建设都需要通过贯彻党的民主集中制来予以落实，党章规定："既是党的根本组织原则，也是群众路线在党的生活中的运用。"因此，我们不能仅仅从狭隘的组织架构和权力运行的角度来理解民主集中制，而是要认识到党内生活中的方方面面都体现着民主集中制的要求，民主集中制是党根本的组织制度，也是党根本的领导制度，党的领导和党的建设正是通过无处不在的民主集中制的要求充分融合起来的。习近平总书记指出严肃党内政治生活，"最根本的是认真执行党的民主集中制"，他还指出"党内政治生活、政治生态、政治文化是相辅相成的，政治文化是政治生活的灵魂，对政治生态具有潜移默化的影响"。这就意味着民主集中制除了具体的制度设计方案，它还是党内政治文化的重要载体，党员自觉执行民主集中制的要求是一种党内共享的心理与行为机制，属于文化的范畴；党员之间一律平等、相互尊重、相互宽容、相互支援的同志关系亦属于文化的范畴；反对宗派主义、个人主义、分散主义、好人主义，反对圈子文化、矛头文化更是文化的直接反映；党员的理想信念、价值观、党性修养则是文化在党员内在精神层面的呈现；牢固树立政治意识、大局意识、核心意识、看齐意识，坚决维护党中央的权威和集中统一领导，保证全党的团结统一和行动一致，则是从党员认知与行动结合面反映了文化的实践特征。以上种种我们所谓的文化现象，都属于贯彻执行党的民主集中制的基本要求，彰显了民主集中制作为马克思主义政党的重要品格。因此，在十九大新修订的党章中写入了"发展积极健康的党内政治文化，营造风清气正的良好政治生态"，党内政治文化的观念是对民主集中制性质的重要概括，也是习近平总书记党建思想的重大理论创新。

因此，我们需要从文化的范畴和角度理解新时代党的领导和党的建设，从而解释党的领导何以是全面的，党的建设为何要体现政治建设的统领作用。根据习近平总书记对文化建设有着丰富的论述可知，发展积极健康的党内政治文化对于坚定文化自信有着重大的现实影响力。中国共产党不是中国社会中的某个政治组织，而是缔造当代中国社会的主体力量，是中国社会得以成型的中枢和框架，不仅中国社会的基本结构是党塑造的，中国文化的现代性转化是党推动的，当前中国人的价值观点、认识论和伦理思维也是党的思想理论在改造世界实践中传播与普及的。因此党内政治文化不是当代中国政治文化的组成部分，也并非当前中国文化在党内的投影，它是中国文化的理想形式，中国文化的基本要素被它吸收、由它传播，同时对于党员还提出了高于普通公民的理想、信仰、价值、道德主张，以及固定的行为规范。

党内政治文化从党的自身建设而言，具有鲜明的实践性和行动性，这与社会主义核心价值观的传播与践行是一致的。习近平总书记认为："培育和践行社会主义核心价值观，贵在坚持知行合一，坚持行胜于言，在落细、落小、落实上下功夫。"党内政治文化在价值、信仰、情感、规范的不同层次上也一律体现为实践性。在政治态度方面，习近平总书记希望"使爱党、忧党、兴党、护党成为各级党组织和广大党员的自觉行动"；在信仰方面，"衡量一名共产党员、一名领导干部是否具有共产主义远大理想，是有客观标准的，那就要看他能否坚持全心全意为人民服务的根本宗旨，能否吃苦在前、享受在后，能否勤奋工作、廉洁奉公，能否为理想而奋不顾身去拼搏、去奋斗、去献出自己的全部精力乃至生命"；在道德方面，党员应该说心里话、真话、实话，不弄虚作假，不欺上瞒下。

正因为文化是实践的，党内政治文化也具有可建构性。"文化"即以文化人，传统思想中的文化即人格观念的建构过程，如孔子相信"有教无类"，孟子从"四端说"出发承认"人人皆可为尧舜"，大学开篇指出："大学之道，在明明德，在亲民，在止于至善。"在马克思主义中国化的过程中，人的可塑性一度成为中国共产党存在的意义。由于中国工人阶级曾经是非常幼稚且弱小的，民主革命时期的中国共产党的党性其实不在于党员的阶级构成，而在于党员的阶级意识，毛泽东主张要让党组织"布尔塞维克的大熔炉"去锻造工人阶级先进分子。换言之，人的可塑性成为中国共产党得以存在并不断建设的前提，正如刘少奇在《论共产党员的修养》中所言："我们应该把自己看作是需要而且可能改造的。"刘少奇援引马克思的原话，"无论为了使这种共产主义意识普遍地产生还是为了达到目的本身，都必须使人们普遍地发生变化，这种变化只有在实际运动中，在革命中才有可能实现"，中国共产党人的党性客观存在于历史的自身运动当中。

文化的可建构性并不是说文化可以任凭人的主观意志加以改造。由于文化活跃在人的实践当中，而人的实践要经受客观社会发展阶段和社会总体意识的约束，因此文化的建设是在遵循文化现实中存在的意义符号系统的前提下，通过理论观念的传播和引导，对内在的价值观和行为规范进行引导和传播的过程。这一过程常常是在既有的文化意义体系之下完成的。在中国共产党第十八届中央委员会第六次全体会议（后简称"十八届六中全会"）上，习近平总书记提出："要注重加强党内政治文化建设，不断培厚良好政治生态的土壤"，强调了文化的可建构性，在十九大报告中则使用"发展积极健康的党内政治文化，全面净化党内政治生态"作为坚持全面从严治党的重要内容，这说明党内政治文化建设不是短时间、成系统，如制度、法规或工程设计一般的整体创造，而是具有实践性、渐进性的时代特征，党内政治文化的可建构性体现在党的领导下对其基本精神主旨的弘扬和发展。因为文化包含了一切人的精神活动，脱离社会条件的建设很难覆盖到文化的全部领域，因此党要根据社会发展新形势和党的历史任务，充分运用党的理论资源、优良传统和符号系统在关键处着手，由内及外、由近及远地充实党的领导，引领党的建设。

第一章　党内政治文化与政治文化建设的内涵

第一节　新时代党内政治文化建设的重大意义

随着党的十九大召开，全面从严治党战略布局正在有条不紊地向纵深开展。十九大新修订的党章第一次写入"发展积极健康的党内政治文化，营造风清气正的良好政治生态"，首次明确了党的领导和党的建设中的文化维度。推进党的建设的伟大新工程，离不开文化的涵养和支撑，在党的领导和党的建设史上，党内政治文化的培育伴随着中国文化的创造性转化，历来发挥着基础性、关键性的作用。政党作为一个政治组织，不同于天然形成的社群、部落等大小各异的文明单元，共同的理想信念、价值宗旨、奋斗目标是其存在的基础。正所谓"道不同，不相为谋"，意识形态的松动和党内价值观的分歧会导致党的凝聚力的下降以至于生命力的衰减，精神层面共同的认知以及由认知产生的行动自觉是维系政党生存与壮大的前提。正如习近平总书记所言："对马克思主义的信仰，对社会主义和共产主义的信念，是共产党人的政治灵魂，是共产党人经受住任何考验的精神支柱。"

一、党内政治文化建设的意义

第一，党内政治文化应是每一名党员共同遵守的行动标准，其基础在于理想信念。中国共产党第十八次全国代表大会（后简称"十八大"）

以来，习近平总书记无数次强调坚定理想信念，补足精神之钙的重要意义，并提出了一系列全新的论断。他形象地指出，理想信念是中国共产党人精神上的"钙"，是党员人生的总开关，还指出衡量一名领导干部是否具有共产主义远大理想，是有客观标准的，"那就要看他能否坚持全心全意为人民服务的根本宗旨，能否吃苦在前、享受在后，能否勤奋工作、廉洁奉公，能否为理想而奋不顾身去拼搏、去奋斗、去献出自己的全部精力乃至生命"。这些论述都承袭了中国传统思想中道德认知和道德实践相统一的哲学论断，理应成为全党共识、共享、共为的精神要旨，因而属于政治文化的基本范畴。

第二，党内政治文化还要有利于维护和增强组织行动的统一性，在道德上要求党员对组织忠诚，在行动上要求旗帜鲜明地讲政治，其首要标准就是和党中央保持高度一致。中国共产党通过社会革命重建近代以来中国社会的伦理体系，其最突出的特点就是在传统宗法秩序遭遇严重冲击的环境下，用组织内部的伦理辐射、影响社会伦理，形成了集体主义、爱国主义、爱岗敬业等全新的伦理标准，其中心其实是对党组织的高度认同。在这个前提下，党员对党组织政治属性的绝对维护不仅关乎着党的生命，更是影响着全国、全社会的精神风貌、行为特质，以及中国特色社会主义事业的前途。所以，强调对党忠诚，牢固树立政治意识、大局意识、核心意识、看齐意识不是简单意义上的"观念"培养，而是有着明确的现实针对性。"四个意识"综合而言就是党的意识、党员意识，习近平总书记反复告诫全党干部要"牢记自己的第一身份是共产党员"，要不打折扣地落实中央的精神及战略部署。锋芒所向者是那些只顾本部门、本单位的工作绩效而脱离群众、墨守成规，甚至对中央精神阳奉阴违的不正作风和错误行为，是本位主义、官僚主义驱使下对中央决策打折扣、做选择、搞变通的"非政治"行为。毫无疑问，对于任何一个地方、一个部门、一个单位的党员领导干部来说，是坚决落实中央要求还是从部门利益出发，从便捷程度出发开展工作，其影响和效果都是社会化且长远的。因此，中央要求各地方、各部门、各单位都要狠抓"党建第一责任"，牢固树立宗旨意识和使命意识，这些都是活跃在制度表象下的文化形态。

第三，党内政治文化建设还是党的领导的关键内容。按照意大利著名的马克思主义理论家葛兰西的观点，任何统治阶级对社会的有效支配不仅要依赖暴力和国家机器，还必须让被统治者接受统治阶级的世界观、价值观、思维方式和伦理道德，使统治阶级的哲学大众化，成为群众所能接受的道德、风俗、行为准则，甚至是"共同志向"。西方国家推行的民主政治通过缔造公众认同传播统治阶级的意识，而统治阶级本身的宣传和引导方式相对而言是一种更为直接的方式。根据西方国家的历史经验和俄国十月革命的成功经验，葛兰西本人非常注重宣传和引导的作用，"社会主义宣传可以使无产阶级的历史在一瞬间戏剧性地苏醒过来"。葛兰西的理论在中国社会有着重要反响和借鉴意义，但是中国共产党的文化领导权的建构有着明显有别于西方和俄国的手段，那就是动员群众投身于长期的社会变革之中。比如，当今中国所要实施的一系列重大战略如乡村振兴、军民融合、区域协调发展、产业结构升级，其方向、部署、资源配置都是在党领导下，群众自发地、积极地参与和投入的实践过程，理论宣传和价值引导贯穿实践的始终。习近平总书记指出："推进国家治理体系和治理能力现代化，要大力培育和弘扬社会主义核心价值体系和核心价值观，加快建构充分反映中国特色、民族特性、时代特征的价值体系。"马克思以为："理论一经掌握群众，也会变成物质力量"①，利益格局的调整和价值观念的转变本是相互促发的同一过程，正如改革开放始终要求人们解放思想一样，而能否持之以恒地将二者一并谋划、一并推进，则是对党的领导能力的重大考验。习近平总书记特别指出，"中国共产党能够带领人民进行伟大的社会革命，也能够进行伟大的自我革命"，后一个革命也是在前一个革命过程之中实现的，而后一个革命的效果直接决定着前一个革命的成效。党内政治文化建设不是封闭在组织内的精神修炼，它一方面以改造世界的具体实践为锻炼平台，另一方面党内的理想信念、价值观念、党性修养、道德情操

---

① 《马克思恩格斯文集》（第1卷），北京：人民出版社，2009年版，第11页。

的培养还具有向全社会辐射、溢出的势能，决定着社会主义核心价值观建设的成效。而从党的领导的本质活动来看，其主要工作就是通过理想信念和价值观规范各治理主体的行为导向，通过对党员的教育、管理、监督强化"四个意识"，通过意识形态建设和大政方针的传播提升对群众的感染力和号召力，本身亦是一种文化形态。

二、党内政治文化建设的内容

党内政治文化建设，作为事关党的建设历史全局的重要政治考量，正在纳入各级党组织落实坚持党的全面领导和全面从严治党战略布局的关键环节。党内政治文化建设位于党的建设深层领域，它恰恰合乎全面从严治党向纵深发展的时代主题和历史定位。所谓"纵深"，一是要敢于碰硬，敢于击破漂浮在海面之下的冰山，敢于触碰既得利益，敢于承担斗争带来的一切风险；二是要触及灵魂，在不断着手解决党内突出的矛盾和问题的同时，改造党员的思想，根除一切不利于党的事业的健康发展，侵蚀党员理想信念的不良观念、风气、习惯，着力解决党内政治生活随意化、形式化、平淡化、庸俗化现象的蔓延。让管党治党的一切举措都能达成精神和行为方面的高度一致，让履行从严治党的政治责任成为全党上下的政治自觉，提高每一名党员的政治能力、政治站位、政治定力、政治觉悟和政治担当。归根到底就是要涵养、培育健康的党内政治文化，让其成为严肃党内政治生活的内在支撑。

党的建设从人的社会属性的内在稳定结构出发，把握党的活动的一般性规律和本土化特征，党的全面领导和全面从严治党又是一个有着内在严密逻辑的战略体系，势必要求从党的领导的突出任务和党的建设的长远布局出发，思考党内政治文化建设的内涵、边界、性质，把握其方向，谋划可行举措。如今，全面从严治党正朝着布局更加系统、方略更加严密、措施更加有效、思路更加清晰、结构更加科学的方向迈进，破解深层次的问题需要牢牢把握制度和人两个关键要素，也就是要处理好思想建党、组织建党和制度治党之间的关系，而文化则贯穿于三者之中，是思想、组织、制度有机联系、互补脱节、相互促进的母体。思想是文化的重要形式，广义的思想不但活跃在知识精英的笔下，也活跃在风土人情、民俗百态、艺术符号当中。党的思想建设历来面对于党员的生活世界，注重党员的生活教育，力求从点滴之间强化党的思想引领，坚定理想信念，树立符合党的宗旨的价值观念，可以说思想建设是政治文化建设的重要内容，并直接体现政治文化建设的成果。组织是党内政治生活的平台，是党员识别党员身份，巩固党的意识和党员意识的社会场景，文化的内核，即影响人们认知和行动的规范，在党内即体现为组织生活的原则和规矩。组织要运用党性教育和党性锻炼的方式方法，结合具体的实践，将党的组织原则和政治规矩转化为党员发自内心认同、遵守的行为自觉，组织建党是党内政治文化建设得以开展的载体和外在条件。制度是对党员行为的规训和约束，是党内政治生活中的刚性一面，是管党治党的利器。严格意义上来说，制度不属于文化，因为不同的文化形式可能会适应同一种制度，人类历史也证明，制度的变化不必然带来文化的更化。但是作为一种组织内的文化，党内政治文化在思想、价值、符号、习惯、仪式各方面有别于"自然"形成的民族国家的政治文化，制度可以在党内烘托、宣传人为构建的文化形态和要素，也有助于培养党员的日常习惯。此外，由于党组织活跃在广泛的社会关系网络当中，其彰显自身的语言和符号系统也多在制度建设中不断彰显、不断展现，所以在党的组织系统内部，制度和文化之间有着相互连接、相互呈现的互动关系。

综上所述，建章立制是破解当前党内存在的各种问题的治本之举，而从人的角度培植与制度相适应的思想意识、价值观念、行为取向、精神品质和理想信念则是固本之方，治本与固本皆为长远计，组织则是做人的工作的枢纽、平台和场域。新形势下推进全面从严治党进程，不仅需要全面加强党的各项建设，而且要从深层次上努力建设先进的、健康的、富有生机和活力的党内政治文化。政治文化是政治生活的灵魂，对政治生态具有潜移默化的影响，加强党内政治文化建设不但是党的建设固本培元之举，更是党决定着党的其他各项建设深度，是全面从严治党向纵深发展的必由之路和不二法门，需要运用思辨的逻辑，佐之以事实证据掌握其全局性的规律。

首先，需要思考的是党内政治文化同中国特色社会主义文化自信之间的关系。十八大之后，习近平总书记多次强调要增强文化自信，"增强文化自觉和文化自信，是坚定道路自信、理论自信、制度自信的题中应有之义"；"文化自信是更基础、更广泛、更深厚的自信"；"坚定中国特色社会主义道路自信、理论自信、制度自信，说到底是要坚定文化自信，文化自信是更基本、更深沉、更持久的力量"。显然，文化自信与其他三个自信并非纯粹的并列关系，它是其他三个自信的内核与支撑，理所当然地成为管党治党的重要抓手和努力方向。习近平总书记指出，严肃党内政治生活是一篇大文章，"要固本培元，把加强思想政治建设摆在首位，引导党员特别是领导干部筑牢信仰之基、补足精神之钙、把稳思想之舵，坚定中国特色社会主义道路自信、理论自信、制度自信、文化自信，增强党的意识、党员意识、宗旨意识，坚守真理、坚守正道、坚守原则、坚守规矩，做到以信念、人格、实干立身"。根据这段论述，思想建设的任务、目标和努力方向，很大程度上是党内政治文化建设，包括信仰、价值、意识、规范、道德、人格和态度，文化自信是思想建设的内容之一，那无疑是党内政治文化建设要达到的效果之一。此外，文化自信奠基于5000年华夏文明传承的沉淀之上，历经了中国革命、社会主义建设与改革开放伟大征程的考验和淬炼之后的强大信心和信念，其基本内容也是与党内政治文化高度重合的。毛泽东同志在延安文艺座谈会上提出文化领导权的概念，指出文化要为政治服务，文化自信在本质上是对政治道路、政治立场生命力和正确性的证明，党内政治文化建设体现的正是文化的政治功能。再者，党的领导在实质上就是一种文化活动，领导的用意是强化党的意识形态对社会指引力，以及群众对党的政治方向、道路上的认同，而这需要文化建设来实现。中国文化经由马克思主义的指导返本开新，是中国共产党政治、组织、思想领导的成果，领导活动的文化意义在党内和党外构成了一个整体。而党的自身建设、全面从严治党的目的是为了锻造坚强的领导核心，这必然对建设党内政治文化提出了更加迫切、更加具体的要求。习近平总书记还多次强调，中国共产党人既是马克思主义者，也是中国优秀传统文化的忠实继承者和弘扬者，二者于党内政治文化之中实现了辩证统一。党内政治文化建设的使命与党的领导造就的文化繁荣发展、文化自信的提升构成了互为表里的关系。党内政治文化建设的首先的成果，应当体现在各级党组织对党员，特别是党员领导干部坚定文化自信的有力引导。

其次，党内政治文化不是一个孤立的概念，党内政治文化建设的目标应当是有利于引导党内政治生活健康发展、促进政治生态持续好转，因此必须将三者放在统一的维度一并思考。党内政治文化是政治生活的灵魂和血脉，是政治生态的土壤。习近平总书记在党的群众路线教育实践活动总结大会上的讲话指出，"党内政治生活是党组织教育管理党员和党员进行党性锻炼的主要平台"，党性教育和党性锻炼就是以共产党的属性、信仰、价值和德行改造党员主观世界的活动，它完全符合文化一词在中国语境之下"以文化人"的本意，因此党内政治生活和政治文化之间构成了表里关系，政治生态是党风和党员作风的外在体现。政治生活和政治文化都具有认识上的"交互主体性"，它既是一种客观存在的现象，也存在于每个党员主观的，也是党员之间共享的认知结构与行为结构当中。认知—行动结构是我们需要关注何为文化的重点，结构是人们思维和行为过程中习惯性无意识的固定模式，党内政治文化的内核就是党员们在党内政治生活中共同自觉的思维与行动的结构，在结构之上附着着共产党人的价值观、道德观、习惯、态度和符号。在这个意义上，政治生态是表层，政治生活是中层，而政治文化是内核。例如，党员个体的党性修养作为一种道德，其外在的表现是作风，由政治生活锻造而成，但是它能否被塑造为具有持久力和稳定性的文化，还取决于它所依附的认知与行动结构。从人的主观自觉的参照而言，政治生态可以理解为独立于个别党员党性修养的客观现象，它突出的是人的行动而非人的内心。在特定的政治生态之下，党员的行为不见得来自认知—行动结构带来的自觉性，而是极有可能受到大环境或小环境的裹挟或者是随波逐流之下完成的，它不见得与每一名党员的党性修养、政治觉悟、行为作风都存在必然联系。甚至因为大环境的影响，绝大多数的党员的行为都可能与自身的主观意志不相符合。譬如，可能在一个组织当中，所有的党员们都不愿意说假话，包括上级也不愿暗示、引导、强迫下级说假话，可迫于各种外在的压力和舆论，上级又不得不以各种方式要求下级说假话，下级出于各种考虑也一致地顺从这种要求，以至于在某些固定情况下，说假话成为党员们的习惯，可同时党员们却又不认同假话这种行为。因此，政治生态的营造在很大方面可以通过制度、组织、舆论或上级的权威实现，而政治生活则是党员们所能感知、认可的气候本身，它存在于客观环境与党员的主观意识的交界面，自始至终皆贯通着人的自觉性。习近平总书记指出："严肃党内政治生活，全党有全党的要求，各级党组织也有各级党组织的要求，既要强调全党普遍思想自觉和行动自觉，也要通过营造'小气候'来形成'大气候'。"党内政治生活开展得如何，直接决定着政治生态的营造过程中，有多少分力量来自党员的自觉，有多少分来自外部力量的驱使。实际上，政治文化就是纯粹意义上的主观自觉性，是在没有任何外部压力或动力影响下始终保持稳定的党员群体的认知与行动结构，并在该结构上表现出符合中国共产党信仰、理论、宗旨的修养、道德、价值和习惯。例如，不愿意说假话是广大党员的共识，在日常行为中，党员们的第一反应总不是假话，这就说明党内政治文化在道德层面是健康的，但是一旦党员形成了在某些场合下坦率说真话，在另一些场合下就不得不说假话的行为模式，那么政治文化在其内核——结构层面就受到了一定的污染，就需要加以改良。结构是不易受外力影响的，各级党组织对结构所施加的外力可能只会起到有限的影响，比如通过制度确保上级领导不能要求下级说假话，通过荣誉激励和权利保障体系鼓励党员说真话，可以最大限度地让党内形成说真话的氛围，但是党员在日常生活中仍然可能选择性地说真话，所以文化的结构没有变，只是其适用范围退缩了。党内政治文化的健康化不是通过对结构的改造完成的，而是将部分由结构决定的情境转化为习惯、态度或道德实现的，但总体上仍可以视为政治文化的一种改良。

最后，党内政治文化建设的核心是思想建设。在人类学术史上，文化研究和思想研究的界限往往难以清理。有关中国文化史或政治文化研究的著述充斥着关于思想文献的讨论，思想的状况俨然远远高于文化的任何表现形式。作为政治科学重要分支的政治文化研究自20世纪60年代正式确立起，就力图与思想研究划清界限，研究者关注于民族国家当中人们对待政治的日常态度、价值、信仰或符号体系，不过，目前的相关成果往往很难以组织严密的思想体系表述出来。无论有关民族国家或文明共同体的政治文化如何对待思想在文化中的作用，作为一种关于实践中的具体方案的探索，党内政治文化建设却始终要以党员的思想建设为中心，这是基于如下几点理由：第一，思想建设中"思想"二字的含义远比人文与社会科学研究对象中的"思想"要宽泛。尽管素来有学者倡导思想史研究应该挣脱经典文本的局限，进入更加广泛的社会语境，但是其成果的焦点仍然体现在一个时代的经典著作，至少没有超越社会中精英人物——至少是有创作能力的精英人物的范畴。正如文化人类学家克利福德·格尔茨所说，除了头脑中的思想外，还有世界中的思想。人的思想作为意识形态广泛活跃在一切人类的活动与行为之中，沉淀在如艺术、建筑、文学、习俗、言语、神话、传说、仪式等丰富的符号形式当中，与精英人物在文本中表现出来的意识相似，世界中的思想同样涵盖并直接表达了有关信仰、价值、德行、道德等主观要素。或许这些内容没有达到高度理论化的水平，可恰恰是其质朴、通俗、原初的本质，使其更容易渗入人们的认知与行动的内在结构，转化为支配人行为的动力并规定着行为的方向，以及价值判断的标准。对狭义思想研究而言，其研究趣旨在于思想自身的逻辑复杂性，而对于文化意义上的思想而言，其影响行为的多面性和多样性则是其价值所在。毋庸置疑的是，党的思想建设同时包括以上两个方面，在理论创新方面，它讲求用丰富的学理资源指导实践、解释实践；而在党员的思想建设方面，它无疑要求用鲜活、丰富的思想资源影响党员的日常行为和组织行为，后者的范畴属于党员的生活世界，其中包括党内的政治文化。第二，政党是社会中人为建构的组织，它与村落、民族、方言区、部落等具有"自然演化"历史传统的"亚文化"单元的性质颇为不同。在亚文化单元里的政治文化，与其所属的民族国家或文明单元的政治文化的关系是特殊性与普遍性的关系，后者是对前者的概括和抽象。而党内政治文化和民族国家的政治文化是重叠式关系，党员对某些政治态度、规范、习惯、信条方面与普通国民没有显著差别，而在一些体现党的信仰、宗旨、意识形态和组织原则方面又具有与普通国民迥然不同的要求，例如坚定共产主义远大理想、全心全意为人民服务的宗旨、中国化马克思主义的意识形态、自觉贯彻民主集中制的组织原则等。这种人为建构的组织内部的文化要素比之经年累月长期形成的文化要素要脆弱得多，需要每一名党员不断地加强和维护，尤其要排除社会各界的思想干扰，因此思想建设无疑是党内政治文化建设核心中的核心。

三、何为党内政治文化

鉴于党内政治文化对于坚持党的领导，保障党的各项重要工作的落实有着基础性、广泛性和深层次上的重要意义，自十八届六中全会之后，讨论"党内政治文化"的论著不断涌现，已呈汗牛充栋之势。这些研究著作从不同的角度剖析党内政治文化建设的基本范畴，高度强调重视党内政治文化建设对于净化党内政治形态、严肃党内政治生活的重大意义，并提出诸多建设性的举措，有效带动党内政治文化研究的全面兴起，为构建中国化马克思主义党建研究体系提供了有益的思考。然而，目前的研究成果多以理论宣传和对策思考为主，无在学理性方面欠缺精确的概念辨析和透彻的哲理分析，在思考对策建议时还欠缺对当前党内政治文化的现状的透视与总结。习近平总书记在"7·26"重要讲话中，高度强调理论创新对于坚持和发展中国特色社会主义的重要意义，"要在马克思主义基本原理的基础上，以更宽广的视野、更长远的眼光来思考和把握国家未来发展面临的一系列重大战略问题，在理论上不断拓展新视野、作出新概括"。党内政治文化建设，尤其是党的思想建设要适应坚持党的领导和国家治理体系和治理能力现代化的时代要求，势必需要更为深入的学理分析，把握党的建设的基本规律、国家治理和文化发展的基本规律，立足于对国家和社会现实境况的通透理解的基础上，提出其中要害的判断，设计合乎实际的对策与思路。就目前党内政治文化研究的相关理论积累而言，无论是学术研究还是党的理论工作，都急需一套贴近现实且逻辑周密的论说系统。在党的建设的基本框架之下，总结归纳人文与社会科学研究中已经形成的诸多成果；在马克思主义的指导下，对现有的概念、范式、学说、思潮进行批判式分析，将扬弃以后的研究方法和思路，予以充实马克思主义党建理论体系，提高研究成果的适应水平。这势必需要对这一在党建领域当中尚属新生，在人文与社会科学研究中已经具备大量相关铺垫的概念予以准确的辨析和把握，并围绕着概念的外延、内涵、性质设定思考范式和研究方法，进而提高研究的总体水平。

就目前而言，有关党内政治文化研究最紧迫的任务在于对政治文化界定概念的外延、内涵、性质，由于"文化"一词的模糊性与广泛性，对党内政治文化进行精确定义是不现实的，对概念的内容和其中诸多元素进行总体梳理，讨论其内在的结构分布则是可行的，而这项工作目前尚未得以深入进行。目前，关于党内政治文化的讨论具有以下两组特点：

第一，出现了大量关于党内政治文化"分解式"的定义，也就是通过罗列党内政治文化的不同要素或文化局部的显性特征，划定概念的边界。例如，李忠杰认为，政治文化"是社会的政治关系、政治过程、政治制度、政治活动等等在人们精神领域的反映，是一定的社会主体对于政治问题的认识、态度和价值取向，主要由政治心理、政治思想和政治态度等等构成。"党内政治文化则应包括"一个政党自身的指导思想、奋斗目标、路线纲领、制度规范、思维方式、价值观念、精神状态、作风习惯等等"。① 韩庆祥指出："政治文化主要包括政治立场、政治价值观、政治思维和政治态度。"② 吴灿新则先行把文化分解为物质文化、制度文化和精神文化后，提出"党内政治文化"指的是中国共产党在自身长期的内部政治活动中，所创造形成的特定政党制度成果和政治精神成

① 李忠杰：《建设先进的党内政治文化》，《理论视野》2017 年第 5 期。
② 韩庆祥：《政治文化、政治生活和政治生态的内在逻辑》，《理论视野》2017 年第 5 期。

果的总和，这种归纳定义的方式并没有从根上有别于罗列式定义。① 这种定义方法易于读者的理解，但是缺乏对其中关键性质的提炼和概括，也失去了对文化之生命何以延续的内在功能的讨论，而后者恰恰是考察政治党内政治文化建设的方向、思路、方法的前提。

依据中央精神，将党内政治文化从马克思主义、中华优秀传统文化、革命文化、社会主义先进文化和中国共产党的党性分别进行阐释是研究开展的第一步，是正本清源之举。首先，准确领会中央精神，能够有效防范片面强调中华优秀传统文化，将文化自信简单等同于传统文化自信，忽略革命文化、社会主义先进文化的研究倾向，事实上这种倾向在近年来的学术研究中已经显露出明显的苗头。其次，中央对党内政治文化建设是党内政治生活的灵魂，党内政治生活又是党员开展党性教育和党性锻炼的平台，党内政治文化建设理应落脚于提高共产党人的党性与党性修养层面，这可以提醒各级党组织，不能把党内政治文化建设等同于营造文化气息或开展文化活动的简单举动，此类做法固然必不可少，但这充其量只是文化建设的载体，不是最终的成果。而且，如果脱离党内政治生活，单纯以文化活动、文化工作来推动政治文化建设，还会舍本逐末，走向形式主义。所以，从党中央关于党内政治文化的重要论述出发是必要的，唯一需要注意的是，作为一种学术研究需要挖掘中央精神深刻的理论价值和现实关照，因此不能就文件的表述设定研究框架，而是要将中央精神中传递出来的基本意图和重要思想融贯进学术讨论的方方面面，形成互相支撑的严密的理论体系。以此为参照，目前关于党内政治文化的概念辨析缺乏综合归纳的缺点就十分明显了。一味地拆解概念无助于在中华优秀传统文化、革命文化、社会主义先进文化和党性修养之间建立有机联系，总结其得以传承、兼蓄的共同构架，分析其内在差别的对立统一特征。事实上，拆解并不排斥适当的归纳，如文化及政治文化各要素的意义是不均等的，某些要素直接决定了文化的性质，而另一些则只是文化的表象；再者，党内政治文化必然有别于民族

---

① 吴灿新：《党内政治文化建设略探》，《中国延安干部学院学报》2017 年第 1 期。

国家或文明单元的政治文化，如中国政治文化、西方政治文化、印度政治文化，同样有别于其中的亚文化，对于决定其差别的"党性"应当专门予以强调。因此，在现有的罗列式定义的基础上仍然留给研究者很大的阐释空间。

第二，当前的诸多关于党内政治文化的定义，缺乏与经年日久的政治文化研究中相关定义间的对话。作为马克思主义党建理论体系的一部分，关于党内政治文化的研究不但要对党的建设的战略布局提供有益理论指导和路径借鉴，还要在哲学社会科学领域释放有影响力的声音，做马克思主义指导哲学社会科学研究工作的表率，调动哲学社会科学研究服务于党和国家基本战略的积极性。一方面，既然是共享"政治文化"这一概念，后者又是在当代中国各学科当中方兴未艾的一大研究主题，学理上的沟通、对话甚至是争论就显得必不可少。党内政治文化不是民族国家的政治文化，更不是某一文明单元，如西方文明、伊斯兰文明、印度文明的政治文化，而是中华文明当中，执政党个别组织的政治文化，目前的学术研究并未提供现成的研究范式，这一概念的提出本身就具有一定的学术创新性和挑战性。另一方面，既然都是"政治文化"，党内政治文化与民族国家或文明单元的政治文化之间理应具有类似的属性，后者的研究思路可以对这一新生的研究领域提供借鉴意义和指导价值。再者，"政治文化"在人文社会科学研究界可谓歧见最多、研究路径最为多元、风格取向差异最大的概念，长期以来没有形成边界清晰、定义精确的学科范畴。可能除了经济学和管理学之外，几乎任何一门人文或社会科学都在使用着"政治文化"一词从事自身的研究，甚至在相当一段时间，不同学科之间的政治文化研究彼此之间完全不搭界，这使得几乎没有一种通用的、权威的研究范式可以直接照搬进入党内政治文化的研究之中。而现有学术范畴的高度分散性又形成了各自成熟的学术话语，"横看成岭侧成峰"的现存面目容不得党内政治文化的研究者故意回避，否则党内政治文化研究的任何探索、提出的任何见解都有可能曾经在学术史上出现过类似的形态，并已经遭遇过尖锐甚至致命的反驳。就算分歧再多，使用"政治文化"这一词语，就意味着研究者形成了类似的意识指向，党内政治文化与先前花样繁多的政治文化之间不可能没有研究的共性。实际上，尽管党内政治文化建设的指涉对象仅仅是中国共产党这一组织的内部，可由于中国共产党的组织早已渗入国家治理和中国社会生活的方方面面，它无法与中华文明和中国社会的政治文化完全区分，它在很大程度上是中国传统政治文化现代转化的成熟的果实，若弃有关民族国家和文明单元的研究积累于不顾，则有"白马非马"诡辩谬误之嫌。因此，准确识别人文社会科学历经半个多世纪有关政治文化概念、范式及研究方法的分歧和争论，至少可以帮助党内政治文化的相关研究避开一些弯路，并尽快开辟新的研究视角，提升其学术价值的生命力。站在马克思主义与中国共产党历史实践的基础上，还可以识别先前一些不易察觉的误区，反思某些被学者们认为是共性和真理的结论，进而丰富政治文化研究的视角和维度。例如，几乎所有的研究都认为，文化的持续性和可变性在民族国家和文明单元当中是不受制度与外界压力直接影响的，但是在党内的现状可能不完全如此。

需要强调的是，党内政治文化有望在研究范式上取得更新，可是在研究方法上几乎不太可能于当前人文与社会科学的基础上另辟蹊径。历时 50 多年的有关政治文化的概念、定义、内容之争实际上是研究范式之争，更是技术层面上的方法之争。可能再没有一个学术概念像政治文化一样穷尽了几乎全部的研究方法，将整个人文社会科学界的注意力都吸引了过去。哲学思辨、历史语境、话语分析、经验调查、质性访谈、内部观察、心理实验应有尽有，同时让后来的研究者在诸多范式的类比中看得清各种方法的优劣长短，实际上也理解了不同人文和社会科学得以存在的自身价值。由这些研究方法延伸而出的知识差异，对于尚处在党内政治文化的研究者而言是必要的提醒，我们可以在其经验的基础上根据目前研究所处的客观阶段，考虑方法上的应用顺序与取舍。譬如，目前党内政治文化建设研究最紧迫的是界定概念的边界和范畴，解释学的研究范式、文本分析方法就处在更加显著的位置。等到概念的范畴逐步清晰，实证研究的观察法、经验追踪法就变得更加重要。当然，目前而言，探索党员对政治文化本身的认识也是一项重要的工作，这是下一步进行广泛调研和跟踪研究测量的前提。无论如何，在方法论的选择方面，都需要研究者认真汲取和筛选既有政治文化研究的成果和经验，规避它们留下的问题和教训。

第二节 政治文化的解释

精确的概念是研究问题的开端，可令人感到困窘的是，为了追求概念的精确性，反而使得有关文化与政治文化的解释无比复杂烦琐、富有争议、歧义重重。英国学者威廉斯认为，"文化"一词是英语语言中最复杂的两三个词语之一。1952 年，美国人类学家克鲁伯和克拉克洪总结了从 1871 年英国人类学家爱德华·泰勒开始知道 1951 年全部有关文化定义的文献，总计有 164 种之多。这一时期文化人类学的许多著名作品还没有问世，直到 4 年之后阿尔蒙德①才抛出"政治文化"的概念，足以想见时至今日对于文化的定义当繁复到何种程度。虽然对文化的解释各异，却不能因为解释的差别而忽视文化研究，人文和社会科学对于政治文化难以互补的理解和多样化的研究范式，反而说明了这一概念有着极强的适应性和难以替代的研究价值。思考党内政治文化建设，离不开对文化内涵的整体把握，这不但需要归纳、梳理形形色色的文化研究的成果，从既有的内在争论中总结经验，规避研究中可能存在的误区，同已有的研究结论和研究范式形成对话，更重要的是必须开宗明义地确定在构建马克思主义党建理论体系的过程中，对文化和政治文化的概念范畴、内容、属性进行通盘思考，从而化解不必要的理论争议。

一、"政治文化"即"文化"

无论是研究党内政治文化建设，还是总结现有的政治文化研究成

---

① 加布里埃尔·阿尔蒙德（Gabriel A. Almond, 1911. 01. 12 – 2002. 12. 25）：美国政治学家，政治文化概念的创立者。将实证主义研究方法运用于研究文化差异对公民政治态度和行为的影响。代表作有《公民文化》（与德尼·维巴合著）《发展中地区政治》（与 J. S. 科尔曼合作编写）

果，都必须从"文化"的概念、性质、意义的分析与阐释入手。首先需要纠正一个常见的误区，那就是将政治文化作为文化的子系统或组成部分对待，于是形成了"文化—政治文化—党内政治文化"的包含式的层次关系，这无疑有望文生义之嫌。如果说政治文化是文化的子系统，那么与之并列的当然会有经济文化、法律文化、管理文化、宗教文化等无数的文化类别，但事实上，日常生活中的这些"文化"无不是文化在某一生活领域的体现，如假以研究，最终揭示的都是相同的内容。政治文化也是文化在政治领域的投射，其基本概念范畴、性质、特征都是文化之本身。实际上，无论哲学和社会科学对于政治文化的研究形成了多少流派，提出了多少种不同的思路与见解，最终所揭示的仍是文化的整体面貌，由此也不难理解为何阿尔蒙德和维巴开创的，美国政治科学界的政治文化研究对政治的关注超过了对文化本身的关注。英格尔哈特①20世纪80年代以来的作品大多是对全球文化，以及文化中的价值形态的综合考察。他关注物质主义到后物质主义变迁引发的政治后果，并最早提出了"政治文化复兴"的命题，然而他很少把自己的研究冠名以"政治文化"，更多称之为"文化"或"价值""意识形态"等。② 显然，他关注的是作为整体的文化与政治的关系，而非被称作"政治文化"的文化的子系统。同样，美国和中国历史学研究也非常注重"政治文化"，可这些作品考察的也只是某一历史时期的文化在政治活动中的体现，以及文化与政治权力的交互影响。而对于当代政治文化研究贡献最大的阐释人类学的代表人物格尔茨看来，永远都只有对"文化"的解释。但是，无人否认是格尔茨开创了通过对符号的意义阐释理解政治现象的诠释方案，美国学者布林特虽然将政治文化的解释主义传统上溯至法国的

---

① 罗纳德·英格尔哈特（Ronald Inglehart, 1934 - ）：当代实证主义政治文化研究集大成者，美国艺术与科学院院士、世界价值观调查项目联合会主席。通过主持发布五年一度的世界价值观调查结果，提出了"后物质主义"价值观。著有《静悄悄的革命：变化中的西方民众的价值与政治行为方式》《发达工业社会的文化转型》《现代化与后现代化：43 个国家的文化、经济与政治变迁》。

② 丛日云、王路遥：《关于政治文化研究"复兴"的争议》，《教学与研究》2013 年第 1 期。

历史社会学和德国文化哲学，但谈及其今日之成果，必言格尔茨，后者在阐释人类学方面的卓越贡献使其早已跻身政治文化研究的大师行列。

因此，尽管从字面上看，文化包括了政治文化，后者是前者的分支或子概念，这应当毋庸置疑。但是，政治文化研究却与文化研究一直是若即若离的。在西方学术界，阿尔蒙德和维巴于1956年提出"政治文化"这一概念，就带有颠覆当时文化研究的意味，政治文化研究和文化研究一直是两个相互影响但基本无法汇通的流派。阐释人类学的兴起只是为政治文化研究提供了一种路径，而无法深彻改变既有的研究布局。自"政治文化"一词传入中国之后，中国学术界也出产了一批高质量的研究成果，但其基本立足点属于文化研究的拓展，在研究范式上受传统史学和阐释人类学的影响颇深，从而无法与基于经验调查研究的实证主义科学研究范式形成对话，因而也就回避了来自后者以及对后者的相关批评。实际上，围绕着定量研究和心理分析主义的实证科学的批评，有相当一部分也适用于当前中国政治文化的研究。比如，如何避免将社会精英的认知与行为等同于整个社会的政治文化？一个基本的事实是，一个社会的文化应当由这个社会中最广泛成员的共享的认知结构来判定，精英人物毕竟只是其中的少数。然而，相当一部分专注于中国历史的政治文化著作显然将研究对象限定在历史中的精英群体，如余英时著名的作品《朱熹的历史世界》，其副标题就是"宋代士大夫政治文化的研究"。又如，既然大量的学者通过罗列要素的方式定义文化，那就需要审慎区分这些要素在文化整体中扮演的不同角色，对政治科学的重大批评也在于对价值、信仰、规范、态度、符号等要素的性质界定不够充分。这一点在中国的社会学研究中多少也是存在的，作者无法证明大众对待政治事务共有的态度是否就是政治文化？一些大众共同遵守的行为规则是否等同于决定文化的规范？历史学与社会学不能因为接受解释主义路径而免受那些针对政治科学的批评。这些批评实乃政治文化研究从一开始偏离文化研究主潮导致的先天不足，中国学术界被这一概念吸引时也不由自主地承袭了这样或那样的不足，即便中国的学术界不存在政治文化研究和文化研究的显著差别，但注重于政治文化研究的学者至少不曾以文化哲学或文化人类学研究为己任。对个中缺憾，应当为党内政治文化研究所充分借鉴。

无论是从文化本身的显性特征还是先前学术研究在差距巨大的分歧中体现的共识来看，政治文化和文化是同一对象，对政治文化的定义理应符合对文化的定义。区别在于，政治文化是文化的一个面向、一个观察视角，是专注于政治问题的学者应有的文化思维。根据党章，中国共产党"代表着中国先进文化的前进方向"，具有重大的文化使命，中国共产党要牢固树立中国特色社会主义的文化自信。厘定政治文化和文化的同构性和一致性，是构建、丰富和发展马克思主义党建学说体系必须完成的一项工作。中央对党内政治文化建设要求的阐述，本身也是从中国特色社会主义文化的脉络着手的，深入把握加强党内政治文化建设的基本要求，需要注重高扬马克思主义的理论旗帜、注重汲取中华优秀传统文化、注重传承革命文化的精神特质、注重把握社会主义先进文化前进方向、注重体现中国共产党的党性要求，其基本内涵包括中国特色社会主义文化的全部要素，马克思主义理论旗帜体现了文化建设的指导思想，说明了这种文化的政治属性，中国共产党党员的党性要求则体现了文化的阶级属性和政党属性。因此，党内政治文化的范畴等同于中国特色社会主义的范畴，而当它体现在党内时需要将指导思想和党性修养融入其中，以成为党内政治生活的灵魂。因此党内政治文化不是"党内文化"的子系统，更非中国文化的子系统。

二、文化的阐释

在人文社会科学领域，越是广泛使用的概念，其含义往往越是复杂多样，以至于大多数学者一般会放弃对其概念的精确探讨。例如，法国年鉴学派的代表人物布罗代尔曾坦言："社会科学的词汇几乎不可能有明确定义。"① 国学大师季羡林先生也指出："人文社会科学像文化这样

---

① ［法］布罗代尔：《文明史纲》，肖昶、冯棠等译，南宁：广西师范大学出版社，2003年版，第23页。

的词，下定义很难，所以写文章不要下定义，功夫应花在把内容讲明白上。"① 这一观点非常类似于对当代政治文化研究影响至深的阐释人类学奉行的解释主义路径。用格尔茨的观点，"对文化的分析不是一种寻求规律的实验科学，而是一种探求意义的解释学"②，文化研究力求了解人至于他自己编织的意义之网，格尔茨的文化阐释论与季羡林先生所言"把内容讲明白"若合符节。

然而，研究者一旦执着于意义的精确阐释，往往意味着放弃或者说悬置精确定义的努力，阐释学的努力并不意味着定义工作本身，以及围绕着定义范畴、内涵、性质发生的诸多争论是无用功，恰恰相反，这一系列工作可以为阐释学提供更加宽广的视野。对于文化或政治文化这类普遍化的概念，在莫衷一是、众说纷纭的争论所留下的广袤地带，即精确概念所难以涉足之处，正是阐释学大显身手的空间。如果不能以精确的定义为研究的起点，对力求精确定义的历程进行适度的归纳也有助于对文化之内在意义的把握。回顾文化学与政治文化研究的理论史和方法论，不仅可以为党内政治文化研究提供些许参照和启发，而且还有助于避免望文生义产生的误解。

"文化"一词中文中古已有之，虽然近代以来深受西方思想的渗透，却并非如"政治""哲学"之类源于东洋、生造而出的译词。随着近代西学东渐，"文化"被赋予了西文中某些崭新、具体意义，即对于文学、艺术、哲学等人类精神领域产品的统称。而在一般性、概括性的使用层面，中文的"文化"与西文的"Culture"有共性也有差异。在儒家传统中，"文化"的直接含义即"以文化人"，"文"者伦理、礼乐、修养之意，与"质"相对，文化即人类从原始朴质走向文明修为的过程，内含着修身、转变、塑造的主观行动。孔子云："质胜文则野，文胜质则史，文质彬彬，然后君子。"（《论语·雍也》）"质"即朴实、质朴的意思，带有人从前文明状态进入文明状态后保留的自然、本真的底色，蕴含着

---

① 谢龙：《平凡的真理 非凡的求索——纪念冯定百年诞辰研究文集》，北京大学出版社，2002 年版，第 431 页。

② ［美］克利福德·格尔茨：《文化的解释》，南京：译林出版社，2014 年版，第 5 页。

对文明审慎的批判。根据"文质彬彬"的伦理要求，"以文化人"并不排斥"质"，因为"文"是人类纯粹社会化的结果，它涵盖了包括语言文字、象征符号、礼乐制度等一系列"文明化"的形式。"质"则表现了人类在文明的进程中，为了防止虚伪、欺瞒，保持道德本心而必须坚守最纯真、最本初，源于自然，与文明无涉的良知和行为取向。这在复杂的人类社会中不但显得尤为可贵，而且还可以作为道德选择的参照。单纯求"文"会跌入道德上的形式主义，偏执地死守礼法而丧失了道德本心的自然追求，故而君子要"文质彬彬"。

儒家强调人有君臣、父子、夫妇、兄弟、朋友五伦，"文"可外化为五伦之礼法，但这种礼法绝非空虚的繁文缛节，而是要辅助人首先本心良知的工具。五伦分别对应着忠、孝、悌、忍、善五大德性，而事实上它们又都是天理良知在人与人关系层面的具体化，需要通过人的具体行动而得以彰显。"文化"二字连用源于著名的《易·贲卦·象传》："刚柔交错，天文也。文明以止，人文也。观乎天文，以察时变；观乎人文，以化成天下。"因此，中文中"文化"是一个实践性的概念，一个"化"字说明了它的行动属性，其对立面则是尚未教化的"质朴"。质朴是人人从万物之理的深处带来的本心，如果没有"文化"的过程，将失之于粗鄙，最终会走向反面，即王夫之所说的："茹毛饮血，茫然于人道。"（《读通鉴论·卷二十》）所谓"文化内辑，武功外悠"，文化是在质朴、本心的基础上对人的内在精神加以改造的过程和成果。传统中国人的理解大体没有越出这一框架，改造人的主观世界是伴随着社会变革和器物变革的过程一并进行的，而且随着儒家学术的深入发展，行至明清易代之际，物质变革与精神变革相融合的思想已经初具形态。当然，总体而言，中国古人更偏重主观意志的改造，而中国共产党人则运用马克思主义的理论武器，在改造客观世界和主观世界的统一性方面进行了更加深刻、精致的哲理阐述。

西语中的"文化"，即"Culture"一词，对中国人的影响很大，因为在其原始意义上，与汉语对应的词汇一样都具备行动的意义，但是其演变后果却成为不同文明中不完全对等的概念。"Culutre"一词源于拉丁语文"Cultura"，意思是对土地和牲口的照顾，到了16世纪受人文主义的影响发展为对才能的培育，而这种才能是适用于劳动的，起初并不与文化教育有直接的关系。直到18世纪，文化才成为与艺术、文学、科学密切相关的概念，并逐渐地独立使用表示培养和教育，此时略有儒家传统中"文"相通的意味，而其对立面也是缺乏教育的朴素精神。①文明社会与自然社会的二元关系是启蒙时代西方伦理思想中的深刻话题，现代性道德观念的形成，在理论上最重要的努力在于如何思索"自然"在多大程度上具有"社会"的意义，自然状态下的人是否具备伦理属性。因此，"文化"一词在中西方起先不但都具备教化之意，而且都要思考"自然""朴质"与道德的内在关系。然而，表象的雷同外仍然潜藏着重要的差别：中国人认为"文化"是通过教育提高人的修养，将朴质的本心运用为道德实践，这等于化解了道德在文明化前后呈现出的巨大矛盾，即野蛮人的粗鄙看似不道德，而文明人虚伪同样是道德要求导致的反面，这一冲突通过"文"与"质"的均衡和互动而得到化解。西方人对这一问题的理解则缺乏辩证逻辑的整合，结果不得不对整个古典时代道德体系加以改造，将激情和理性作为自然人的原始要求，"文化"成为对理性能力的规训，抑或如卢梭特立独行的观点，文明是对道德风尚的败坏，将道德归为自然人的质朴本色。而且，西方意义中的"文化"只是要让普通人拥有知识和理性，道德训练只是其中的一部分，其中也没有"文"和"质"对立统一的辩证逻辑。更为重要的是，"文化"一词在西方的兴起正值启蒙运动时代，它赋予了文化一个特殊的意义，即进步主义的思想。如基佐②认为："文明这个词包含的第一个事实

---

① ［法］丹尼斯·库什：《社会科学中的文化》，北京：商务印书馆，2016年版，第8－16页。

② 弗朗索瓦·基佐（Francois Pierre Guillaume Guizot，1787－1874）：法国19世纪著名政治家、历史学家，波旁王朝复辟时代阶级斗争史学代表人物，提出十八世纪末法国革命是资产阶级同贵族的大决战，首倡运用综合和分析方法理解历史的规律性。代表作有《欧洲文明史》《法国文明史》。

是进展、发展这个事实。"① 此时，文化与文明是高度统一的概念，被定义为"制度、立法与教育的完善过程"，文化被植入了色彩鲜明的技术理性并且与政治和法律保持着尤其密切的联系。可以说，这一时期关注文化的思想家多数都有着比较的视野，西方与非西方世界最鲜明的对比无疑在于制度与法律的原则，孟德斯鸠的"精神"、托克维尔的"民情"都不仅是文化概念的翻版，更是考察政治差异的着眼点。简言之，当文化作为一则学术概念兴起的同时，它当即与政治发生了密切的联系，政治成为考察文化现象最直观的视野，因而它决定了政治文化研究最初并非文化研究的子系统，而是其最普遍、最简洁的方法。

三、文化研究的政治意味

随着西方在全球世界中的优势逐渐确立，文化的内在精神价值对知识精英的吸引力正在逐渐强化。根据埃利亚斯②的解释，在 18 世纪后半叶的德国，"精神"与"礼仪"已经完全分裂，而且文化或文明的对立已经从"社会对立"变成"民族对立"。一方面欧洲各民族都在追求自己的文化价值，另一方面则是西方人高高凌驾在非西方世界之上，将后者视为野蛮的、前文明时代的人。

正是在这样既倡导文化多元又主张西方中心论的复杂背景下，"文化"一词终于有了它第一个科学化的定义。1871 年，泰勒指出："文化或文明，就其最广泛的民族学意义而言，是一个复杂的整体，包括知识、信仰、艺术、道德、法律、习俗，以及作为社会成员的人获得其他能力或习惯。"③ 泰勒的显著贡献在于，他坚持认为文化只存在于集体维度，是无意识间习得的，不能从个人集合的层面去归纳文化的含义。再

---

①　［法］基佐：《欧洲文明史》，程洪逵、阮芷译，北京：商务印书馆，2005 年版，第 10 - 12 页。

②　诺贝特·埃利亚斯（Norbert Elias，1897 - 1990）：德国著名社会学家，代表作《文明的进程》在出版几十年后得到了广泛的学术认可。开辟了将历史学、政治学、心理学、经济学、人类学、社会学综合研究人类文明的方法，对文明的意义和解释深刻影响了 21 世纪的社会科学。

③　转引自丛日云：《传统政治文化与现代政治文明》，北京：中国社会科学出版社，2015 年版，第 4 页。

者，泰勒试图赋予文化更加中性的意义，将进步主义思想与西方中心主义剥离开来。然而，当他试图勾勒出文化从原始到先进的进化过程中，即使已经足够谨慎却也无法跳出西方价值观预先设定好的参照指标，因为"进步"的所有成果都来自西方，来自西方的道德和价值。因此，此后的诸多人类学家为了保持文化的中心色彩，不得不刻意强调文化的多元属性，进而回避进步主义的话语。

社会学奠基人涂尔干在构建文化客观主义方面贡献良多，他直截了当地指出，没有文化的民族或"自然"的民族是根本不存在的，而且"没有什么理由会让人相信不同类型的民族都有一样的发展；她们走的是各种各样不同的道路"。此外，涂尔干将社会视为有机整体的观念深化了文化的"集体意识"，他认为文化即社会中所有个体共有的集体表征、理想、价值观念与情感。[①] 所谓共有，即不能通过累积、叠加个人认识进行测量的精神活动。这一表述成为社会学的重要理论渊源，也正是从此开始，肇始于启蒙时代的"文化"与"政治"高度融合的理论倾向陷入了低潮。政治的背后是西方世界与非西方世界的显著对立，而人类学的文化研究大量采集原始部落的样板，由此产生的"去文化中心主义"情节完全不符合立足西方思考世界命运的政治思辨传统。简言之，部落的政治是不足为今人所争议的。如果参照阿尔蒙德和维巴基于个人的调查研究总结政治文化的研究范式不难发现，经过大半个实际的发展，至今"公民文化"的样板主导着政治文化的实证研究领域，其间不但充满了不同文化单元之间的比照，贯穿其中的更有对英美样板化的民主政治在东欧、西南欧、拉丁美洲，以及在亚洲命运的强烈关注。20世纪后半期，人类学与政治科学的分裂显而易见，它客观上造成了西方学术界关于文化研究与政治文化研究在很长一段时期老死不相往来的现实。在文化研究者的视野中，政治文化研究在本质上不属于文化研究的一部分。反之，当格尔茨的阐释学成为政治文化研究的经典范式之后，

---

① ［法］丹尼斯·库什：《社会科学中的文化》，北京：商务印书馆，2016年版，第37页。

政治文化研究则成为文化研究的一大流派，二者之间至今也没有形成相互包含的关系。

总之，顾西方的学术史，需要特别把握的一点就是西方人如何批判西方中心主义，这对于思考今天中国人的政治文化、中国共产党人的政治文化是必不可少的功课，因为我们不能在挣脱文化中心主义的目的下，仍然大量使用文化中心主义以来的概念和范式。西方中心主义的隐退是一个漫长的过程，并非作者们有此意识就可以迅速求得相应的结果。例如，涂尔干归根结底还是启蒙思想的继承人，他仍然坚信人类具有共同的理性去认知世间万物，这无疑表现了西方文明对于进步主义的自信。反之，此后的文化人类学之所以能够对政治研究贡献良多，恰恰在于悬置了对于理性的假设，而是进入不同地区人类的生活世界思考问题，如格尔茨所主张的"地方性知识"。事实上，文化人类学者在反思这一问题上遇到了足够大的难题，即不同民族的"精神"或"文化"是否存在于一个"前逻辑"或"非逻辑"的状态，抑或研究文化就是要研究逻辑精神之外的精神？文化人类学家在这方面付出了艰辛探索，而政治文化研究却从对理性人的假设的直接否定开始，同样试图超越"逻辑"的精神，关注于信仰、思维结构、习惯和情感本身。但无论如何，文化人类学家在这方面具有比政治学家更为积极的态度。如马林诺夫斯基①发明了参与观察的方法，即置身于研究对象的环境中进入对方的精神世界，这一方法如今已经成为人类学研究的主流，20世纪80年代之后格尔茨的深描理论以此为起点，开始了对政治科学界的政治文化研究的系统改造。

谈到政治文化研究的诸多源流，以及促使这些研究范式形成的原因时，就不得不提战后的相当一段时间流行的"国民性"研究。因为作为心理主义的代表典范，国民性研究无论在方法论还是研究动因上，似乎

---

① 马林诺夫斯基（Bronislaw Kaspar Malinowski, 1884-1942）：英国人类学家，新的民族志写作方法的奠基人。其实地调研的研究方法成为当代人类学研究的典范和规范。提出了功能理论，即社会的文化只是满足人生理和心理需求的工具。代表作有《自由和文明》《科学的文化理论》。

都很合乎致力于理解当代中国现状的学者们的胃口。因为，国民性研究是20世纪后半期临床心理学发展、扩充的成果，今日之中国社会科学界流行着经济学帝国主义的神话，而支配文化研究领域的实则是心理学帝国主义。国民性研究改变了之前的文化研究完全忽略个体，转而思考文化是如何在个体身上呈现的，如何影响个人的行动，如萨丕尔、博厄斯等人甚至将个体人格看作文化的表达，但他们最终的目的仍然试图在个体和整体之间建立一套合乎情理的假说。例如，本尼迪克特在她著名的《文化模式》中尝试改变过分注重个体的倾向，她主张要研究构成一个社会的不同制度之间的心理一致性。这一研究意图的影响极其广泛，林顿将其称之为"基础人格"。玛格丽特·米德则试图运用制度时间、礼仪和跟踪纪实的方法建构非个体式的心理文化学。对照当下，当代中国政治文化研究恰好急需突破这方面的瓶颈。现如今大量有关中国人政治观点、意识形态、价值认知、人际信任的研究成果因为没有涉及国民的基础人格，从而令人质疑其数据背后的真相多大程度上体现了中国人的"文化"。然而，关于基础人格或"众数人格"的讨论仍然不是集体性的议题，毕竟"人格"作为心理学实验的对象只能聚焦在个体层面。因此，当20世纪50年代文化人类学开始了面向整个人文和社会科学领域发出强烈的辐射之后，国民性研究走向消沉就显得不可避免了。同样，当关注于中国政治文化的学者们试图加速文化研究的"心理化"的同时，需要立刻建立大写的"大写的人"的意识。

今日每每谈及文化问题，必然招来这样的疑问：何为文化？更具体地说，在各种各样的文化形态、文化要素、文化景观或文化心理中，什么是文化的内核，是文化的本质？传统的文化哲学能带给人强烈的对于理解文化的直观感受，但它不能对文化加以明确地剖析，也就是回到了普遍化概念的"定义"困境。或者说，对于什么是文化的宏大问题，如今可以转换为从什么角度理解文化最为恰当的问题。思索中国共产党的文化或政治文化，这个问题尤其突出，因为党内政治文化不仅仅是我们需要观察的对象，更是需要运用人的主观意图不断改进、建设的对象，抓不住文化的内核就抓不住要害，最终各种建设的努力只会沦为形式主义。对于这个问题，西方力求摆脱西方中心论的文化人类学还是留给我们重大的理论贡献，它把对于文化内核的思考从态度、情感、道德、价值引向至人的思维的内在结构，或者说人的惯常思维的路径和框架。结构是可以通过一系列象征性的系统予以透视的，而且它可以脱离价值而独立呈现。无论是语言、艺术、宗教还是婚姻制度和经济关系，只要能够表达社会事实和物理事实之间的关系，就构成了一个社会中人与人共有的思索客观世界并无意识地付之以行为的框架和路径。正如列维－斯特劳斯①强调的那样，文化可以被视为一系列象征性系统的整体，这些象征性的符号能够被组合为一个系统，它首先是动态的，贯穿着人的日常行为，其次是结构性的，并非支离破碎，而是能相互印证，互为解释原则。人的行为在这张结构性的意义网络中，处在"无意识"的状态。比如在中国的家庭中，子女进了家门会习惯性地向父母表示一种礼仪性的问候，谁也不会刻意这么做。但是这种行为，以及行为运用的符号系统都是有章可循、有固定的路径可以探测，因而是为结构。

不过，作为结构主义的奠基人，列维－斯特劳斯的雄心则带给我们深深的疑虑。他试图证明，在各种特殊的文化系统中其实蕴藏着共有的结构，比如乱伦禁忌就是各种文化系统中皆有的规则，是人们会主动规避的。倘若人类学的使命就是从特殊文化形态中发现不变的结构，结构主义对于思索当代中国问题的价值和效用度将衰减至零。但至少结构主义可以提醒我们，思考中国人的政治文化以及中国共产党的政治文化，人格研究并不那么显著，精神分析方法可能会过分突出在某一时段普遍，但从长远而言有可能变化的心理活动。而且人格分析的结果并不必然可以应用在行动分析方面，党内政治文化的建设归根结底还是行为的建设。心理学家们通过具体的分析数据，有助于理解社会成员对文化的适应动机、动力和模式，对于党员个体的观察可能是有利的，可人格毕

---

　　① 克洛德·列维－斯特劳斯（Claude Levi－Strauss，1908－2009）：法国哲学家、人类学家，结构之父的创始人。通过研究人类亲属关系，古代神论和原始人类思维，提出人类的思维中存在普世性的心理结构，所有的社会现象都存在内在的关联性，根据某种样式组织成为结构。代表作有《结构人类学》《忧郁的热带》《野性的思维》《神话学》等。

竟是一个庞大的系统，有中心和边缘之分，仅凭个体的心理分析还原推动一个人行动的动力系统，会将符号性的文化要素的作用全然忽略，因而并不适应党内政治文化研究最需要解决的问题，也很难与聚焦结构的观察相互补充。

第三节　党内政治文化的范畴和属性

当剪除了跨文化比较的目的，党内政治文化研究也可以减少对普遍规律性问题的认识，比如某种文化是否会倾向于某种制度，而是可以转过头来思考，什么样的制度呈现的符号和意义可以纳入党内政治文化的范畴，进而促成制度与文化建设之间的深度融合。

一、研究党内政治文化的基本范畴

加强党内政治文化的建设是坚持党的全面领导和全面从严治党的治本之举，让每一名党员从党性深处修身之心，固本培元，守住为政之本。此外，党内政治文化还要在党内培植出健康的党内人际关系、工作环境和精神氛围，由党风、政风以至社会风气，让每个党员干部不断接受政治教育和思想洗礼。所以，党内政治文化建设是落在党员与组织、党员与其他党员、党员与社会成员关系的互动面上。目的是让党员的理想信念、精神状态、作风习惯、价值观念、工作态度，与党的指导思想、奋斗目标、路线纲领、行动规范高度一致，与组织内的人文环境相得益彰。党内政治文化建设必须着眼于党组织的集体层面，如果只是将党员视为原子化的个体，片面强调党员的个人教育，那么极容易出现谆谆教会和严肃党内政治生活的脱节，会无形中助长伪善、形式主义的风气。如果软弱涣散、随意、平淡、庸俗的党内政治生活得不到根治，各种违反党性原则和党规党纪的行为屡有发生却无法严肃纠正，甚至以此为常态，对党员个体的教育成果只会在党员队伍中产生反讽效应，即使还存在少数坚持党性操守的党员也不足以带动整个党内政治文化的转变。

因此，研究党内政治文化建设需要从两个方面入手：第一，继续尝试定义的准确性，即明确什么是党内政治文化。鉴于先前浩繁的文化研究和政治文化研究的经验，即使定义不够精准，仍然需要确立其基本的范畴，尤其是在研究层次上要划分明确。第二，如何建设党内政治文化。通过对党内政治文化范畴、属性、内容的分析总结出内在的规律，才能寻找针对性的建设方案。建设方案的设计需要仔细考察文化究竟有哪些可塑性。目前的大量研究已经证实，文化很难因为制度和社会结构的改变而变化，党中央也认为文化是一种更基本、更深层、更持久的力量。换言之，其是一种难以凭借人的主观意志就轻易变化的力量。在这一基本事实和客观规律的前提下，党内政治文化建设需要寻找动力，抓住要害，使用最合适的推手和杠杆，其前提条件仍是对党内政治文化的属性、内容和结构进行精致的解剖。于是，秉承着由阐释意义思索建设方案的立场，我们可以从以下几个方面深度理解党内政治文化研究应当从哪些方面入手开展哪些工作。

二、党内政治文化的文化定义

"范畴"包括定义。在总结中外关于文化与政治文化的基础上，党内政治文化的定义应该是，在中国共产党内，党员之间所共享的关于客观世界的发展规律和党的性质、使命、宗旨的认知—行动结构。这一结构对于党员个体可内化为信仰、理想信念、价值观，对于党员与党员、党员与群众、党员与组织、党员与社会则应沉淀为支配行为的规范和作风，在党的整个组织层面，则是一以贯之的全心全意为人民服务的宗旨，各项政策、路线、方针都能彰显社会主义核心价值观的基本要求。

之所以确定这一定义，是基于以下几点考虑的：

首先，为了更好地发挥马克思主义在党建研究中的指导作用，可以将文化应当是一个庞大的"认知—行动"的意义系统，这是对中国传统思想"知行合一"的科学归纳和延展，也是运用马克思主义认识论对文化的再聚焦。对此，阐释人类学的解释有其重要的借鉴意义。格尔茨接受马克斯·韦伯①的著名论断，将文化定义为人自己所编织的"意义之网"，"网"就意味着文化不是孤立和个别的现象，亦非个人内心深处的某种心理活动，文化是个人与世界之间的纽带，人类需要通过自己的活动来认识和解释他们所处的世界，从而形成了在不中断的社会实践中的彼此认识、感知和理解。所以文化研究就是关于人解释世界的解释。很显然，尽管格尔茨言必称韦伯，但是其认识论的基本架构来源于卡尔·马克思。马克思的重要论断"社会存在决定社会意识"，实则是为了消解英美经验主义哲学中客观存在的主客二元论的认识论构架，进而倒转黑格尔式的唯心主义哲学。马克思认为，对于人的研究不能片面地强调人的认识，而应该关注人改造和创造世界的能力在知觉和感觉中的表现。工人创造出的商品最终会变成与其相对的力量，最终造成了"工人对劳动产品这个异己的、统治着它的对象的关系"②的异化，"物的世界的增值同人的世界的贬值成正比"。③人类可以根据自身的认识去改造自然，但是劳动的对象化让人们从他所创造的世界中直观自身，人不仅在经济上被所劳动的产品控制，人的认识也被牢牢地限定在劳动创造的活动之中。人的认识和实践实乃同一过程，革命的实践有赖于革命的认识。

实践和认识的同步性、同构性是马克思主义文化学的精髓，以此为立足点运用阐释人类学的框架，也就意味着从中国共产党的活动与认识的过程去理解政治文化。更为重要的是，中国共产党从革命到社会主义建设，再到改革开放的 90 多年的时间里，已经形成了一套特点鲜明的符号意义系统，其符号特征显著地区别于一般性的民族单元，是更加容易把握和分析的，所以意义的阐释既有助于对马克思主义基本原理的运

---

① 马克斯·韦伯（Max Webber, 1864 - 1920）：德国著名社会学家、经济学家、政治学家、历史学家。与马克思、涂尔干并称为社会学"古典三大家"。学术思想博大精深，其内在结构和思想至今仍受到广泛的研究和讨论。其宗教社会学的影响尤其大，对宗教之于社会活动的影响开辟了文化研究的全新范式。提出了"理想类型"的社会学研究方法，使社会学具有了自身的学科特征。代表作有《宗教社会学论文集》《经济与社会》等。

② 《马克思恩格斯选集》（第 1 卷），北京：人民出版社，1995 年版，第 44 页。

③ 《马克思恩格斯选集》（第 1 卷），北京：人民出版社，1995 年版，第 40 页。

用，也便于贴近中国共产党的活动实际。需要留心的区别是，阐释人类学过分注重符号中的认识，而马克思主义则关注改造世界活动中的认识。我们则需要将符号的象征意味理解为改造世界活动中的一个环节来对待。

其次，尽管西方学者对于文化的研究已经出产了一批无法回避的成果，但"文化"一词毕竟是地道的中国词汇。研究党内政治文化建设中的"文化"是中国共产党理解的"文化"，不能完全等同于学术史上的"文化"。这就要求参透在党的历史传统中对"文化"的理解，进而形成与学术界的广泛对话。作为中国优秀传统文化的继承者和新时期社会主义先进文化的缔造者，中国共产党对文化的理解仍带有浓重的中国传统特征。第一，文化并非静止的心理活动而是动态的实践行动，其中心在于"教化"。中国古代文化在每一个细节都渗透着"以文化人"的用意，中国共产党历来将文化与"建设"等动词连用，将其视为不断发展、不断推进、不断改造的行动过程，从来就没有一劳永逸、颠扑不破的文化状态，只有不断更新、不断运行的文化建设。第二，具体到党内政治文化建设而言，党性修养就是党内的"教化"，这里包括由组织安排的党性教育以及党员个人的主观修炼。"文化"本身素来也包含着两个方面，而且从中国的历史传统来看，两方面最终是要合为一个统一的过程，即外部的宣示、教育、感召和内在的主观修炼是互为依靠、互为表里的关系。

因此，对党内政治文化的定义并非一系列心理活动状态，也不是单纯的格尔茨意义上的认知结构，而是认知—行动结构。阐释人类学的启发在于可以由惯常的行为思考认知对行动的影响，研究党内政治文化建设更要注重思考行动对认知的影响，或者说认知和行动的通过性与同步性，这样才能彰显马克思主义党建学说体系的优势。

如果说，研究内容更要突出马克思主义对文化的定位以及中国共产党对文化的素来理解，那么考察党内政治文化的属性不但是一项必备工作，而且需要对先前的文化研究和政治文化研究进行直接回应。党内政治文化，顾名思义包括了"党内"和"政治""文化"三组概念。这就不可避免地涉及两个问题：一是文化和政治文化的关系，二是党内政治文化和政治文化的关系，这两组问题在先前的研究中都是悬而未决的。

文化和政治文化的关系并非字面表现出来的是总概念和子概念的关系。在政治文化研究的漫长历程中，没有哪位代表人物会将政治文化作为文化在政治领域的反映。文化研究的两大重镇，即人类学和哲学都主张从整体的视角对待文化，亦不主张从人类生活的诸多方面对文化进行拆分式研究。因此，在西方哲学和社会科学史上，文化和政治文化缺乏概念上的辨析。事实上，在诸多学者看来，文化的内在结构与政治文化无异。20世纪80年代"政治文化"复兴时代的学者，如英格尔哈特、艾克斯坦、威尔达夫斯基等人，更多的是在使用"文化"而非"政治文化"。他们之所以声称自己的研究属于政治文化，乃是因为其目标的关注点在于政治，学者们力求从一个国家、民族的文化特质思考政治稳定、政治发展和民主化等问题。

再次，虽然"政治文化"一词肇始于阿尔蒙德和维巴的研究，但是政治文化的研究范畴源远流长，早在古典时代就已经具备了相关的意识。进入启蒙时代以后，政治文化的意识已经全面兴起。孟德斯鸠的《论法的精神》专注于探讨一个国家的气候、人民的生活方式、宗教、习惯、习俗、商业模式等特征对于其政治制度和法律产生的影响，它称前者为"精神"。在他之后，贡斯当、基佐、托克维尔都致力于分析在不同的历史和社会条件下，支持一种政体运行的习俗、管理、品德、传统和民情。19世纪，文化哲学家赫尔德倡导每个民族都有自身的文化传统，从而反对把人类纳入统一的历史进程和政治制度的选择模式。上述作品既是近代人类学和社会学的奠基之作，也为20世纪政治文化研究提供了最初的问题意识，即文化对政治制度的取向。当阿尔蒙德和维巴提出"政治文化"的命题时，正值文化人类学的转型之际，其"公民文化"的研究范式只是政治文化研究的一个崭新阶段而非起点，20世纪80年代以后的学者慎用"政治文化"一词，也是对传统文化研究的一种理性复归。在这个意义上，人类学和文化哲学的文化研究与政治学的政治文化研究尽管范式和意图差异极大，但是在概念界定的方向上仍然是一致的。

最后，中国政治文化研究经过多年来的努力产生了一批丰硕的成果，在概念界定上有突出贡献的也多是从文化整体的角度思考政治文化，而非把政治文化作为文化的一个组成要件。在政治学界，中国政治文化研究有些奉行的是一套拿来主义态度，将政治认同、政治情感、政治态度等同于政治文化，甚至把政治文化研究当做对某种心理或人格的研究，这只不过是在重复西方学者的老路；也有一些重要的研究在没有明确概念的情况下，对政治和文化两个概念叠加而成为"政治文化"，尽管存在着泛化概念的嫌疑，但是至少给研究者一则重要的启示，即政治文化需以"文化"的整体作为研究的模板。历史学家在这方面可谓贡献良多。例如，余英时认为文化与政治是两个互别又相关的活动领域①，阎步克则指出"政治文化"研究是要从二者的交界面出发去考察政治现实与文化理想彼此之间的渗透、制约和冲突。② 这一思路无疑适应于中国政治的自身逻辑，毕竟自先秦开始，中国就建立了一整套复杂的国家机器，存在着自上而下日益复杂的权力系统，而权力的运行轨迹始终受到儒家文化的质疑、挑战、软化以及支持。政治权力在性质上的普遍性与儒家文化的特殊性的交叉，既可以作为中国传统政治文化研究的着眼点，也是思考中国文化特质的重要棱镜，文化始终保持着整体的姿态，未经过任何裁剪。

以上的思路对于理解党内政治文化是同样有效的。自建党以来，中国共产党就面对着政治权力运作的基本逻辑与党的价值、理念，以及多样化的领导行为之间的复杂张力。从制度角度而观，中国共产党的组织架构已经深度渗入了政府机关和企事业单位内部，与国家权力机构之间完成了"无缝对接"，党政关系在制度上并非平行独立，而是互相嵌入、相互抱合的。这就容易给人产生一种误解，即党组织是一个权力机构，而忽视了国家权力体系与党内的组织原则和精神价值对人的要求不但不

---

① 余英时：《宋明理学与政治文化》，长春：吉林出版集团，2008 年版，第 13 – 14 页。

② 阎步克：《士大夫政治演生史稿》，北京大学出版社，2015 年版，第 2 页。

会完全一致，相反还存在着严重的冲突。比如，官僚制要求官员恪尽职守、忠诚于自身的岗位，对于党员来说这极有可能变异为部门主义、本位主义，甚至山头主义。党员身份的多重叠加效应使得中国共产党在历史上一直大力倡导通过广泛联系群众，鼓励创新精神，反对官僚主义、形式主义和本位主义。党的十八大之后，以习近平同志为核心的党中央多次告诫全党，要牢固树立起"党员意识"以及"政治意识、大局意识、核心意识和看齐意识"，要不打折扣地落实中央精神，狠抓党建第一责任。实际上就是要用一整套党内的文化伦理消解官僚制代表的政治权力对党员精神世界的控制，用党的思想、路线、伦理和价值观抑制本位主义和官僚主义的膨胀，这些都是活跃在权力结构中的文化形态。

研究党内政治文化，事实上是研究与权力运行过程相对的认知与行动结构。党内政治文化事实上就是中国共产党的文化的全部内容，实质上等同于党的文化或党内文化。党内的政治文化表现在党的领导方式与执政方式上就是党的文化或政党文化，而由于党原本就是一个政治组织，党的一切活动都是政治活动，所以党内文化等同于党内政治文化。正如政治文化并非文化的子系统一样，所谓政党文化或党内文化之类的概念只是党内政治文化另一类表达而已。

除此之外，另一对概念的考辨恐怕更为重要，即党内政治文化与中国政治文化究竟是什么关系？换言之，党内政治文化属不属于中国政治文化的一种"亚文化"？对于亚文化的讨论一直是政治文化研究领域相当棘手的问题，大部分学者认为一旦划清了政治文化的单元主体，对亚文化的考察只能是作为对政治文化的某个环节的局部分析，最终还是要上升到社会单元的整体去思考。尤其在实证研究领域，对个人的调查必然跨越亚文化的边界，由此上升而成的整体分析肯定会避开亚文化的特殊性，得出文化的整体共性。可是，对于苏联和东欧的研究却带来了新的质疑，即共产党的意识形态工作和文化改造工作会不会在分裂的文化单元之上塑造出一个共同的文化形态呢？比如在苏联、俄罗斯和乌克兰的文化显然是不同的，时至今日乌克兰社会中也有两股完全不同的文化单元，可在社会主义时期，它们都被共产党的文化形态所覆盖了。而大量的研究证实，在苏联解体和东欧剧变之后，原先的地区仍保留了共产主义革命之前的文化，文化似乎没有被深彻地改变。于是，研究者们不得不思考，社会主义时期那些意识形态鲜明的生活风格、工作作风、人际关系、话语符号难道就不是文化吗？

从单纯的结构关系方面很难给人以满意的结论，不过具体到中国共产党而言，则是有明确答案的。中国共产党并不只是中国社会当中的政治组织，在中国社会复杂的近代转型过程中，中国共产党是新社会的缔造者，党的组织网络是新社会构建的骨架，党取代了传统社会的家庭，成为新的社会伦理、价值、审美等意识结构的母体，从中心向四周辐射构建了中国社会的新式社会伦理和意义体系。简言之，中国共产党的意识形态、行为规范、价值体系、理想信念并非凌驾在中国本土文化之上的，它原本就是马克思主义与中国本土文化相结合的产物，是中国先进文化的代表。一方面，中国本土文化有党内政治文化得以形成的母体，否则前者只能是一套意识形态学说或一种理想追求，而不足以深入人心、长期存在。另一方面，马克思主义意识形态随着中国共产党改造世界的活动汇入中国文化自身，中国文化正是通过马克思主义中国化的进程，借助于由党向全社会辐射的过程完成了创造性转化。党的宗旨、价值、理想信念、组织原则、作风要求、精神气质只是文化的表层，但正是因为有了这样的表层，中国政治文化在党内即呈现为党内政治文化的样态，所以党内政治文化并非中国政治文化的亚文化或子系统，而是中国政治文化在党内的表现形式。

三、党内政治文化的内核：规范

已故的著名海外华人政治学家史天健教授的研究，开创性地把握住"规范"之于政治文化研究的基础性的地位。规范并非文化的全部，甚至它不属于认知结构中的深层部分，但是如果要将人的认知—行动结构定位在人与人之间而非纯个人的心理动机方面，就需要立足于决定人际间行动的坐标，才能将政治文化的认知—行动结构表象化、具体化。规范不仅可以打开一般意义上的政治文化研究的空间，它天然是党内政治文化最值得关注，也是建设党内政治文化最急需着手的层次。运用规范的指标可以解决两个极为重要的问题：

第一，对认知—行动结构与人的理性选择进行适度的区分，然后再建立一定的关系。政治文化研究所排斥的对象正是理性选择理论，而其解释的困境同样在于理性选择理论简单直白却又说服力极强的理性人假设模型。对于当代中国共产党的建设而言，理性选择理论的解释更是无法回避的，突出地体现为目前党员的入党动机方面。在革命战争年代，人们，尤其是底层民众加入中国共产党一定怀有某种理性选择的要素，比如中国共产党基于群众实实在在的、看得见的利益，但是让自己投身于一场危险且前途变幻莫测的事业却完全不能以理性选择来解释。情感的纽带作用、乡土民情的压力，乃至于对信仰的热忱在那个年代发挥着巨大的功效。不过，如今的年轻人的入党动机恐怕真有强大的理性动因的驱使，通过入党为今后的发展提供机遇的想法广泛地存在于年轻党员的心中。于是，无论是分析党内政治文化的构成，还是探讨党内政治文化下一步的建设方案，都需要消解理性选择的影响。

从分析党内政治文化的构成来看，既然中国共产党经由近百年的时间沉淀出一套丰富的文化，包括其价值、观念、符号、规范，那文化的自身并非理性选择的。怀有理性选择动机的人入党之后，甚至在入党之前就不断地经受文化的熏染。比如，当一名党员感到在党内缺乏发展机遇和通道时，他不会轻易地选择脱离党组织，甚至不会轻易地选择脱离现有的体制，如果说前者还有些理性考虑的话，后者则纯粹是服从于文化的规训。不过，文化的规训并非是排斥理性的，而是驾驭理性的，文化中的规范的作用在于，指引人识别什么是利益，该如何对待利益，就第一个方面而言规范是理性选择的先导，第二个方面而言规范又是理性选择的限制性要素。例如，党内的规范会让党员普遍认为领导在决策时充分征求意见是正确的，但当领导向本人征求意见时，本人不便于全盘否定领导的观点，前者是规范，后者就是规范对理性的塑造与局限。事实上，领导不见得听不得全盘否定的声音，如果有人真的提出关键性的意见，说不定还可以帮助领导，但是在规范的指引下人们会认为提意见但不否定，或者尽量少提意见是符合自身利益的。由此可知，规范并非个体化的心理活动，它一定存在于人与人的关系网络层面，在上面的例子中，规范牵扯到党员本人和领导的关系。事实上，人的理性选择永远取决于他人的态度和行为。

第二，规范的运用关系着共产党人价值观的实现。虽然党具有一整套价值观念，如人与人之间的绝对平等、人的自由发展和全面解放，不过它在党内存在的强度如何始终封闭在每个党员的内心深处，如果测量一个党的价值观水平，那一定是党员个人价值观的众数集合，而正如文化研究者反复证明的那样，众数集合是不能等同于一个群体的文化整体的。因此，研究者无法从价值观调查得出党内政治文化的现状，也不能仅仅将价值观建设等同于党内政治文化建设。为了把握文化的总体性质，发现价值观对一个党的行为的影响，仍要借助于规范的中转。

规范可以让党员在行动中准确识别什么样的行为符合自己所认同的价值观，也就是说，以什么样的方式和他人发生联系是实现价值观最好的方法。然而，如果党员在组织内遵守的是同样的规范，不见得党员的价值观都相同，不同的价值观也可能取得暂时相同的规范，但至少可以让党达成文化的共享效果，并且为价值观的整合提供人人都能接受的方式方法。而且，价值观不同的人对于某些具体问题的态度可能是有共识的，党的工作不但要专注于长远的理想，更要确保当前任务的开展，党内在一定程度上也需要"求同存异"，也需要正视党员之间价值观和思想认识水平参差不齐的状况，在规范上若能达成一致，其效果和意义远大于外部力量的强制要求，政治文化在深层次上发挥作用，并不排除在具体的历史阶段和局部领域，党内存在着价值观的差异。价值是用来判断对错的，而规范可以引导人在不同的场景运用价值，甚至将其他人的价值观在冲突和矛盾最低化的环境中传输给行动者。在同一规范下，人不但运用价值判断着行动的对错，同时也在判断他人的对错，党员可以通过这一过程自觉地完成价值整合，并不断通过规范领会沉淀已久的、组织的符号、语言的内在意义。

价值、态度、情感、规范、信条都属于文化的不同维度，而规范因为其社会化的特征，与行动的界限也是最难区分的。因此，要区分规范和规则，后者只是单纯的行动模式，而规范则是文化模式。党员的惯常行为可能受到了党内制度和法规的影响，甚至可能因制度和法规而形成了习惯，这些都可以统称为规则。包括为人熟知的潜规则、非正式规则都在规则的范畴内，而不是规范。规范和规则的差异在于，规范是为人所认同的，与个人的价值观紧密相连，按照规范行事并不违反本人的价值与好恶；而潜规则和非正式规则极有可能是党员反感的，但迫于环境压力大家不得不这么去做，理性选择在其中扮演着更大的比重。不过，非正式规则也可能包括一定程度上的规范，非正式规则只是除制度明文规定之外的规则，规范很大程度上也是独立于制度和法规条款的，因此非正式规则可能包含一定程度的规范。如党委选人用人时要考虑班子成员之间的个人关系，这是法规和制度不曾要求的非正式规则，但它也符合民主集中制要求班子团结和纪律兼顾的要求，及其要求下大家都认同的选人用人时的规范。

四、对"非正式规则"的重新理解：制度与文化的交界面

无论从哪一种学术视角思考政治文化，都必然要面对文化与制度的关系。从中国的实际问题与中国共产党自身建设的内在要求出发，这一看似简单的二元关系可以转化为对"非正式制度"或"非正式规则"的重新理解。因为，制度与社会结构不会影响一个民族或文明单元的文化似乎已成常识，党中央在思考党内政治文化建设的命题时，也认识到文化是一种更深层次、更加持久的力量，换言之它不会成为制度变革的因变量。其实，制度与文化的重要交界面实际上是备受关注的"非正式规则"。对此，目前学术界的相关理解还是有很大局限的，尤其是没有将眼光放在中国共产党的组织内部。我们已经看到，政治文化对人的行为的塑造主要由规范来驱动，规范会使得行为遵照一种既定的模式展开，这就是非正式规则的文化来源。在这个意义上，非正式规则具有很强的延续性，它不会被制度所替代，也不一定永远和制度存在冲突关系。更重要的是，党的建设本身就是一种"非正式规则"的建设，思想、作风

和组织原则都是和制度交叉但又相互区分的领域，而严肃党内政治生活的许多重要方面也并非完全由制度所能规范，所以必须从党的视角重新理解非正式规则。

其实，与政治文化一样，非正式规则在概念上属于"学术建构"，是社会科学家为了便于解释权力现象而从本位整体的社会行动中抽象、分离出的一个观测坐标，并非在人类生活中自然发现的行为范畴。社会科学，尤其是政治科学所固有的将具体问题抽象化的思维倾向，很容易形成"制度中心主义"视角。毕竟制度是政治生活中容易观察和测量的对象，一切活跃在制度条文外的行为模式理所当然地被划入与制度相对的范畴。此外，社会科学家很难对政治生活的诸多方面，尤其是政权内部的运作进行经验研究，只能从政治体制及其运作机制的社会效果出发进行判断，从而形成了天然的国家与社会的二元视角，支配前者的制度是正式制度，那活跃在社会生活中的其他逻辑皆不具有正式性。正式制度因此成了权力运行的标准，非正式规则则只是对标准的偏差。何况，"正式的"规则又是什么呢，何以见得一些明文规定的就是正式的，习惯形成的就是非正式的？这一二元对立的逻辑其实是借用西方社会科学理论观察中国时，根据中国的经验对理论进行了一些补充和修正后提出的概念。如果置于中国自身的社会逻辑和思维结构来观察，非正式规则有可能是更符合中国人的认知结构的行动法则。总之，这一概念具有的天然问题是，它使得正式制度的运作成了理想的类型，即排除了道德、情感、社会价值之后的机械式、流程式的原则和规则。而事实上，作为社会生活中的人在运行正式规则之时，不可能与道德、情感、价值，以及更为整体化的文化相隔绝，纯粹的正式规则逻辑是不存在的。

在"制度中心主义"的支配下，学术界对非正式规则的理解大致存在着以下几点误区：第一，将非正式规则作为与正式制度相对立的或竞争的行为模式，而没有真正把握二者的耦合特征。有学者从法治建设的角度出发，认为非正式规则是法治建设的障碍，甚至是陈旧落后的。尤其在基层社会，种种非正式规则让群众和干部难以形成法治思维，在法治的推进中常常陷入习惯性僵局，许多学者因此倡导非正式规则与正式规则的转换机制。尽管也有学者主张放弃二元对立的思维，用"渗透""浸入"描述二者的关系，指出非正式规则与正式制度之间的冲突并非尖锐，二者仍然共享着着较大的模糊地带。可是，破除了"对立"却仍然"二元"，这一思路仍是将两者置于统一维度上的两极，仍未摆脱建构性思维的影响，没有从人的社会活动与生活世界予以深度观察。第二，用"嵌入"理论将非正式规则作为对制度的补充性要素。从政治文化研究的立场来看，一则它等于否定了文化对于政治生活的深层性和持久性影响，二则它只能把握文化与制度相同的那一面，即通过道德、良知、习惯对社会成员产生的约束性作用，无法解释文化对政治行为的促发性作用或建构性作用。第三，如果认为非正式规则是在制度运行的缝隙和困境中产生的，或寄生于正式制度当中的，那就等于否定了前者的独立性。有学者认为非正式规则是搭乘正式制度，辅助其解码、试错的规则；也有学者通过基层治理研究说明，制度的强大压力与传统社会的民情礼俗带来的强大张力，使人们产生了无意识的持久性特殊规则。当然，有研究持有相反的看法，将非正式规则作为制度产生的源头，处在规则群生态链的前端，以"线性""单向"的方式不断生成正式规则。这一假设不能完全被事实验证，而且弱化了制度生成过程中人的建构能力。第四，对非正式规则的负面观察过多，进而没有把握其全貌。非正式规则常常被等同于"潜规则"，后者在中国的社会语境中是一个相当负面的概念。因为无论"潜规则"来自哪里，如今它早已不是一个学术建构的词汇，而是如文化一样成为承载着大众价值判断的生活化词汇。将非正式规则等同于潜规则的结果就是对其观察常常抱以负面的态度，即使研究者力求客观，也会不由自主地强调它对正式制度的扭曲。第五，否认非正式规则的文化内涵，对其解释带有强烈的理性主义色彩。有学者认为，不能将非正式规则等同于文化型塑的传统规范、植根于民间的内生性规范，如关系网络、庇护关系、腐败和黑恶势力等遵从的非正式规则就与文化传统没有关系。而是将非正式规则的存在理解为，社会行动者通过进入某个关系群体或"圈子"中建立的获得收益的行为。这一解释的误区在于，它窄化了文化的内涵和效应，关系网络、庇护关系、腐败和黑恶势力在没有法律制度保护的前提下能够长期存在，靠的正是"圈子"成员之间共同墨守的"规范"。如腐败的规范包括"拿人钱财、替人消灾"，关系网络离不开熟人社会的交往规则，黑恶势力更是依托于强大的内部伦理，庇护关系中还设计庇护者的面子的问题。"收益—成本"理论只能解释为何人们会结成关系，但由于收益的变化是随机的，它无法解释关系与"圈子"何以长期存在。

　　总之，对于非正式规则的理解误区大致可以归纳为两点原因。首先，建构性学术思维导致的"制度中心"主义视角带来了正式与非正式根深蒂固的二元性思维。其次，理性选择理论影响了研究者对于文化属性的全面认识。对于第一个问题，需要摆脱既有概念和理论框架的束缚，回归问题本身，对所研究对象的生活世界加以观察和体会，展开意义的阐释。研究党内政治文化，走进生活世界更显得尤为必要。中国共产党的奋斗历程与中国传统文化的结合已经沉淀为全党甚至全社会共享的符号、话语、仪式和制度，研究者亟待深入党的"地方性知识"去发掘其中的意义，运用中国共产党自身的规范和意识重建解释框架，抑制凭借主观的学理建构的任意裁量。回归中国共产党的生活世界，应打破对于理解制度和潜规则的人为区隔，将其一并视为生活世界中的符号体系和意义系统，以悬置先见的态度观察党的一切活动的内在特征，在意义的阐释中领会文化的面貌。这样，制度和非正式规则都将成为观察文化的现象或对象的载体，制度与潜规则的区别不过是文化在行动层面的不同的符号样态。对于理性选择所存在的问题，几代政治文化研究者已经耗尽心力予以反驳，如帕特南[①]使用"社会资本"的概念，试图将理性选择纳入文化研究之中。社会资本包括"互惠的规范和公民参与的网络"，信任、规范下的社会资本的集聚，公民更容易产生资源合作的意识，印证了"公民文化"对制度绩效的影响力。在另一个意义上，即使人依靠理性选择为动力，那也要依靠文化来鉴别什么合乎自己的收益。

　　① 罗伯特·帕特南（Robert D. Putram, 1941 - ）：美国当代政治学家，社会资本理论提出者。认为社会组织的诸多特征，如网络、信任和行为规范，会出于互补的合作行为影响公共政策和公共治理。代表作有《让民主的政治运转起来》《独自打保龄球》《我们的孩子》。

中国共产党作为一个为特定目标建立的组织，天然反对理性选择理论的解释路径。如果党员是根据利益成本计算得失作为在党内活动的原则，势必抹杀理想信念的支持作用，更遑论"大公无私""勇于牺牲"的精神品质。正因如此，制度建党永远不是孤立的存在，制度对人的规约力、警示力、惩治力，所能触及的仍是人的利益得失之心，不能从根本上提升党员的理想信念和党性品质。因此党内政治生活和党内政治文化的重点，其实是体现党的宗旨和价值的"非正式规则"。制度的作用除了鞭策、约束、激励、惩戒等理性化的任务之外，还有着营造场景、搭建平台、制造机会、培养氛围的作用。比如，党性教育需要制度来保持，但制度本身不是教育，在制度框架下人的活动才是教育。其实，中国共产党的特殊经历使其更期望依靠多彩的社会生活来教育党员，如群众路线的基本要求无疑明示党员的学习是和群众"在一起"完成的。同理，党内政治生活之所以是"生活"，那必然贯穿着多重形态的道德、情感、价值和习惯，这些共同构成了党内的"非正式规则"。

因此，思考中国共产党的文化与制度的关系，其维度和重点将完全迥异于一般意义上的政治制度与政治文化。先前的研究者关心的是，第一，制度是否能塑造文化；第二，文化如何培养公民对某种制度的倾向。而对中国共产党而言，真正需要考察的重点是制度对于文化培养、涵化的两面性。一方面，党是社会中的政治组织，党内政治文化的培养需要一些常规性的条件来构建专属于党内政治生活的情境，让党员具有组织内外的意识。如批评与自我批评、党员党性评议、党内表彰、党日活动、"三会一课"等，情境的构建需要明确的制度去整合彰显党的组织属性的符号要素。另一方面，制度与生俱来的压力感会产生形式主义、本位主义、官僚主义等问题，让其内容失去文化建设的实际效果，这又需要党员走出组织，进入社会，融入群众当中，通过党员先锋模范作用，党的领导的积极性、创造性的调动以社会生活的方式凸显党员的特殊身份，以致消解制度的内在制度对文化的异化。因此，在党的组织内部，制度并非通过改变人的心理结构来影响文化，而是其内在理性选择逻辑排挤了文化的认知—行动过程。从党中央组织的调研情况来看，民主生活会的质量不高、领导干部民主意识不强、普通党员民主素质不够，党员的政治关、品行关不好把握，其实是文化与制度二者共有的问题。既然党内政治文化是可塑的，是需要建设的，除制度这一抓手之外也没有更好的可操作性的方案。虽然健康的政治文化一经形成，有些制度是可以废止的，但工作的开端仍离不开制度。从普遍化的意义而言，制度只需要框架式设定，各党组织可以结合实际情况，选择框架内制度的不同运作次序和逻辑，以打动人心为基本要求，进而不断收缩边界，形成党内遵循的"非正式规则"。

五、党内政治文化的属性

（一）规范性和操作性

由于中国共产党有别于因历史发展自然形成的人类聚落团体，而是一个怀有特定理想、目标、价值、纲领的人工建立的组织，其政治文化具有传承性和建设性两种基本属性。作为一个接近 100 年历史的大党，时间的沧桑与经验的积累，使得党内无论在组织还是个人层面都已经形成了一套认知与行动的定式，这构成了当前党内政治文化的基本内核。作为一个领导中国特色社会主义建设的党，党的组织并非封闭的"黑箱"，而是需要通过党的话语和行动被普通群众所了解和评价的开放性系统。于是，党内的文化传承本身也应符合中国社会的文化认知与行动模式，而且不断地与后者发生互动，进而能不断地带动和引领后者的转型。后者对前者的适应能力也时刻促使着前者的调适，比如崇高的理想信念下，党员与党员、党员与群众应该形成怎样的日常关系、伦理和情感，这一方面是党组织开展党务工作和群众工作需要把握的。但具体的关系、伦理和情感的形成还需尊重中国基层社会文化的适应力和塑造力。

因此，中国共产党党内政治文化的建构性特征与传承性特征相互驱动，"一切从实际出发，实事求是、理论联系实际"的思想路线是其原则，而党的理想信念、价值、宗旨和目标是发展的方向和不变的准绳。党内政治文化的传承与建设，把握的是中国共产党 90 多年以来在各项工作中牢牢"变"与"不变"的辩证关系，二者之间的对立统一既是政治文化建设遵循的内在规律，本身也是马克思主义政党独有的文化气质。从历史上看，中国共产党取得今天的伟大成就绝不是一帆风顺的，相反它经历过一系列严重的挫折和困局，甚至一度遭遇灭顶之灾。1927年国民党的"翻脸"让共产党丧失了众多的党员，多年的努力几近毁于一旦；1934年反"围剿"失败，让党不得不开始长征，中央红军到达陕北时已经从出发时的8万余众剩下不到1万名衣衫褴褛的革命火种；20世纪60年代中苏论战，党领导下的国家一度成为美苏两个超级大国共同的敌人，艰难地图谋生存和发展；随后发生的"文化大革命"使党的组织结构彻底瘫痪；直到20世纪80年代末期，中国共产党还处在西方各种势力的封锁和围堵当中。可是，正如传说中的凤凰涅槃一样，中国共产党屡次在逆境和绝境中迎来新生，除了党员坚定的理性信念和意志品质之外，真正起作用的还是把握"变"与"不变"的文化之源。

党的十九大报告指出："实现中华民族伟大复兴是近代以来中华民族最伟大的梦想。中国共产党一经成立，就把实现共产主义作为党的最高理想和最终目标，义无反顾肩负起实现中华民族伟大复兴的历史使命，团结带领人民进行了艰苦卓绝的斗争，谱写了气吞山河的壮丽史诗。"共产主义的最终目标和中华民族伟大复兴的伟大梦想，中国共产党从事各项事业，坚持党的领导的愿景和准绳。无论任何时期，采取何种策略，皆服务于本身的初心和使命，而"非头痛医头，脚痛医脚"的应变。这种在干事创业中展现的顽强意志力是"不变"的哲学思想在行动中的具体表现。例如，长征精神、红旗渠精神、"两弹一星"精神体现的都是不畏艰难、坚韧不拔、勇往直前，同时对最终的胜利报以强烈的革命乐观主义精神，在背后起支撑作用的则是永恒不变的理想信念和价值观。中国共产党面对新形势、新问题总能审时度势，本着实事求是的态度不断强化党内学习，调整先前的政策，吸收和纳取他人之长，扩充自身的组织机体，彰显了党对马克思主义的深刻把握与灵活运用。党在历史上做出的一系列的"改变"不是变更自身的性质，也不会全盘否定过去的历史和做法，而是在立足于自我的基础上不断地完善，在目标宗旨不变的情况下，每一次改变都是螺旋式上升通往目标终点的必由之路。这充分体现了马克思主义辩证法三大规律，即对立统一、质量互变、否定之否定规律的基本要旨，经由历史的沉淀早已内化为中国共产党人认知—行动的文化内核。

（二）信仰：党内政治文化的可建构性

与一般性的民族国家或文明单元相比，党内政治文化最大的特点在于它始终依靠信仰或理想信念去维持。信仰既是党内政治文化的生机来源，是"变"与"不变"对立统一关系中矛盾的主要方面，也是党内政治文化需要精心呵护、不断建构的原因。因为党毕竟只是中国社会中的组织，全国上下 13 亿多人口可以形成共同的价值，却很难形成共有的信仰。何况党员与社会不是隔绝的，其信仰的坚定性与纯洁性时刻会经受社会生活的具体要求和多元思潮的影响而弱化。信仰的存在使得党内政治文化具有了建构性，也正是为了巩固信仰，党内政治文化才需要不断地加以建设。

对于一般性的民族政治文化而言，信仰是催生这一政治文化的强大动力，但并不一定永远是政治文化的组成部分。正如西方文明曾经经受过基督教信仰的绝对支配，如今的西方政治文化却不是同一种信仰支配的文化。它继承的是基督教对世界、对人、对政治的基本认识，如荣耀上帝的新教伦理、个人孤立面对上帝的信仰伦理、对政治权力的贬抑及其消极国家观念、对人独立精神世界的维护，源自基督教信仰的学说和观念缔造了今天西方政治文化中最重要的价值和规范。共享这些价值与规范的西方人却不一定是基督教徒，基督教的意识结构已经完成了世俗性的转化。同样的道理在印度也可以找到明证。在历史上，伊斯兰教的传播极强地重塑了印度人的政治意识和政治行为，以至于中世纪印度教王公们也身着穆斯林的服饰，采取伊斯兰国家的政治仪式，编订与之相同的官僚制度，波斯语流行于印度政治集团内部，但是他们却并不信仰伊斯兰教。所以，信仰与政治文化之间大多体现为塑造与被塑造的关系，而非包含关系。

然而，党内政治文化的核心无疑是信仰，信仰既是党内政治文化得以建构的原动力，也是该文化的有机组成部分。共同的信仰是共产党人走在一起建党、立党、兴党的基础，也是中国共产党人产生改造世界的革命意志、密切联系群众的良好作风、公而忘私的道德情操的基石和根源，亦塑造了党员对外部世界及其发展规律的基本认知。如果从认知—行动的框架分析中国共产党的文化有别于中国文化最基本、具体的性质，那只能是对共产主义、马克思主义的坚定信仰。

对于人的信仰的来源和性质，心理学研究和哲学已经产生了一卓越的研究成果，这里暂不赘述。唯独需要留意的是，大部分关于信仰的研究都是针对宗教信仰的，几乎没有关于社会发展方向和道路上的信仰的研究成果。首先，我们应该看到，宗教信仰和马克思主义信仰具备类似的心理结构，二者都是对未知世界的强烈的认知。换言之，任何人都有潜在的信仰，因为每个人都会对世界产生既有的认知结构，而这种认知可能是片面的，甚至带有偏见的。就好比形形色色心理学测试验证的结果那样，在一幅各种形象叠加的画面中，一个人第一眼只会看到其中的一种形象，只有带着目的，经过仔细甄别才能发现其他的形象。第一眼看到的就是习惯性的认知结构。信仰正是来自这种认知习惯，于是存在着非理性、非逻辑的特征。因而人的社会文化环境会影响人的信仰，比如一个从小生活在基督教社区的孩子，其认知结构受到了基督教信仰的塑造，从而也会在直觉中接受基督教信仰。但是人的社会化程度和社会分工水平却不会影响他的信仰，比如教育水平、政治态度和职业选择。科学家对宗教的信仰不一定就弱于体力劳动者。

其次，我们还应该注意到，既然每个人都有信仰赖以形成的认知结构，那么宗教也就不是信仰的唯一来源，信仰也可能是一种生活态度，比如一个人对某种固定生活规律的坚持、对一种学说的深信不疑、对某种社会资源的无限热衷、对某种生活状态的强烈追求都可以视为信仰。中国人的信仰结构来自对以家庭为中心的伦理原则毫无疑问地彻底坚信，"仁、义、礼、智、信"被认为是与生俱来的社会行为要求，并不外在于任何超验的精神世界。在更为具体的生活态度方面，"人生得意须尽欢"是信仰，"俭以养德"也是信仰。中国人自古以来的由儒家思想奠定的信仰就不是宗教信仰，那是对理想社会状态和生活状态的伦理追求。孔子云："未知生，焉知死？"世间各大宗教无不考虑生与死的问题，儒家则充分降低了这一问题的意义，而思考不同生活状态的关系，如何在当前的世界秩序与道德秩序实现理想中的圣王之道与大同社会。在很大程度上，马克思主义传入中国之后能够得到中国人的坚定拥护，与其信仰符合中国人的认知结构有着极大的关系。中国哲学思想中的辩证法原则，不但被作为抽象的学理信条而为历代精英群体所维护，它也借助于儒家伦理，如"中庸之道""过犹不及""阴阳互补"的思想，道家的宗教信仰，甚至与人的生活息息相关的中医理论而深入整个社会之中，型塑了中国人普遍遵守的认知结构。于是，马克思主义自传入中国后很快表现出大众化的色彩，其辩证法的基本道理为知识精英和市井民众所共享。除此之外，对未来理想社会的憧憬是两种信仰的交叉面，无神论的基本立场、民本主义与人民史观、士大夫集团"修齐治平"与改造世界的行动伦理，围绕着信仰的认知结构生发出相一致的行动结构。这就是为何马克思主义不但能在中国扎根，推动中国文化的持续发展，而且能在中国文化的土壤中建构与之相适应的党内政治文化。所以，信仰是党内政治文化认知—行动结构的核心层面。

最后，相比一般性的信仰，党内政治文化的信仰需要科学、理性的学说作支撑，这是在认知结构层次中最为特殊的方面。认知结构也是分层次的，从深层次来说，信仰来自人类情绪的自然流露，具有超现实的成分，因而很难与严密的逻辑相容，当一个人严肃思考问题时，他实际上已经脱离了信仰的深层次认知结构。历史上，基督教经院哲学就试图用亚里士多德式的严密逻辑推理论证上帝何以存在，但理论体系的严密化却无助于不同文墨的普通人理解。相反，新教革命提出的"因信称义"倡导普通人从圣经的描述中建立信仰，其利用当然是对圣经中语言文字特有亲近感，而非严密的推理。马克思主义在中国的传播事实上也广泛借助了人的情感，正如哈佛大学教授裴宜理研究安源煤矿工人罢工时指出，李立三对工人的动员时运用了各种为工人所熟知的文化符号，如宗教、仪式、戏剧、话语、艺术，利用民俗、歌谣宣传共产主义，发动工人运动，在这个过程中没有对工人进行过多的关于共产主义理论的宣教。中国共产党在延安也把握住农民喜爱《水浒传》"造反有理"的心理结构，通过一批描写工农兵生活和普通劳动者受剥削的作品，感染群众。此外，李立三教工人识字，延安的"识字班""讲习所"在教育课堂上也是通过简洁的、接地气的方式传播政治信仰。在这个过程中，中国共产党力求的是显白、直入人心的道理、话语和符号，而不是严密的逻辑。但是对于宣讲马克思主义的人而言，严肃、科学的理论又是必备的，形成信仰的人若要巩固信仰仍需要理论学习。在马克思主义的认识论体系中，人的感知与理性思维是经由实践统合的过程，二者不存在非此即彼的对立关系，毛泽东形象地将其概括为"感性认识—理性认识—感性认识"的否定之否定过程，每一个阶段到了后一个阶段都进入较高的层次，贯穿其中的都是实践。所以，中国共产党的政治文化是围绕着信仰的认知—行动结构，而非单纯的、局限于内心的认知结构。

（三）思想建党是党内政治文化建设的中心

政治文化不等于政治思想，但思想建党却是党内政治文化建设的重中之重。首先，在马克思主义的语境下，"思想"并非纯粹的认知领域，它是经由改造世界的实践过程显现给劳动者的，也将成为进一步改造世界的精神动力。列宁曾援引马克思、恩格斯的话说："我们的学说不是教条，而是行动的指南。"[①] 如果思想与行动密切结合，或者说思想建设原本就是行动的有机部分，那么就不能把思想理解为文化的外层，与行动一致的思想最大限度地吻合文化的中心层，即认知—行动结构。其次，"思想"原本就有中国传统意义上"文化"的含义，中国人谈及文化，重点也在思想。而且，儒家对文化的理解在于正确处理"知"和"行"的关系，即道德认知与道德践履的关系，虽然尚未深入心理活动中最固定的结构层面，但儒学在发展过程中体现了"心理化"的某些趋势。中国共产党旗帜鲜明地继承了"知行统一"的原则，思想建党，顾名思义要把思想作为一个改造人的主观世界进而指导实践的阵地，因此

---

① 王晓琳：《列宁论马克思主义方法论三个层次》，《学习时报》2015年1月26日。

属于文化最本质的要求。

中国共产党并非历史演化形成的部落、民族、宗族或社会阶层，而是一个具有鲜明"人工"痕迹的组织。组织一方面是志同道合者的聚集，没有共同的理想信念、价值观点、作风气质，就不会有组织形成的精神前提和心理铺垫。但另一方面，"情投意合"不足以保证组织的维系，组织不但要建立起为成员所共同遵守的规范和制度，而且要让成员对这套规范和制度产生发自内心深处的认同，这客观上需要将思想建党的范围投射到行为规范和制度领域，也需要借助于对行为的规训和评价建设人的思想。

最后，思想建党的工作法则几乎扩大到党内政治文化的每一个角落。党的十八届六中全会通过的《关于新形势下党内政治生活的若干准则》当中，从坚定理想信念，到牢固树立"四个意识"，再到党内政治生活的具体方面，无不以"思想"为先导，包含着价值观、伦理、道德、行为规范各方面的精神要求。例如，坚持党的基本路线要求党员、干部特别是高级领导干部在大是大非面前不能态度暧昧，不能动摇立场，不能被错误言论左右。坚持正确的选人用人导向，要求"实事求是地考察评价干部，敢于为干部说公道话"；严明党内政治纪律，要求"领导机关和领导干部不准以任何理由和名义纵容、唆使、暗示或强迫下级说假话"。由于党内政治生活是党性锻炼的平台，思想建党意味着要将党内政治生活的一切方面都作为锤炼党性、提升思想、巩固意识形态的载体，因此涵盖了党员的认知与行动的全部领域，可以基本等同于党内政治文化的范畴。

第二章　现有政治文化研究成果的局限

第一节　西方社会科学研究范式的局限

研究党内政治文化，不可避免要与今日学术界流行的政治文化概念形成对话，于是形成了言必称阿尔蒙德和维巴的论述积习。不可否认，二人开创的经验调查式的研究方法至今仍然在政治文化研究领域占据支配地位，对于相对"后发"的中国学术界而言更需要花费较大的努力去审慎地对待。对于党内政治文化已经成为学术研究的一个命题，无论是求同还是显异皆需明确此"政治文化"与彼"政治文化"究竟有着怎样的联系与区别。而且研究者仍需明确的是，由于政治文化在西方学术界已经流行多年且山头、门类各异，各"门派"虽说不是老死不相往来，但交流互动之欠缺则是基本的事实。几乎每一种关于政治文化的解释都有其相应的批评者，而且西方学术界和部分中国学者，几乎穷尽了我们如今所能想见的一切关于政治文化的概念、内涵和研究范式。所以，在研究党内政治文化之时，如果不理解现有的政治文化理论，很容易陷入前人曾经淌入过的激流当中。譬如，阿尔蒙德和维巴对政治文化概念的定义以及对于概念内容的理解早已饱受诟病，这需要我们熟知对其现存的批判，才可以进一步对其观点加以扬弃。

一、研究目的与研究范式之间的联系

作为一门高度实证化的社会科学，以经验调查为基础的政治文化研

究常常会遭遇一些理论上的误解，这种误解在面向中国政治和党建领域的诸多议题时也会不时地出现。例如，理性主义和制度主义曾经牢牢支配着西方社会科学的学术之维，事实上也备受中国学者推崇，以至于时至今日很少有人敢于直面文化和理性、文化与制度的关系问题。在党建研究领域，这样的倾向更是非常明显的。一方面，制度建设是党的建设的重要内容，党的十九大报告明确指出，要将制度建设贯穿政治建设、思想建设、组织建设、作风建设、纪律建设的始终。另一方面，制度对于研究者而言是容易观察、测量，便于得出具有普遍效力的结论，从而造成了关于中国政治问题的研究长期奉行制度中心主义，继而影响了党建研究的基本思维定式。反之，由于人的日常活动体现为习俗、民情、风气表现等文化形态，在事实上是难以被精确测量和把握的，因此常常被研究者等同于与制度相对的"非正式"领域。可毋庸置疑的是，人的生活世界对政治活动产生的影响是显著且持续的，而党的领导最为突出的特征恰恰在于它是从人的情感、道德、心理状态和礼俗习惯入手开展组织工作和群众工作的，进而实现改造客观世界的目的。所以在中国共产党的认知之维中，"党的领导"本质上就是影响群众与干部思想认识以至行为取向的过程，调动人的主观能动性实际上是党作为倚重的领导方式和执政资源。这就意味着，仅从制度的单一之维观察和思索党的领导势必存在缺憾，政治文化因而有其愈发显著的存在价值。但是，制度中心主义却潜藏着将文化研究纳入制度研究的倾向，这不仅因为制度足以对人的行动取向和习惯产生足够的影响，而且因为阿尔蒙德和维巴开创的研究范式试图将政治文化作为可以精确测量的对象，这不可避免地需要引入制度作为便于测量的参照系。

由此可知，西方政治文化研究通行的科学实证主义范式，与党内政治文化研究的基本需要之间存在的张力是根源性的，它起始于对政治文化之本质的全然不同理解。我们已经知道，当 1956 年阿尔蒙德第一次使用"政治文化"概念时，正值文化人类学将文化的意义推向高峰，从而剥离了自启蒙时代"文化"与"政治"之间的天然联系。将政治的视野带回文化当中，或者说从文化之处建立一个思考政治的角度是实证科学最为急迫的目的，在这个意义上，阿尔蒙德和维巴不过是运用新鲜的数理思维回归启蒙时代人文学科的议题。这就不难理解，运用经验调查和定量研究方法关注政治文化的学者，总是态度最为鲜明的反对文化决定论的人物。他们专注于文化与政治发展、政治制度（尤其是西方的民主制度）间的联系，却并不认为文化就能决定政治的一切，或者说这份理性让此种研究范式至今仍然方兴未艾。

简言之，"政治文化"一词在它出现在社会科学之日起，就向人类学和人文学科领域的文化研究发起了挑战。对于肇始于经济学的理性主义而言，它彰显着文化的功能，而对于奉文化为圭臬的学术群体来说，它又在给文化降温。比如，阿尔蒙德和维巴率先反对国民性研究，他们嘲笑后者把复杂的社会简单地定性为人格整体，用人格给不同的民族和社会做标签。为了消除国民性研究的影响，阿尔蒙德和维巴开创的研究范式留给后人太多的可供攻击的靶子：首先，他们将政治文化研究的基准对准了一个社会中的个体，力求考察的是个人对于政治的态度、观点、取向、信条的简单集合，以此区别于国民性研究主张的"众数人格"。其次，阿尔蒙德坚持不承认政治文化属性包括政治态度、政治价值、国民性、文化伦理。他指出以上种种都是极度不稳定的，然而讽刺的是，政治价值和政治态度以及文化伦理都在此后的实证科学的忠实研究者看来，理所应当地成了界定政治文化的标准元素。尽管阿尔蒙德并没有为政治文化提出令人信服的概念范畴，可从以后的理论争议可以看出，他的谨慎并非没有道理。态度、价值、伦理多大程度上可以代表"文化"，实质上已经成为深入讨论政治文化的初始前提。对于党内政治文化研究而言，党员的政治态度、价值观和党性修养还涉及与更广泛的社会领域的相关心理和行为活动的联系，分层讨论的客观需求无疑加深了对文化理解的障碍。而关于这一问题预先形成的讨论，可以为党内政治文化研究的定位提供富有借鉴价值的方案。

当政治科学家们试图将政治文化作为可以分解、量化，以便测量其内在规律的研究对象之时，势必对整体意义上的"文化"加以模糊化的处理。例如，阿尔蒙德认为政治文化即"一个民族对政治的主观取向；

包括认知、情感、评价要素，包括对政治现实的知识和信条，反映了对于政治的感知，投入到政治价值。政治文化的内容是儿童社会化、教育、媒体传播、承认经验的结果，具有政府、社会、经济的绩效。政治文化影响政治和政府结构和内在绩效，但是不取决于它"①。政治文化只是影响政治系统输入及输出的运作，人们对于政策各种主观愿望经由文化的过滤形成政策，并引起社会的回应。从中我看到的只是一箩筐的关于政治文化当中可以进行测量的要素，但这些要素之间的关系和作为"文化"的排列组合却是无法识别的。而且如果把这套方式运用在中国共产党本身的研究，那只能说党内政治文化是党员的政治化的结果，政治文化即党员对政治的主观认识，就难以对应党内的政治风气、集体行为、符号话语，以及更为广泛的政治生态。

当然，从认识主体和认识对象二分的基本逻辑定义政治文化，已经赢得了社会科学界的广泛支持，即使最严厉的批评也没有预约为了测量而分解定义的传统。例如，"认知、情感、评价要素"已经获得了认知心理学的认可，成为个人与社会之间共享的心理结构，这一点在中国社会和中国共产党党内也是成立的，至少从个体层面上能够显示"文化"深层、广泛、持久的性质。可是，如果考虑到党是一个人为建构的政治组织而非自然聚落而成的文明系统或社区单元，随之而来的问题是，对于党员来说他们可能形成两套或"双层"的认知、情感、评价要素吗？在党内是更高的一层，作为普通公民又具备较低的一层，这无疑是在说党员都应该"人格分裂"。显然，按照这样的定义党员也只可能有一层认知、情感、评价要素，而这又将对于界定党组织的文化特性形成障碍。事实上，政治科学界的困难还不仅如此，如阿尔蒙德认为"认知取向"，即关于政治系统、政治系统的职责和这些职责的承担者、政治系统输入和输出认知和信念；情感取向指的是对政治系统（职责、人员和绩效）的情感；评价取向是对政治对象的判断和观点，通常包含价值标

---

① ［美］阿尔蒙德，维巴：《公民文化》，马殿军等译，杭州：浙江人民出版社，1989 年版，第 15 页。

准和信息、情感的结合。显然，按照这样的定义，很难令人确信认知、情感和评价要素是不宜变化的，它们在何种程度上要比态度、价值、伦理更加坚固且持久。更重要的是，这种基于个体层次上的调查研究完全颠覆了人类学者将文化作为社会整体现象的坚守，因为文化理应是无法分解、无法化约的。其实，尽管阿尔蒙德长期主张要建立客观的科学方法解释政治现象，力图避免西方中心主义去认知非西方世界的政治文化，但是无论从研究意图还是研究结论来看，《公民文化》这部著作还是表现了浓重的盎格鲁—撒克逊中心主义的色彩。它暗示了只有英美政治发展路径可以导向现代性，体现了鲜明的意识形态的论战色彩。直到20世纪80年代所谓的政治文化复兴为止，研究政治文化的目的仍然服务于思考文化与西方民主政治制度的内在关系，西方学术界对于中国政治文化的思考也是在这个主题之下展开的，从研究目的延伸出的研究范式对于思考中国自身的政治逻辑可参考性就十分狭隘了。

可以说，西方政治文化的科学主义传统从一开始便紧紧围绕着对公民文化研究范式和见解的吸收与批判展开。这意味着政治文化和文化作为不同研究领域的分裂，同时也昭示着人类学和人文学科的文化研究始终作为高悬于政治科学头顶上的巨大阴影，随时会向它碾压，促进其内在的变革。而正如我们已经看到的那样，中国共产党的党内政治文化事实上即中国共产党自身的文化，政治文化是围绕着党的政治属性对文化更为精确的表达，我们所选择的研究范式务必克服科学主义态度引发的分裂。当然，或许也正式得益于政治文化研究所涉及的议题远没有其概念理应覆盖的范围宽泛，在便于聚焦的意义上，它仍然为思考中国共产党的领导和自身建设留下一些有益的思索，比如如何把握党员的心理活动，进而采取有效果的党建方案具有显著的现实意义。

二、社会科学的谬误

政治文化在概念上或许无需过于精准的定义，却务必需要明确其研究的对象的合理性。否则，"文化"天然具有广泛性就会稀释政治文化的内容，破坏研究者聚焦于某一问题的努力。西方学术界的经验告诉我们，如果一开始缺乏对文化的深层次讨论，即使对文化的范畴加以分解，如感情、态度、习惯、价值观等等，政治文化仍然会成了一个什么都能填充的筐子，从而使其失去自身的吸引力。党内政治文化研究同样要避免类似的问题，因为把研究对象拆解得过细，缺乏统筹思考，反而使得政治文化成了一堆在党的建设过程中次要问题的集合。

如前所述，政治文化本是因学科研究的需要而建构的概念。早在出现这一概念之前，与政治文化相关的视野已经萌生于现代社会科学尚未成型的启蒙时代。但政治科学路径的政治文化研究，作为高度依赖量化分析的实证科学，直到 20 世纪五六十年代才正式出现。正如白鲁恂①所言："尽管政治科学直到 1950 年代才将政治文化的概念重新捡起来，似乎显得有些晚，但它一旦被引入，就能轻而易举地得到迅速而广泛的应用。"② 由于政治文化的研究范式关乎对文化的不同理解，以至于政治文化研究中诸流派各行其是、自得其乐的研究现状持续了大半个世纪。长期以来，政治科学在对文化的具体内容的界定上一筹莫展。文化经常被视为政治研究的剩余变量、最后的解释凭借，如果各种差异都不能用其他因素解释，那就将之归因于文化。因此，文化的含义势必要有所限定，否则就体现不出它与制度和社会结构的基本差异和相互联系。

20 世纪 60 年代开始，政治文化研究一度陷入了低潮。1965 年，维巴首先意识到，"政治文化"这一术语本身的模糊性，使得运用其他因素解释不了某政治现象就只好用文化来解释。这一评价可谓一针见血。其实，在党的建设领域也常常会听到一些声音，将党内习惯性的话语、仪式、规矩，甚至不良的潜规则统统用"文化"一笔带过，这使得在培育党内政治文化的探索中仍常常会有一些本末倒置的观点。比如，对文化与制度关系的讨论很容易让人把文化的涵养作为制度建设的直接结

① 白鲁恂（Lucian Pye，1921－2008）：美国著名政治学家、汉学家、中国政治文化研究奠基人。运用心理学方法分析毛泽东的政治理念，进而概括总结了东亚诸国的文化特征对政治和对政治行为的影响，反对用现实主义的政治逻辑对比亚洲和欧美国家。代表作有《亚洲的权利和政治》《中国政治的精髓》等。

② 白鲁恂：《重温政治文化》，梅祖蓉译，《政治思想史》2012 年第 4 期。

果，这实际上就是对文化的理解缺乏鲜明的层次划分所导致的。

西方政治文化研究的深入正是从建立层次意识开始。20 世纪 80 年代，随着如英格尔哈特、威尔达夫斯基、艾克斯坦、白鲁恂等人创作的一大批富有洞见的作品问世，政治文化迎来了在学术领域的复兴。批评者仍然指出这些研究没有摆脱阿尔蒙德时代就出现的"层次谬误"，即政治文化研究的分析对象往往无法做到分析层次的一致性。例如，将民族精神层面的分析运用于解释某一群体、组织或个人，这一问题较为突出地体现在历史社会学和人类学研究的范式当中，政治科学研究本应利用自身的分析工具建立对层次解释的优势，却最终选择了回避的态度。可事实上，整体和个体研究的混杂是社会科学最难处理的问题，凭借基于个体调研累积而成的数据勾勒政治文化的全貌，实在难以区别整体与个体总和的性质和范畴，这类化约主义错误也可以说是层次谬误的另一种表现。

白鲁恂既是这一时期西方政治文化研究的巨匠，更是中国和东亚政治文化研究的开山鼻祖，对中国尤其是中国共产党一系列总体性的心理学分析、对于反思这一时期的学术谬误还是有所补益的。他在 1972 年指出，政治文化概念变成政治科学家的通用概念，也是知识界的普遍概念。正因为它的普及化，因而非常难以解释的，正在与其他社会科学概念日趋接近。它最初表现出活跃的、生动的洞察力，但很快变得模糊、空洞，被不加区别地使用。因而政治文化面临的重要挑战之一，就是如何在微观和宏观之间建立联系，如何在个人和社会之间建立联系。[1] 不过，白鲁恂对中国政治文化的研究是从中国人自家庭教育开始的社会化过程入手的，直至总结中国人心理深层的权威主义人格，但其中明显存在着从家庭关系向社会关系的逻辑跨越，而且事实上他无法区分中国传统与中国共产党意识形态和组织结构对于党内高层人物政治人格塑造的群众。中国研究中的层次谬误不但存在于个体与社会整体之间，还存在

---

[1] Pye, Lucian, Culture and Political Science: Problems in the Evaluation of the Concept of Political Culutre, Social Science Quarterly, Vol. 53, No. 2, 1972, pp. 285 - 296.

于社会整体和中国共产党这一广泛覆盖社会的政治组织之间。

不但政治文化研究的社会结构是分层的，文化现象本身也是分层的。而后一个方面的谬误为研究者带来的困扰，直接关系着这项研究的命运。诚然，学者们已经习惯了通过罗列要素的方式定义文化，可对要素之间的关系、层次和排列组合的理解是非常不充分的。例如，尽管阿尔蒙德和维巴从一开始就不愿意将政治态度视为政治文化的主要内容，而是选择了"认知、情感、评价"三大要素，可是他对这三大要素的调研过于浅表，没有像临床心理学家那样深入人的心理活动的内在结构，造成的结果是此三者在实质上都可以等同于态度。有人认为，政治文化主要是一系列认知态度、价值标准、对政治系统的感知、它的多重角色和角色职责。① 这样的定义也只是拓宽了研究的范围，往框子里塞进了更多的萝卜。唯一需要我们留意的是，研究者们似乎很注重观察人对于政治的"态度"，这样无疑会存在两个问题：第一，如何区分人对于政治系统与自身政治角色的态度，与其日常生活中对待其他公共事务和文化现象的态度？如果非要理清一条鲜明的界限，"态度"的范围将会非常狭隘，如对于民主政治的态度，对于参与政策议事或投票的态度，这又如何显现文化的深层次特征呢？第二，态度多大程度上能够代表文化？人的态度可能随时发生变化，偶然性的事件的作用不可忽视，这与文化的持久性和延续性之间又太过违和。鉴于这一问题的重要性，在思考党内政治文化时，我们也需要明确，形成党员对于政治问题的态度的原因是什么？解决党员的态度问题多大程度上属于文化建设的工作，多大程度上需要考虑其他方面的建设？更需要思考，究竟什么才是真正触及影响党员态度的文化的本质层面。

可能考虑到了先前研究的局限性，维巴在 1965 年给政治文化的定义中加入了信念、价值观、期待值、符号等先前很少被概念化的内容，并尝试将这些内容进行系统整合。维巴的努力显然收到了很大的效果，

① C. Kim, The Concept of Political Culture in Comparative Politics, Journal of Politics, XXVI (1964), p. 335.

价值观的带入丰富了政治文化研究的活力，符号更是成为此后文化研究相当重要的对象，它是由社会中全体的或大多数行为者深度共享的，提供了稳定的或持久性的意识形态，也是被视为最适合于从社会个体共享的角度观察文化的要素。可是，维巴的工作并没有改变先前的研究范式，即对要素进行的简单补充没有形成更有表现力的政治文化定义，反而因为符号研究的意识形态色彩，让追求客观的研究者对政治文化中的"规范化偏见"抱以不满。

20世纪80年代以来，复兴中的政治文化研究在概念定义方面有全新的转变，却没有取得质的突破。即使如英格尔哈特这样屡有新解者也干脆地承认，他采用的仍是阿尔蒙德和维巴的定义。而实际上，英格尔哈特的用法表现出高度的随机性，在他不同的研究中概念的范畴常有关键性的变动。比如，他把政治文化描述为公众特定的"习惯"，这已经严重偏离了阿尔蒙德和维巴的定义，毕竟此二人还是尝试将文化固定在人的心理结构上，而"习惯"不见得是根深蒂固的，它只能从人的行为去观察和归纳。在研究党内政治文化时同样应意识到，组织内部广泛存在的行为习惯其实是可以通过制度和规则慢慢调理的，然而绝不能说一些好习惯养成了，党内政治文化研究也跟着积极健康起来，因为政治文化应该具有相对于制度、规则和社会条件的稳定性，习惯的调理只是文化培养的切口之一。

可能是因为意识到习惯对于外部环境尤其是制度环境的依赖，英格尔哈特进而将文化定义为社会共享的，能够代代相传的态度、价值观和知识系统，这也同阿尔蒙德和维巴的研究思路大相径庭，但是它无疑扩充了文化的范畴。对此我们也可以思考，在中国共产党党内，习惯是否可以因为时间的沉淀最终成为政治文化的主要成分？从对策性的角度来看，习惯理应是党内政治文化建设的重要一环，因为与态度、情感、价值相比，习惯是最能体现党员与群众的不同之处，从而在社会范围内形成感召力和影响力的方面。唯一需要破解的是，习惯具有无意识的特点，那么它是否接近文化的本质，而文化作为精神属性的存在是无法脱离"意志"的。但无论如何，从更长的历史时期去关注习惯不失为这一时期政治文化理论的一大贡献，除此之外从其他方面努力探索更有普遍性、更富解释力的政治文化概念极易落入贪大求全、缺乏运用实效的陷阱。

三、空洞化谬误

西方社会科学的努力无疑是卓著的，但是这套方法论工具究竟有多么广泛的适用价值仍然备受质疑。因为几乎所有力图用科学手段解释政治文化的研究，都正在被各种各样的心理研究所同化，概念创新的成果远远无法弥补心理研究对政治文化带来的侵蚀。例如，雄心勃勃的艾克斯坦没有对政治文化做出具体的定义，他尝试从社会心理的变化出发了解文化的变迁模式，最终彻底落入心理取向研究的窠臼当中。英格尔哈特通过跟踪一系列西方国家和非西方国家的数据比较，历时 40 年之久显示出跨时代研究的意义，这些数据中人们对生活的满意度、人际间的信任度以及对革命的支持度成为引人注目的变量，仍是属于心理学的成果。英格尔哈特的观点是，与西方民主制度所匹配的政治文化与这三组数据密切相关，更高的生活满意度、更高的人际间信任和对革命的消极态度共同支持了民主制度在西方的巩固。然而，英格尔哈特没有从这些不同的变量当中提炼出一则完整的、富有解释力的"公民文化"概念，在其研究影响力日渐扩大的同时，文化反而愈显空洞、没有确切的内容。事实上，今日名目繁多的冠以政治文化概念的成果大多也是对满意度、信任度、价值观等心理活动的论证，对政治的关注完全覆盖了文化的意味。

其实，政治科学的研究方法几乎无法逃脱化约主义的陷阱。以英格尔哈特的假设和结论为例，他的研究是从国与国的系统层面上，尝试去验证存在着与西方民主制度息息相关的"公民文化"的事实，但是如果不能从个人层面上也证明更高的生活满意度、更高的人际间信任对革命的消极态度与民主制度同样存在着正相关的关系，系统层面上的结论也就不能成立。总之，各种心理取向的累积与系统的政治文化之间不能画等号，而且累积数据所显示的整体取向与某种政治制度的相关性，也不能等同于怀有该心理取向的个体同样认同这种制度。绝大多数政治文化研究者落入了从个人取向累积经验调查路径的陷阱。这就意味着，党内政治文化研究在使用个体化的经验调查时需要避免这一问题，这不是说不能使用这类方法，而是要严格控制这类方法的使用限度。

既然陷阱早已存在为什么还一再有人落入其中呢？首先，只要如"政治文化"或"公民文化"这样的概念成为多种部件组合而成的单一变量，如取向、态度、价值等，那么研究者务必澄清将这些部件组合在一起的工具是什么。政治心理学原本专注于讨论不同的心理活动之间的内在联系，但是从阿尔蒙德开始，政治学家对临床心理学的因循过于简单了，欠缺对心理活动的结构性分析。其次，以问卷调查为主的研究方法只能从个人入手，采集到的都是社会个体的数据。要想完成概念分析从个体到群体再到整个社会的转移，难度是相当大的，甚至鲜有成功的案例，这就导致政治文化研究无法提供关于人的主观倾向的认知反应的理论。最后，西方政治科学界的政治文化研究长期关心的是政治而非文化。大量的注意力都消耗在剥离出一种有益于西方民主制度的文化模式，即"公民文化"，缺乏关于文化与政治关系的更广泛的关注，更是鲜有对文化自身的深度透视。这样自然会裁剪掉大量丰富的、富有人文内涵的研究对象和方法，比如政治话语分析。

为了能呈现更富文化色彩的政治文化的解释，应先需要建立一系列基于社会层面或群体层面的变量作为研究对象。这需要在理论上进一步确认，政治文化远远不是个人取向的众数分布，文化和群体心理有着本质的区别。罗明德曾拿出过一则对理解中国问题颇有借鉴的例证，德国魏玛共和国和第三帝国统治下的德国人基本上是同一群人，但是这群人在两个政权下表现出差异极大的政治取向和政治态度，对任何一个时期德国人的集合式调查都不足以勾勒出德国政治文化的面貌。[①] 对于中国共产党和中国社会的研究也素来存在着类似的疑问，即中国共产党对中

① Lowell Dittmer, Political Culture and Political Symbolism: Toward a Theoretical Synthesis, World Politics, XXIX (1977), p. 577.

国社会的文化塑造力的深度。然而与那些发生过政治巨变的国家和地区，如德国、东欧、苏联的不同之处在于，中华人民共和国成立前后的中国人的政治取向和政治态度，在巨大差异的背后其实有着许多同质性的特征。因为中国共产党领导的是漫长的社会变革，党在意识形态，与观念结构上的领导权的形成和巩固，与中国人的政治态度和政治取向的改变是同一过程。过程的同步性使得党员和普通公民的群体性政治取向和政治态度并没有巨大的差别，但是绝不能说党员的群体态度就等于党内的政治文化。这里所要解决的源问题是，党内政治文化有别于社会整体心理的要素在哪里？

应该意识到政治文化在任何一个社会中都不是个人心理活动的随机聚合。文化之所以是稳定的、持久的、深沉的，是因为它具有严密的结构，当结构以稳定的特征得以表现之后，才产生了人们在感官中识别的文化。组成结构各要素之间应该可以相互适应、相互强化，进而影响甚至支配着人们对于政治行为的态度、情感和认知。然而，从人的态度、情感和认知却不能直接反推出政治文化的内容和性质。政治文化作为一个系统，当然具有若干测量指标，每一个指标只能提供对于理解整体的政治文化参考，却不能直接代替政治文化。其实，白鲁恂早在 1965 年就提醒人们要超越政治行为分析中过分的个人主义，争取在个人因素与整个政治系统之间建立某种联系，但是他的呼吁并没有得到当时研究者的重视。

那么，如何才能创造一个能够广泛应用的概念，让政治文化严格排除个人心理活动的偶然性的影响呢？最终将政治文化呈现为一套对社会形成有效控制的系统？创造出适用于个人取向之外的社会概念是可行的，然而这需要在数据分析方面做大量的探索。例如，使用结构方程模型（Structural Equation Models）对于测试价值观的变化具有更好的效果。实际上，先前的实证科学研究存在着一个重要的谬误，即它们所提供的最终数据都只能是通过问卷调查得出的平均数，平均数不能反映个人心理活动的强度。当研究者需要调查人际间信任度的时候，最多只能让人们选择是非常信任、信任还是不信任，而选择非常信任的人，他们彼此之间的强度则是不同的。选择"非常信任"的人在总数上可能会比选择

"信任"的人具有更多元的思想和行为动向。选择"非常信任"的人当中，强度较高者与强度较低者在对待实际政治问题时的行为的差异，可能远大于选择"信任"的人之间呈现的差异。此外，两个具有完全不同的人际间信任模式的社会也能够产生同样的平均值。比如，一个社会中选择"非常信任"和"不信任"两极分化，另一个社会中选择"信任"的人占绝大多数，其平均值可能接近，而这两个社会的信任水平显然差距极大。因此，在寻找决定一个社会是否具有高度的人际信任时，分析者需要区别更高的内心感受的信任的行动和普通人的信任的差别，在设计调研方案时体现出信任强度的差异性。通过强度标准可以显现出心理活动的社会意义，比如财富、受教育水平、性别、宗教信仰、职业与这些心理活动的具体关系。近十几年来，一些新的测量方法已经运用在了相关的成果当中。

四、从认知结构理解政治文化

从根本上说，研究政治文化需要更富解释力的认知理论。这套理论应更有助于对现象的阐释，而非对经验性规律的呈现。未曾给政治文化下定义的艾克斯坦舍弃具体的测量技术，而是关注理论的发展，他最先指出"态度"的随机性不能代替人的主观倾向。人的主观倾向应当是更加普遍的，因此不能仅根据经验性的态度揭示文化的表象。态度最多只是对主观倾向的实时表达，如果某种倾向长期存在于集体当中，这就属于文化命题。应明确的是，隶属于集体的认知特征是存在的。如当一个人在决定其行为时，必然存在着道德判断，这无疑是人在思索"心同此理"的过程。但是道德理性未必代表集体认知的全部，相反，有时文化在结构上形成的稳定认知会稀释某种固定的道德判断。例如，在与人交往时，集体层面的文化认知结构时常会让人说出善意的谎言，即使人人都认为说谎是不道德的，但当事人仍然会当即做出说谎的决定，这一决定做出的过程无疑要经过充分的对于集体认知的思索和权衡。再例如，对于其他人的语言，人们总是不会完全客观地、照单全收对方表达的内容，这种立场和偏好在方向上和强度上都经过了对集体认知的充分权衡，听者是从广泛的、大众的、通常性心理活动出发去判断对方的话中之意。所以，认知结构是在人与人交流中发挥作用的，它就是将不同人的价值观、道德、态度、取向整合在一起的要素，是政治文化中最为重要的为人共享的层面。通过对认知结构的分析可以揭示人际关系的常态，从而解释为何道德和价值观并不是时刻都在起作用。任何价值观和道德只有通过认知结构才能发挥作用，研究者不必把握文化内容的全部方面，透过认知结构才能显示出文化的意义。

值得指出的是，文化的认知结构不等于认知的内容，一般性的数据化调研只能提供认知的内容，而认知结构的呈现却需要引入阐释人类学代表的解释主义范式。维巴早在 1965 年就指出，人类学的方法将文化定义为一种共享取向，但是它无法在社会成员的复杂心理活动与社会整体的上层建筑之间建立联系。① 这种批评是有道理的，因为阐释人类学的解释主义方案并不追求探讨政治文化的一般规律，而是要深度阐释政治的文化意义。通过阐释我们可以发现，很难从一个民族或社会共享的符号、语言、行为的认知结构中，分析某种文化是否能够适应于西方的民主制度。而对于政治科学研究者来说，后者才是研究者们关心的焦点。意义的阐释可以触及认知结构这一文化的核心层，其巨大的解释力将符号的意识强势推入政治科学的领域。政治科学远不能总是满足于停留在科学的阶段，而是要成为科学以外的东西。一切政治活动的意义并非诞生于个人主体有意识的思考和政治上的价值，而是诞生于文化和交互主体性的各种符号，人们通过采集符号内在的意义完成了自我实现。与阐释学相比，长期以来支配政治文化研究的行为主义只能拘泥于显性的行为规则，远远不能触及心理活动的内在结构。比如一个人过马路时，看到红灯就止步，可能是因为他有很强的规则意识，也有可能是害怕遭遇处罚。这种研究只是"浅描"，而文化研究需要的是格尔茨倡导的"深描"。

---

① Verba, Comparative Politics, in Pye and Verba（eds.）, Political Culture aud Political Development, Princeton University Press, 1965, p. 512.

最能体现认知结构与阐释学关系的例证，就是格尔茨最为著名的"关于巴厘岛斗鸡的记述"。"斗鸡"在浅层上是金钱的赌博，而在深层上是巴厘岛男人之间在名望、荣誉、尊严、地位方面的赌博和冲突。雄鸡在巴厘岛日常的道德话语中象征着男性、英雄、勇士等阳性的形象，表达着巴厘岛人审美和道德的内在结构，这背后还联系着村落、族群、种姓、寺庙的社会组织，表达了巴厘岛人所尊重的社会秩序。格尔茨适当地指出，斗鸡体现了巴厘岛人生活方式的不稳定性。1965 年 12 月，雅加达发生了大规模的动乱，有 4 万—8 万人被杀，大部分是相互残杀。实际上，斗鸡和屠杀反映了巴厘岛人同样的认知结构，但这绝不能说屠杀就来自斗鸡，或者从斗鸡游戏中预测到巴厘岛会发生屠杀。二者具有完全不同的内容，相互之间没有任何逻辑关系，但是表现出来的人与人之间深层的文化心理却是一致的。①

阐释人类学的深描方法的困难在于，符号在跨文化范围内是难以比较的，这恰好又是传统政治文化研究者的重要雄心。因此，当布林特提倡在政治科学中更多地引入解释主义方案时，真正要做到这一点还需要更多的步骤和环节。首先，需要在方法上对认知结构进行更加清楚的定义、假设和测试，进一步理清认知结构和内容在科学方法上的差异。其次，要设计合适的研究过程，包括认知结构如何赋予客观对象以意义、研究者优势如何解码、认知结构如何影响行动者的感情和评价等。不过，研究党内政治文化关心的是党的自身建设，而无需与某个政党或某个国家的政党政治进行比较，从而为阐释学的努力营造了充裕的空间。

第二节 海外学者关于中国政治文化的研究局限

中国作为亚洲最大的国家，拥有古老且独特的文明，20 世纪全球范

---

① ［美］克利福德·格尔茨：《文化的解释》，韩莉译，南京：译林出版社，2014 年版，第 511 页。

围内的政治变革没有动摇中国共产党的领导地位，并且还在经济和社会发展领域取得了举世瞩目的成就。于是在政治文化复兴的浪潮中，有关中国政治文化的研究也甚为活跃，积累了丰富的成果，事实上这些研究成果中很难区分中国社会和中国共产党的政治文化。尽管有许多研究关注中国社会层面的普通群众，但最终的分析框架仍然要落在党的话语体系和意识结构当中。值得留心的是，海外学者中有相当一部分是中国人，他们试图理清中国本土的文化逻辑，但大部分都落入西方政治文化研究素来的误区之中，即关注中国政治文化的目的在于"政治"的而非"文化"本身，他们思考的是未来中国的政治命运而非政治生活中的文化特征，这使得海外的中国文化研究与中国政治文化研究长期不相搭界。根据西方的学术传统，政治文化所指向的是推动政治行为的心理动机与人格，政治行为个体所处的文化环境只是塑造人的心理活动和人格结构的外力，因此不属于政治文化的研究对象，这在关于中国政治文化的研究成果中表现尤为明显。

一、现代化与民主化：关注于"政治"的政治文化研究

海外中国政治文化研究，从根本上说是中国共产党政治文化研究的另一种说法。因为从研究目的来看，西方学术界对中国政治文化的思考起源于对中国现代化命运，而这势必是对中国共产党的关注。首先，阿尔蒙德开创的"公民文化"路径确立了"传统—现代"的二元框架，现代政治人格被等同于世俗的理性主义，它将激发公民对政策出台过程的关切和参与。其次，列文森①在其影响广泛的著作《儒教传统及其现代命运》中认为，儒家文化是缺乏专业化和理性化的非现代性精神，无法适应精细的职业分工和官僚体制。这一观点在相当一段时期成为中国问题研究急需验证的重要假设。于是，中国政治文化被置于"现代"世俗理性主义的"公民文化"的参照之下，白鲁恂一系列心理分析著作所探

① 列文森（Joseph R. Levenson，1920—1969）：美国著名汉学家、近代中国思想史研究奠基人。致力于回答为何儒家思想在近代中国会产生巨大的断裂，精致分析了儒家人格与现代社会分工下的实质性差异。代表作有《梁启超与现代中国的心灵》《儒教中国及其现代命运》。

寻的正是中国政治能否现代化的答案。

20 世纪晚期，西方学者愈发坚信西方政治世界的共同点必然会演变为全人类的共识，如果有所偏差，那只是传统文明非理性意识带来的，政治文化被心理学而非知识术语的解释所支配。白鲁恂代表的心理分析主义退潮，代之而起的是关乎政治行为的心理取向的碎片式讨论，如政治支持、政治信任、政治信条、民主观等等。政治文化的问题意识高度聚焦，却愈发偏离文化研究的基本特征，目标直指政治制度的转型。根据"公民文化"研究的假设，世俗理性主义因注重政策出台的过程而更倾向于西方世界的民主制度，因此 20 世纪 90 年代以后，"民主化"替代了"现代化"成了政治文化研究的中心。学者们关心的是，在没有大规模的竞争性选举、投票、公开的意见表达，更不存在多党竞争的条件下，如何评判中国人政治参与意识是否积极？如何衡量中国人的政治信任？问题的中心其实已经成为中国共产党的执政地位与中国人的政治态度的关系。具体到政治文化则是以下两组问题：首先，文化能否脱离制度与社会结构保持其独立的影响力和延续性？这需要回答中国共产党除了是中国社会制度的构建者，它是否是中国文化的构建者？其次，作为影响政治行为的心理机制的文化包括哪些内容，能否从中国人一般的政治态度中归纳中国当代政治文化的某些特质？总之，研究中国政治文化不是为了分析文化的特点，而是从文化入手寻找政治稳定或政治变迁的原因。

（一）**理性选择理论与结构功能主义：处在从属地位的政治文化**

为了测量中国政权的稳定性，肩负"现代化"使命的政治文化研究始终举足轻重，但这并不意味着相关研究范式能够不断地丰富和完善。事实上，中国共产党与中国政治文化的研究结论深受研究范式的影响，可大多数学者未能严肃思考这一问题，这使得文化研究服从于其他方面的主题。

对解释文化现象干扰最深的是理性选择理论和结构功能主义，这充分体现在西方学术界对于中国人所重视的"关系"的研究上。首先，理性主义强调人的政治行动基于分析外部信息的"收益—成本"计算，轻视人的情感、信念、价值对于行动的作用。唐文方在近期的研究中指出，理性选择理论和政治文化有着两点重要的共性：第一，二者都强调考察个体行动者的行为动机；第二，二者都认为个体行动是可以通过客观的方式测量的，如民意调查、实验研究等。这使得文化研究非常容易向理性选择理论寻求援助，从而模糊了文化的内涵。① 例如，布鲁斯·雅各布斯根据对台湾乡村的调查指出，中国人倾向于在小圈子内部寻找安全感，关系缔造了人人都不得不付诸于操作的环境。因为圈子内的人做任何事情首先都要从群体所能拥护的角度出发，思考如何运用目前存在的关系，从而用情境呈现出了理性选择的文化范式。② 其次，结构功能主义认为文化只是制度和社会结构的现象。例如，"关系"一词常常被更为学术化的名词"非正式规则"替代，甘思德、蔡欣怡等学者倾向于认为将"关系"视为正式制度的依附之物，这等于剥夺了这一重要文化形态的独立性，进而颠覆政治文化研究的意义。③ 美国加州州立大学洛杉矶分校学者张宁则试图纠正以上观点的误区，她近期出版的著作中通过心理结构分析指出，"关系"既不是制度的附属物也不是人的理性选择，它是儒家基于人的情感取向的"文化正当性"在实践中的具体运用。换言之，在纯粹的文化视角下，"非正式制度"与"正式制度"的区隔并没有那么重要，社会基本网络的全部要件都处在"关系"无孔不入的渗透下，他能直接给人带来政治上的权力感和效能感。④

　　"关系"研究的诸多例证说明，中国政治文化研究很大程度上是服务于形形色色的研究主题。比如，西方著名唱衰中国派的裴敏欣提到，腐败、社会不平等、环境污染、治理失效、沉重的教育和医疗负担、各

　　①　Wenfang Tang, Populist Authoritarianism：Political Culture and Regime Stability, Oxford University Press, 2016, p. 3.

　　②　J. Bruce Jacobs, A Preliminary Model of Particularistic ties in Chinese Political Alliances, The China Quarterly, No. 78（June 1979）, pp. 237 – 273.

　　③　Scott Kennedy, Comparing Formal and Informal Lobbying Practices in China, China Information, 23（2）, 2009, pp. 195 – 222.

　　④　Shanruo Zhang, Confucianism in Contemporary Chinese Politics：An Actionable Account of Authoritarian Political Culture, Lexington Books, 2016, pp. 82 – 83.

种负面消息会造成公众的不满等等，事实上，这些是需要政治文化研究去验证的问题。[①] 常家墩在 2001 年预言中国即将崩溃，理由是国有企业破产和大规模的工人失业将使中国共产党失去信任。[②] 原本乐观的沈大伟在 2015 年态度 180 度大转弯，理由也无非是经济增速放缓和政治腐败将导致政权的信任危机。[③] 而政治信任恰恰是政治文化研究关注的重点，又被许多学者应用于探索其他问题。譬如，狄忠蒲对民营企业家的长期调查显示，加入中国共产党的民营企业家普遍支持党的领导，没有明确的反对意见；蔡丽丽的农村研究则证明，宗法血缘关系已经深度渗入基层政权的活动当中，从而让政府获得了更多村民的支持。[④] 马尼翁对 2300 多条村庄进行分析后说，竞争性选举增强了村民对村干部的信任度。[⑤] 兰德里从 20 世纪 90 年代开始长期跟踪研究县级官员的晋升，他发现在市场化的前提下，中国共产党通过复杂的人事制度维护政权，从而控制了对官员的领导力。由于大量低水平的官员被留在了基层，导致公众的不满聚焦于基层，从而不会对中央代表的政权构成威胁。[⑥] 还有部分学者试图修正现代化理论的一些根深蒂固的观点，譬如随着良好教育的普及，一批富有经济能力且能够独立思考的中产阶级会提倡支持自我表达、自由选择和积极政治参与的公民文化。可研究结果显示，中国共产党完全有能力联合不同的社会阶层达成妥协，并通过解决社会差

①　Minxin Pei, China's Governance Crisis, Foreign Affairs, Vol. 81, No. 5, 2002, pp. 96 – 119. Minxin Pei, China and East Asian Democracy: Is CCP Rule Fragile or Resilient? Journal of Democracy, Vol. 23, No. 1, 2012, pp. 27 –41.

②　Gordon Chang, The Coming Collapse of China, New York: Random House, 2001.

③　David Shambaugh, The Coming Chinese Crackup, Wall Street Journal, March 7, 2015.

④　Lily Tsai, Accountablity Without Democracy: Solidarity Groups and Public Goods Provision in Rural China, Cambridge Studies in Comparativ Politics, New York: Cambridge University Press, 2007.

⑤　Melanie Manion, Democracy, Community, Trust: The Impact of Chinese Village Elections in Context, Comparative Political Studies, Vol. 39, No. 3 (April), 2006, pp. 301 –324.

⑥　Pierre Landry, Decentralized Authoritarianism in China: the Communist Party's Control of Local Elites in the Post-Mao Era, New York: Cambridge University Press, 2008.

异、开展社会服务、打击腐败的方式，让中产阶级及时释放不满情绪。①

（二）中国人的政治信任何以如此之高

无论学者们出于怎样的学术趣旨，中国人对政府的支持和信任无疑是最重要的证据。因此，对当代政治文化的研究长期锁定了这一问题，也使得有关政治信任和政治支持的研究集中涌现出一批成果。然而，由于缺乏对文化内涵的精确界定，这些研究成果反而使得文化与其他要素的关系显得愈发晦暗不明。

首先，中国人具有高度的政治信任。世界价值观调查和东亚晴雨表调查的结论取得了富有延续性的成果。2002 年的调查显示，95% 的中国人对中央政府具有"极大的"或"很大的"信心。2005—2008 年的调查显示，中国人对本国政治制度的支持度是最高的，平均值高达 0.6。② 王正绪、李连江、肯尼迪认为，这样的信心来自于制度取得的绩效以及中国人经济和家庭生活水平的提高。③ 陈捷关于中国社会各阶层对政治态度影响的研究发现，中国的中产阶级对民主化持有更加消极的态度，对政权的支持取决于他们从体制环境带来的经济增长中收获的实际利益。底层民众表现出高于中产阶级的民主认同度，民营企业家保持了较

---

① Benjamin Read, Democratizing the Neighbourhood? New Private Housing and Home-Owner Self-Organization in Urban China, The China Journal 49, 2003, pp. 31 – 59. Jie Chen and Bruce J. Dickson: Allies of the State: Democratic Support and Regime Support among China's Private Entrepreneurs, The China Quarterly, Dec., 2008, pp. 780 – 804

② Wenfang Tang, Populist Authoritarianism: Political Culture and Regime Stability, Oxford University Press, 2016, pp. 24 – 26.

③ Lianjiang Li, Political Trust in Rural China, Modern China, 30 (2), 2004, pp. 228 – 258. Zhengxu Wang, Before the Emergence of Critical Citizens: Economic Development and Political Trust in China, International Review of Sociology, 15, 2005, pp. 155 – 171. Zhengxu Wang, Russell J. Dalton and Doh Chull Shin, Political Trust, Political Performance, and Support for Democracy. In Citizens, Democracy, and Markets around the Pacific Rim: Congruence Theory and Political Culture, R. J. Dalton, D. C. Shineds. Oxford, UK and New York: Oxford University Press, 2006, pp. 135 – 158.

高的政治支持度，对民主的价值和体制认同很低。① 钟扬通过研究江苏省农民政治观指出，中国农民的政治参与意图不足，这与他们对政治话题的兴趣形成了鲜明对比。市场经济的发育增强了农民对政府的支持，农民的不满意主要体现在贫富分化、腐败、就业等问题上。② 城市居民对现行政治体制的支持度总体上还是很高的，大部分人不认为民主和自由是他们最关心的问题。两人的研究有着共同的结论，即中国共产党执政的正当性是建立在执政绩效基础之上的，尽管它由此赢得了广泛的支持，但是这种支持并不易巩固③，如果不遏制腐败的蔓延，人们的不满程度会逐渐上升④。如果以上结论成立，"政治文化"将成为治理绩效的函数。

其次，中国人的政治信任存在着水平分布和垂直分布两类态势。王正绪、李连江和欧博文认为，应该区别对待民众对中央政府和地方政府的信任度。⑤ 史天健敏锐地发现，在中国大陆，只需要围绕着中央政府

① Jie Chen, Popular Political Support in Urban China, Washington DC, and Stanford, CA: Woodrow Wilson Center Press and Stanford University Press, 2004. Concepts; Lianjiang Li, Political Trust in Rural China, Modern China, 30 (2), 2004, pp. 228 - 258. Zhengxu Wang, Before the Emergence of Critical Citizens: Economic Development and Political Trust in China, International Review of Sociology, 15, 2005, pp. 155 - 171. Zhengxu Wang, Russell J. Dalton and Doh Chull Shin, Political Trust, Political Performance, and Support for Democracy. In Citizens, Democracy, and Markets around the Pacific Rim: Congruence Theory and Political Culture, R. J. Dalton, D. C. Shineds. Oxford, UK and New York: Oxford University Press, 2006, pp. 135 - 158.

② Yang Zhong, Political Culture and Participation in the Chinese Countryside: Some Empirical Evidence, Political Science and Politics, Jul., 2004, pp. 445 - 453.

③ Yang Zhong, Jie Chen and John Scheb, Mass Political Culture in Beijing: Findings from Two Public Opinion Surveys, Asian Survey, Vol. 38, No. 8 (Aug., 1998), pp. 763 - 783. Jie Chen, Democratization and the Middle Class in China: The Middle Class's Attitudes toward Democracy, Political Research Quarterly, Sep. 2011, pp. 705 - 719. Jie Chen and Bruce J. Dickson, Allies of the State: Democatic Support and Regime Support among China's Private Enterpreneurs, The China Quarterly, Dec., 2008, pp. 780 - 804.

④ Jie Chen, Democratization and the Middle Class in China: The Middle Class's Attitudes toward Democracy, Political Research Quarterly, Sep. 2011, pp. 705 - 719. Jie Chen and Bruce J. Dickson: Allies of the State: Democatic Support and Regime Support among China's Private Enterpreneurs, The China Quarterly, Dec., 2008, pp. 780 - 804

⑤ Lianjiang Li, Political Trust in Rural China, Modern China, 30 (2), 2004, pp. 228 - 258. Kevin O'brien and Lianjiang Li, Popular Contention and Its Impact in Rural China, Comparative Political Studies, Vol. 38, No. 3, 2005, pp. 235 - 259.

考察民众对政府信任度，因为在民众眼中，地方政府不是决策者而是中央政策的执行者，地方官员实则等同于地方政府。根据这一假设，史天健发现，政府绩效可以强化公民对中央政府的信任却无法提升对地方政府的信任，但是随着人们的价值取向愈发偏向于以个人为中心，中国人将要求政府为他们的问题承担更多的责任，从而会降低对政府的信任度。[1] 2012 年的世界价值观调查，分别询问了受访人对于中央政府官员、区县官员、村居干部的信任度，以及对中央政府、区县政府和村居政府（自治组织）的信任度。结果发现，在满分 100 分的分值中，第一组信任度分别为 83、60、54 分，第二组信任度为 76、62、54 分。在水平层面上，政府（组织）信任度可以等同于官员信任度，对中央领导人的信任度略低于对中央政府的信任度。[2] 相反，垂直线上的差距是非常显著的，民众对地方和基层的信任度远低于对中央的信任度。这一数据继续验证了史天健采取的分类方式的有效性。

唐文方提醒学者们注意，与政治信任看似不相匹配的是，中国人对生活质量的不满意度非常高。在 2005—2008 年的世界价值观调查中，中国人的生活满意指数在 25 个国家中是最低的。然而，公众对包括政府、消费品价格、言论自由、社会公正的满意度均在 2014 年达到了相当的历史高度。[3] 怀特也发现，城乡二元差异的拉大并没有让农民的满意度低于城市人口，中国人对社会不公平的接受力远远超过西方民主国家。[4] 唐文方据此判断，如果中国人对生活满意度降低，将直接影响到对各级政府的满意度，而区县一级政府和官员所受到的冲击最为剧烈。[5]

---

① Tianjian Shi, The Cultrual Logic of Politics in Mainland China and Taiwan, Cambridge University Press, 2014, pp. 119 – 138.

② Wenfang Tang, Populist Authoritarianism: Political Culture and Regime Stability, Oxford University Press, 2016, p. 34.

③ Wenfang Tang, Populist Authoritarianism: Political Culture and Regime Stability, Oxford University Press, 2016, p. 30.

④ Martin Whyte, Myth of the Social Volcano: Perceptions of Inequality and Distributive Injustice in Contemoporary China, Stanford, CA: Stanford University Press, 2010.

⑤ Wenfang Tang, Populist Authoritarianism: Political Culture and Regime Stability, Oxford University Press, 2016, p. 35.

尽管政治信任属于"政治文化"的重要范畴，但还是有相当一部分学者竭尽全力地寻找"文化"背后的原因。例如，中央手中巨大的执政资源会轻易消除群众的不满，而农村中的血缘宗法关系，以及三年一度的选举也能及时化解村民对村干部的不满，中央的反腐重拳会提高居民对政权的信任等。政治文化在大多数研究成果中都显得变动不居，虽然有关政治文化的作品已经汗牛充栋，但能够丰富政治文化研究经典流派的理论贡献还是微乎其微。

为了能更加清晰地梳理这一领域的研究脉络，需要聚焦几位专注于文化范畴和研究范式的学者及其成果。作为该领域的开创者，白鲁恂从心理结构分析文化内容的努力需得到应有的重视，透视他的研究局限也能思考日后学术潮流转向的原因。社会学家魏昂德和戴慕珍的作品已经足够著名，不过他们在文化延续性方面富有洞见的论证还需给予专门说明。史天健的研究成果是20世纪90年代以来实证主义范式的巅峰之作，他不但用科学的方式连接了古今，而且重新确立了文化研究的独立意义。唐文方最新的著作则是从反面见证了以心理取向为中心的研究局限，在"心理取向—政治行动"框架下难以涵盖文化的全部方面，因为他把当代政治文化归结为"群众路线"这一制度、行为、文化（心理取向）都难以解释的治理传统之上。以上几位学者不仅代表着不同学术流派，也占据了政治文化复兴过程中的重要时期，均富有较高的理论独创性，并且留下了各自需要弥补的问题。通过简要概括以上学者的作品，不但能简约地勾勒出该研究领域的发展主潮，也有助于对其内在缺陷和不足展开深入思考。

二、作为独立于社会结构和制度的文化延续性问题

（一）白鲁恂：心理分析与文化的独立性

作为中国政治文化研究最富影响力的学者，白鲁恂的心理分析方法着意于解剖文化的内在结构、预测中国的现代化前景，他不但要思考中国政治文化之于心理结构的特点，还要预测马克思列宁主义意识形态及中国共产党的领导是否会改变为中国人的政治人格。遗憾的是，白鲁恂

的努力最终被形形色色的关于政治态度和政治信任的数据洪流所淹没。心理分析方法直到近些年才重新受到重视，如张宁从儒家传统的实践维度入手，剖析中国传统的"文化心理结构"以期还原文化的独立品格。即使如此，目前的研究成果在创见性方面还无法达到白鲁恂的高度。

白鲁恂的研究继承了阿尔蒙德"公民文化"的现代性意识，他尝试超越个人心理层面去理解宏观世界观的理性结构，透过人的社会生活寻找深层次的态度、价值和感情的研究取向。这一研究方法体现了 20 世纪 50 年代国民性研究的影响，后者是结合文化人类学与心理学的综合范式，试图将研究对象控制在民族的整体水平，避免出现以个体态度集合代替整体的化约主义错误。

白鲁恂的作品重点讨论了中国人对待权力、权威、秩序的基本意识。他假设中国式的政治权威属于"父权型"，父亲为了全家着想具有独一无二、无所不能的权威，它使得中国人习惯于将权力视为无所不能的、高度集中的，且负载道义的。中国人格外注重权力使用的道德基调，并通过塑造政治领域当中的道德人格样板去规训社会，传达仁慈、诚信、自我牺牲的精神主旨。白鲁恂认为，中国人关于权力的政治观念都是非政治的，因为它不关心人的政策偏好和政治过程，让人们醉心于权力阶梯的上升而不愿公开讨论和质疑权威或批评政策。重要的是，中国革命也没有从根本上动摇这种依赖权威的政治文化。① 马列主义与儒学的类似性体现出中国政治文化的连续性，比如对高度社会化的家庭教育，在年幼时就塑造正确的政治观点、极高的道德要求、一元化的权威结构等。②

为了能把文化与制度、经济、社会结构等要素分离开来，心理分析方法试图从浩瀚的文化海洋中提炼出与政治行为直接相关的心理机制，

① Lucian W. Pye, Asian Power and Politics: The Cultural Dimension of Authority, Cambridge, Massachusetts and London, England: The Belknap Press of Harvard University Press, pp. 43 – 45, 183 – 184, 186 – 187, 204 – 209.

② Lucian W. Pye, The Mandarin and the Cadre: China's Political Cultures, Ann Arbor: Center for Chinese Studies, University of Michigan, 1988, pp. 35 – 43.

不过这会不可避免地引起人们的怀疑，人的心理结构是否足以容纳某一文化系统的价值观、行为规范与态度偏好？再者，即使心理分析能够赋予文化充分的独立性，白鲁恂仍陷入了对于某些具体问题的解释困境。例如，他发现由于中国人相信权威是万能的，在政府部门没有私人关系的人就会感到孤立无援，因此必须发展私人关系从而取得权威的庇护。而关系的不稳定性又使得中国人尽量避免公开的利益和观点冲突，于是，私人关系造就了中国政治内部非常重要却人人都讳莫如深的宗派主义。① 从历史到现在，只有采取中央集权的方式才能抑制宗派分权带来的破坏和谐的潜在危害。

白鲁恂相信"关系"有违于世俗的、理性的公民精神。然而根据他的论述，"关系"事实上是中国人崇尚权威心理的社会后果，也是现实中权力结构的衍生物。而且，他的论述一直从家庭对人的社会化切入，可儿童在家庭中的社会化不等于政治文化的全部方面，人们对父母的态度也显然有别于对待领导人的态度，比如中国台湾人尊重家长却可以无限批评政府领导人。② 白鲁恂的结论显然存在着从家庭到全社会层面的重大逻辑跳跃。其症结的关键是，如果社会化带来的个人心理结构属于文化，那么人际间的"关系"究竟是不是文化？如果是，人的社会化催生了人对待"关系"的基本心理取向，可以简单地弥补家庭与社会间的鸿沟，但文化也因此失去了独立性，如果外在权力结构改变了，中国人还会为手中无权而感到担忧，从而重视关系吗？

1988 年，白鲁恂出版了他的最后一部作品《官僚和干部：中国的政治文化》。该书认为中国人的心理结构历来都植根于对立的政治文化，在传统社会是儒家思想与神秘主义信仰，在当代则是毛泽东与邓小平截然不同的意识形态，而"毛主义"和"邓主义"又分别包括了传统中的

① Lucian W. Pye, Asian Power and Politics: The Cultural Dimension of Authority, Cambridge, Massachusetts and London, England: The Belknap Press of Harvard University Press, pp. 190 - 191, 291 - 299.

② Bruce Dickon, What Explains Chinese Political Behavior? Comparative Politics, Vol. 25, No. 1 (Oct., 1992), p. 113.

两种特质。① 显然，他尝试把心理学分析融入整个文化传统之中，可是文化在不同历史时期的延续性又成了新问题。一旦意识形态被等同于政治文化，那么文化是否会成为现实环境、制度和社会结构的后果呢？在本书出版前后，魏昂德和戴慕珍分别发表了关于中国工厂和农村的组织社会学成果，正式从人际关系入手重建对文化延续性的考察。

（二）相对于社会结构和制度的文化自变量：传统与"新传统"

首先，沿着白鲁恂的基调，20 世纪 80 年代末、90 年代初的学者们相信，传统文化自中国革命胜利以后就没有遭遇完全的破坏，只要中国人的社会化是在家庭中开始的，传统价值就足以维系下去，因此党的意识形态和大众文化之间就必然存在一定的张力。同理，改革开放也不会影响政治文化的变化。其次，结合改革开放的实际，研究者们开始思考文化是如何潜移默化地影响马克思列宁主义的意识形态，否则就不足以理解中国共产党执政理念的变化。最后，既然中国共产党的执政目的已经从革命转变为现代化建设，那么现代性的问题就更加不能忽视了，中国的现代化能否在既有的文化支配下完成？现代化进程是否会改变中国人对待西方民主制度的观念？

魏昂德关于中国共产党领导下的单位制研究，直至今日对于组织社会学仍有典范意义，不过其文化领域的价值同样不容忽视。《中国共产党的新传统主义》一书希望透过充满计划经济色彩的中国工厂组织，考察党的组织权力对个人生活的支配，从而建立社会结构、政治制度与文化的基本关系。单位的组织权力是巨大且无所不在的，它不但可以通过控制晋升速度决定员工的生活水准，还囊括了包括住房、子女入托等重要福利。改革开放之前的单位权力还直接决定员工的政治评价与政治身份。魏昂德发现，单位制让员工认识到，只有经营良好的人际关系，成为政治权力所认可的"积极分子"，才能实现个人物质生活的重要改善。这是现代官僚制度和传统宗法制度的奇妙结合，高调的政治要求和严重

---

① Lucian W. Pye, The Mandarin and the Cadre: China's Political Cultures, Ann Arbor: Center for Chinese Studies, University of Michigan, 1988, p. 35.

的权力依附心理共同缔造了这一"有原则的任人唯亲制度"。① 宗法社会的差序格局并没有因为革命的胜利而消失，也没有因为改革开放而退化。"关系"文化与社会主义的组织网络是彼此强化的，中国人认同并倾向于维护这种关系网络，通过彼此利用体制内资源推进经济改革。

然而魏昂德认为，社会主义时期的工厂管理体制在 1949 年以前就广泛存在着，该体制下流动的文化要素不是传统的简单延续，而是马克思列宁主义改造后的"新传统"。② 在狄忠蒲看来，戴慕珍关于社会主义农村的研究结论与之高度类似，他们都将传统文化塑造的人际关系追溯到 1949 年之前，尝试通过横跨三个历史时期寻求其中的共性。③ 新时期农村中的庇护关系也来自传统社会——过去的庇护存在于地主和佃农之间，如今则是在基层领导干部和农民之间。虽然后者代表着公权力，革命又使得庇护双方成了同一阶级，没有谁能以私人的名义占有大量土地，但是庇护的形态还是一样的，至少农民认为干部控制着他们的生产资源。制度变化了，旧有的关系却还维持着，旧有的心态也随之延续了下来。④ 在改革开放前的工厂，工人的政治"态度"是第一位的，领导人设定的生产任务承载着政治属性，各种仪式化的政治活动和政治学习只是在工人群体中催生了形式主义，没有真正做到入脑入心。这反而使得，改革开放后意识形态的弱化没有影响政治文化的延续，按劳分配制度让工人的劳动表现取代了政治表现，干部仍掌握着巨大的决定工人生活待遇的资源。同样，在改革前的农村，干部可以判断农民的政治身份，并遵循劳动中的"表现"实现政治的掌控。进入商品经济时代，政治表现的意义消失了，但是掌握市场行情的干部却因为农民致富的需要

---

① Andrew Walder, Communist Neo-Traditionalism: Work and Authority in Chinese Industry, Berkeley: University of California Press, 1986, pp. 187, 251.

② Andrew Walder, Communist Neo-Traditionalism: Work and Authority in Chinese Industry, Berkeley: University of California Press, 1986, pp. 30 – 32.

③ Bruce Dickon, What Explains Chinese Political Behavior? Comparative Politics, Vol. 25, No. 1 (Oct., 1992), pp. 107 – 108.

④ Jean C. Oi, State and Peasant in Contemporary China, Berkeley: University of California Press, 1989, pp. 152 – 153.

更受农民依赖，农民纷纷向干部靠拢以求得他们的照顾，代表他们投入市场的谈判。①

魏昂德和戴慕珍的研究将文化视为一种独立于制度和社会结构的变量，我们发现制度没有改变文化，文化却可能塑造着新的制度。但是在他们的著作中，文化概念和范畴仍然隐约不详，传统的人际关系在多大程度上可以代表文化仍需要继续拷问。此外，既然文化属于"新传统"而非"传统"，就说明它会受到一些外部力量的塑造，尤其是党的意识形态和权力组织。这就使得有必要对文化的内部结构展开讨论，而不能仅仅浮于总体的社会现象。

三、从态度到规范：史天健关于文化取向的结构性分析

20 世纪 90 年代初兴起的实证研究主要关注中国人的政治信任、价值观、政治支持等观念领域对政治行为的影响，与中国共产党的角色出现了一定程度的脱离，于是也带了这样的疑问，即一般性的政治态度在多大程度上能等同于政治文化？钟扬在 2007 年出版的文集中还使用了"政治文明"一词概括中国政治的方方面面，并对政治现代化的走向抱以非常乐观的态度。② 然而，如果"态度"能等同于文化，那么文化就成为极不稳定的，必然和社会结构与制度之间形成更加紧密的关系。史天健的研究正是要破解这一难题，详细地分析政治文化的内在结构，从而根治这一理论上的困惑。他一生中最后的著作《中国大陆和台湾的政治文化逻辑》立足于决定人行为的心理取向，确定了文化研究最为重要的对象——规范（Norm），重建了论证框架，成为实证研究著作中在方法论方面贡献最大的作品。全书的基本观点如下：首先，史天健指出不能将人的"态度"等同于文化，而是应该从研究社会群体共同遵循的

---

① Andrew Walder, Communist Neo-Traditionalism: Work and Authority in Chinese Industry, Berkeley: University of California Press, 1986, p. 132. Jean C. Oi, State and Peasant in Contemporary China, Berkeley: University of California Press, 1989, p. 216.

② Cheng Chen, Political Civilization and Modernization in China: The Political Context of China's Transformation. Series on Contemporary China, V. 4 by Yang Zhong and Shiping Hua, Pacific Affairs, Vol. 80, No. 1, 2007, pp. 93 – 94.

"规范"出发。文化中的规范塑造了人对待何为收益、何为成本的态度，通过规范测量人们的政治行为取向，可以撇清理性选择理论的影响。其次，规范控制着人的行为系统，作为个体的人的内在倾向和作为群体的外在选择考虑都出自文化规范的控制。再次，文化的影响不是单一维度的。规范同时塑造了人对待政府权威的态度和对待自身利益的态度，同样是中国传统文化，这两种态度会造成不同的政治信任和参与方式。最后，中国传统文化缔造的社会行为规范给予当代执政者更大的权力空间，能让政权在一个安全的环境下运作，强化了政权的弹性。

史天健认同韦伯的说法，即社会科学的目的在于探索潜在行动的意义。意义系统不仅是行动者不得不从事某种行为的特殊环境，更是指导人们通向这一环境的指南，就像地图对旅行者的指导一样。由意义系统构成的文化既决定了行动者投入行动的目的，同时也限制了行动者达到目的的工具。文化的实际功能不在于解释人们从外部世界获得的信息有何不同，而是对外部信息进行解码时人们的情感和取向。先前政治文化研究虽然承认文化的指向在于行动的意义，却存在以下几点误区：首先，文化被视为一种集合属性，研究者总是从个人的经验层面予以归纳，忽视了文化在群体层面对个人选择的影响，使得文化研究成了个体心理学研究。其次，没有运用经验和数据描绘文化的特征，提炼不出文化的具体内容。最后，没有揭示文化影响行动的因果机制。[①]

史天健认为，先前所有的研究范式都存在关键性的缺陷。例如，阿尔蒙德和维巴缺乏针对知识和观念的分析，没有思考人是如何解码信息的，把政治文化局限在人们是否参与政治的单一向度，忽略对少数群体态度的研究更是只有单元思维而没有系统思维的表现。文化人类学的解释主义范式把文化视为社会群体创造、分享、符号化的意义集合，如此一来，决定行动的关键要素就难以被清晰地识别。而且人类学最大化地拓展文化的外延，这将混淆社会客体和文化本身，使得无法归纳文化对

---

① Tianjian Shi, The Cultrual Logic of Politics in Mainland China and Taiwan, Cambridge University Press, 2014, pp. 18 – 19.

政治的影响。例如，威尔达夫斯基①把文化视为一种社会偏好，它包括了影响人做出决策的情感和价值的要素。可是，如果把行为模式等同于文化模式，就无法在行动者和文化之间建立因果链条，从而影响经验研究的科学性。因为在方程式中，行动者不可能既是自变量又是因变量。文化常常是不同维度构成的，体现了不同类型的社会取向，可行为模式只能运用于单一的文化维度。②

　　虽然所有的学者都认为文化研究关注于人们的心理取向，但是对心理取向的结构识别不明。史天健认为，文化的心理取向包括价值、规范、态度和信条四个层次。前两者属于内在标准，后两者涉及具体的事务。价值和规范属于不受客观因素影响的纯粹的心理取向，而态度和信条不但生成于规范，且与其他行动者的行为息息相关。所以，文化研究应该注重社会行动的规范意义。

　　首先，价值为行动者提供了评估对与错的标准，但是它不会直接产生政治行为，而是在规范的引导下运用于具体场景。在个体层面，人们依据规范寻找、过滤、分配有意义的信息，树立判断他人行为的标准；在社会层面，规范理性配合工具理性共同影响人的选择机制，去检视哪些行为可以接受，哪些不可以接受。

　　其次，规范是一种社会现象，它从社会宏观层面支配着人的行为，价值只能体现在个体的心理结构。政治文化研究离不开群体范畴。

　　最后，不能把人的心理取向等同于态度，前者是普遍的，后者则过于具体。态度对个人身边的环境的变化十分敏感，不是人长期社会化沉淀下来的结果。例如，对父亲的尊重是一种社会规范，但我对我父亲的具体态度不但受到规范的影响，也和具体的情境下父亲的行为有关系。在群体层面，个人态度过分特殊就不能被群体其他成员接受。同理，社

---

　　① 威尔达夫斯基（Aaron Wildavsky, 1930 – 1993）美国著名政治科学家，开创了文化模式理论，认为文化并非一成不变、不受制度环境影响的，而是与社会制度、社会关系存在着互动式的变化。他提出用政治文化的变化理解政治本身的变化。代表作有《激进平等主义的兴起》。

　　② Tianjian Shi, The Cultrual Logic of Politics in Mainland China and Taiwan, Cambridge University Press, 2014, pp. 20 – 24.

会结构和政治体制对于态度的影响是直接的，所以不能由对个人的态度归纳来解释文化，只有规范能够在结构和制度的变革中持续下去，将具体的意义赋予行动之中。①

为了建立理论假设，史天健对比了中国儒家思想和西方自由主义学说，划分了两组指标：一是对待权威的态度（OTA），二是对待自身利益的态度（DSI）。他假设儒家影响下的亚洲社会倾向等级式权威认同和异己中心式的利益认同，而西方传统的社会规范是互动式权威认同和个人中心式的利益认同。② 有必要指出的是，这种借助于文献分析建立假设的研究方法，在过去同领域行为主义研究中非常罕见。然而，它存在着混淆文本逻辑与实践逻辑的风险，而且正是由于有关中国人行为规范的假设全部出自孔孟学说，导致了史天健全书的论证都有生硬之感。正如张宁所指出的，考察政治文化意义上的儒家，必须将思想转化为实践中的可行性解释（Actionable Account）。她结合儒家文本与历史实践，从中抽象出合法性价值观和能动性价值观，并从思想与规范两个视角的分析模式，比史天健的论述更加生动和灵活。事实上，史天健高度追求概念上的泾渭分明和范畴清晰，使其论述欠缺人文学科的思辨性，致使其假设过于绝对化，这也为他此后的验证提出了逻辑更为严密的要求。

史天健需要验证以下两个问题：第一，假设中的规范在中国大陆和台湾是否存在？第二，这些规范是否独立于社会结构和制度存在？否则就不能表现文化对于政治的独立影响。他提出了以下六组供人判断的命题：

OTA1. 如果身边的人发生了冲突，我应该让上了年纪的人去主持公正。

OTA2. 即使我的父母对孩子的要求是没道理的，孩子也应该按照他

① Tianjian Shi, The Cultrual Logic of Politics in Mainland China and Taiwan, Cambridge University Press, 2014, pp. 26 – 29.

② 异己中心式的利益认同（Allocentric Definition of Self-Interest）并非人完全不顾自身利益的利他主义，它指的是人考虑自身利益时会充分思考群体利益，并作出妥协和让步的心理规范。Tianjian Shi, The Cultrual Logic of Politics in Mainland China and Taiwan, Cambridge University Press, 2014, pp. 42 – 45.

们的要求去做。

OTA3. 如果婆婆和媳妇发生了冲突，而婆婆是错的，丈夫也应该劝说媳妇服从婆婆。

DSI1. 如果身边的人反对，一个人不应该坚持自己的观点。

DSI2. 不同的利益群体在地区竞争会损害每个人的利益。

DSI3. 国家就是一部大机器，个人只是机器上的螺丝钉。

这些接地气的命题体现了华人学者研究母国问题的优势。该项研究在大陆跨越了 1993 年、2002 年和 2008 年，而在台湾没有 2008 年的数据。六组数据在 2002 年的整体水平，无论在大陆还是台湾都达到峰值。史天健本人认为，数据说明了两个社会具有相似的文化规范，而且变化趋于稳定。无论是大陆还是台湾，1993—2002 年认同度的增长都显示，随着大陆经济高速发展和台湾民主化程度的深入，人们的规范取向非但没有现代化反而倾向于传统。然而我们还发现了以下几个现象：第一，台湾人对传统规范的认同度显著高于大陆。第二，大陆的传统规范在 2008 年呈现出滑落的趋势，不过，2002—2008 年中国社会的现代化速度是不如 1993—2002 年的，所以基本不影响史天健的结论。第三，六组问题中与政治直接有关的两组问题，即 DSI2 和 DSI3 在台湾的认同度的增长度都明显超过大陆。相比大陆，台湾人越来越不认同利益群体之间的竞争是有益的。① 这些统计数据已经可以证明，作为解码外部信息的文化规范具有脱离制度和社会结构控制的持续性。②

（一）政治信任

史天健的结论并不出人意料，他再度验证了中国人的政治信任是很高的，其贡献在于从规范角度解释了这一现象何以发生。等级型权威观和异己型利益观对于政治信任起到了关键性的作用。如，在关于国有企业下岗职工的访谈中，一方面职工们哀叹自己干了一辈子却被抛弃，另

---

① Tianjian Shi, The Cultrual Logic of Politics in Mainland China and Taiwan, Cambridge University Press, 2014, pp. 65 – 75.

② Tianjian Shi, The Cultrual Logic of Politics in Mainland China and Taiwan, Cambridge University Press, 2014, pp. 96 – 103.

一方面也有相当一部分人认为，即使如此，国有企业也到了非改不可的时候了。其他因素对政治信任的影响是微乎其微的。首先，对于权力的畏惧心理既不会影响对政府的信任，也影响不了对官员的信任。其次，党员与群众的差异并不突出。再次，官方媒体的宣传工作几乎没有直接影响，不过官媒的存在还是有意义的，它至少起到了信息控制的作用。最后，人的社会经济资源影响很弱，城市化和教育水平与信任无关，女性对政权的信任高于男性。[①]

（二）政治参与

根据史天健的说法，中国的政治参与从问题意识到方法皆迥异于西方，因为中国人的政治参与不是参与公共政策的制定，而是提醒政府对他们担负着责任。同为儒家文化下的规范，等级式的权威取向会造成人们对权威的巨大期待，从而以积极的态度参与政治，如果政府未能满足他们的要求，这种行为规范就会求助于多方面的非正式渠道。反之，异己中心式的利益取向营造了消极的参与心理，所以传统规范对于参与的影响是非常复杂的。相比之下，互动式的权威取向让人们对权威的期待不足，参与手段也过于狭窄。可以想象的是，个人中心型利益取向者有着强烈的参与需求，而且他们在社会动员方面扮演了更为重要的角色。其他社会要素对政治参与的影响同样是不足的，包括媒体、教育都不必然影响人的参与意识。[②]

在这里，规范仍然扮演着最重要的角色，但是其内在的结构更加复杂。例如，等级型权威取向者和个人中心型利益取向者都会采取抗争方式，但前者的抗争多以批评和请愿的方式，后者容易采取对抗的方式。总之，除非文化的规范理性的分布发生剧烈变化，否则中国社会不会出现推动民主转型的广泛社会运动。[③]

---

① Tianjian Shi, The Cultrual Logic of Politics in Mainland China and Taiwan, Cambridge University Press, 2014, p. 129.

② Tianjian Shi, The Cultrual Logic of Politics in Mainland China and Taiwan, Cambridge University Press, 2014, pp. 164 – 174.

③ Tianjian Shi, The Cultrual Logic of Politics in Mainland China and Taiwan, Cambridge University Press, 2014, pp. 170 – 173, 174 – 183.

（三）中国人如何看待民主

这是史天健毕生研究的重点。2002 年的调查结束后，他开始着手修改关于公众民主支持度的测量手段，并采取了民众对民主的需求和制度的民主供给之差这一政治经济学的测量方法，从而让测量结果更加直观。他发现，大多数大陆人和台湾人都有着强烈的民主诉求，但是生活在"权威主义"下的大陆人相信他们已经享受了高程度的民主，台湾人则反映自己所在社会的民主供给多于他们的需求。[1] 在对民主的理解分布上，政治学意义上的程序民主类别包括了"选举""分权制衡""政府各个部门权力分立""政府决策时听取人们意见"四类，大陆和台湾访民总体上的认同比例非常接近，分别是 24.6% 和 29.7%。选择以选举、分权制衡等西方人注重的标准看待民主的人，大陆和台湾相差不到一个百分点，且占比都只有 10% 上下。将民主等同于自由的人，台湾则超出大陆 20 个百分点，这是两地最显著的不同。认为民主就是政府有义务听取民众的意见者，大陆是 11.7%，台湾是 9.3%；认为民主是基于公民权利的政治参与者，大陆是 12.1%，台湾只有 8.7%。这些数据说明，台湾在运行了西方式的民主制度十多年后，参照西方意义上的民主标准对待民主制度的人，并不比大陆更显著，而且高达 49% 的台湾人对民主的理解偏离了西方通识的民主标准。[2] 此外，我们还可以发现，大陆的民主认同更接近于"协商"。如，明显有更多的大陆人认为，民主就是"政府听从人民的意见"或"多数人做决定""政府允许人民表达意见"。有趣的是，史天健似乎忽略了这一重要现象，他的注意力集中于有多少人将"民本"和"民主"画等号。

在大陆，儒家的政治传统没有受到西方民主制度的有力挑战，而台湾的民主实践使台湾人能够更清晰地区分"民本"和"民主"在概念上的差别，然而在意识中，仍有很多台湾人以民本的标准看待民主。在概

---

[1] Tianjian Shi, The Cultrual Logic of Politics in Mainland China and Taiwan, Cambridge University Press, 2014, pp. 193 - 194.

[2] Tianjian Shi, The Cultrual Logic of Politics in Mainland China and Taiwan, Cambridge University Press, 2014, p. 203.

念上将民本等同于民主的人，大陆是明显高于台湾的，然而同时有7.8%的台湾人相信民主就是"政府给人民提供良好的生活"，远高于大陆的1.6%。两组数据相加后，从民本视角理解民主的受访者比例在两地基本持平。在规范层面，持互动式的权威取向和个人中心式的利益取向的受访者，倾向于用自由民主的方式理解民主；而持等级式的权威取向和异己中心式的利益取向的受访者，更容易把政府替民做主等同于民主。①

史天健指出，以上数据可以说明，制度变革极易改变观念，却不易塑造政治参与方面的规范理性。两个社会的人对民主的理解都模棱两可，同时表现出减少治理的混乱、提供稳定的政治经济环境、保障公共福利和增加全社会整体利益的期许，以至于在现代化的进程中，将民主理解为政府为人民提供监护的人在两地都不在少数。

四、党的群众路线与当代政治文化

史天健的成果彰显了中国政治文化研究偏重于政治而非文化的基本格调，同时他付出了巨大的努力用来证明文化是影响政治行为的自变量，从而捍卫政治文化研究之于其他研究的独立意义。然而，史天健在2010年底突然离世，不但让他未竟的研究成为难以填补的事业，也使他无法回应其他学者的分析范式和结论。执教于美国爱荷华大学的唐文方是史天健的大学同学和挚友，两人在长达30年的时间保持着密切的学术交流，彼此相互启发和借鉴。2016年，唐文方出版了《民众的权威主义：中国政治文化与政治稳定》一书，所思者仍是海外中国学界的传统议题。这项横跨1987年直到2015年的跟踪研究，无论从持续时间还是调研课题方面，都远远超过了史天健的研究范畴。受史天健立足于儒家传统设定研究假设的启发，唐文方试图从中国共产党的革命传统中寻找当代政治文化的渊源。根据他的考察，文化虽然没有受到制度和社会结构的显著影响，却是中国共产党群众路线领导方式的历史沉淀。唐文方

---

① Tianjian Shi, The Cultrual Logic of Politics in Mainland China and Taiwan, Cambridge University Press, 2014, pp. 205 – 210.

事实上把"政治文化"和"文化传统"当成了两组不同的范畴。他原本希望能够与史天健形成呼应，实则让文化的自变量属性重新存疑。

（一）群众路线：中国人支持政府的文化渊源

唐文方延续了同时代学者的论述主题——在"权威主义"的中国，政治支持度和信任度何以如此之高。表面上，唐文方通过分析中国共产党的群众路线实现了"将政党带回"的学术目的，试图直面中国共产党的自身经验传统思考其中复杂的文化机理，但是他的分析框架仍是在政府与民众之间展开的。它表现了近年来海外中国共产党研究兴起带来的研究话语而非研究范式的转换。

唐文方试图证明，当代中国政治文化的主要源流不在于儒家传统，而是更多来自中国共产党的革命时代的传家宝——群众路线。时至今日，这一政治路线都极大地影响了中国人的政治取向，包括行为模式、对生活的满意度、对政府的满意度，以及对民主的需求度。[①] 史天健从儒家传统之中提炼出影响当代中国文化最重要的规范，从而有效地维持了文化的独立性和延续性，而唐文方的结论破坏了这种独立性和延续性。因为他坚守着从人的心理取向思考政治文化的既有方法，拒绝采纳人类学和海外汉学涵盖广泛的文化定义，其实是将文化的起源追溯到中国共产党的"治理风格"，而后者在性质上并不属于他所要讨论的"政治文化"。

唐文方的作品不但意图与西方学术传统对话，也在与史天健对话。例如，他对于中国人政治信任的研究，特别选取了大陆与台湾的对比模式，分别验证了对政权的信任、对政治领袖的信任、对国家的信任、对政治制度的信任。研究发现，教育水平、城市化、性别，甚至媒体动员力在两地都不会增强政治信任。重要的是，大陆和台湾都深受儒家的影响，可是大陆比台湾更倾向于儒家价值观且差距很大，这与史天健先前对两地"儒家规范"的研究结论完全相反。更有趣的是，在差异很大的

---

① Wenfang Tang, *Populist Authoritarianism*：*Chinese Political Culture and Regime Stability*, Oxford University Press, 2016, pp. 5 – 9.

前提下，儒家价值对政治信任的影响度却高度接近，大陆为14.5%，台湾为13.9%。[①] 这说明儒家价值观与政治信任之间不存在明显的正相关关系，真正发挥作用的是外在的政治效能，它有赖于政府和民众通过言论、对话、组织行动、选举政治等一系列行为产生的互动。显然，外在政治效能在台湾产生于西方式的制度安排与活动方式，而在大陆，它恰恰来源于党的群众路线最基本的工作机制。所以，虽然唐文方不认为具体的制度框架会影响政治文化，可他显然把政治文化的来源置于一个包括了制度与行为的综合环境。尽管他也承认，群众路线是来自传统政治文化的治理方案，可他没有具体解释"传统政治文化"、儒家文化和当代"政治文化"三者在范畴上有何关联。总之，研究数据证明了政治文化并不发源于文化传统。

（二）民族主义

唐文方研究的一项重要特色在于，他将民族主义作为当代中国政治文化的重要现象对待，并试图说明这一意识形态几乎不受传统文化的影响。因为，今天中国的民族主义不是拥护某一具体的文化价值，也不是少数精英人物的爱国情感，而是群众的普遍心态。中国的民族主义带有强烈的排斥西方政治模式、反对资本主义的倾向，同时它可以有效地防止人们生活上的不满转变为政治上的不满。数据表明，经历过改革开放前时代的人们比年轻人，共产党员比普通群众更倾向于民族主义。相反，网上的"愤青"则代表不了年轻人，他们只不过更加显眼而已。[②] 这些结果都可以证明，民族主义是社会主义传统的产物。在其他社会因素中，教育水平和民族主义的关系不明显，城乡差别和收入水平都有不同程度的影响。而最关键的是民族身份，对北京市拥有自身语言或主要宗教传统的少数民族群体的调研显示，受访者的民族主义水平居然和汉族人一样高。唐文方认为，只要能保证文化和宗教上的独立性，少数民

---

① Wenfang Tang, Populist Authoritarianism: Chinese Political Culture and Regime Stability, Oxford University Press, 2016, p. 95.

② Wenfang Tang, Populist Authoritarianism: Chinese Political Culture and Regime Stability, Oxford University Press, 2016, pp. 51.

族就会拥护民族主义，至少中国文化传统与当代民族主义没有直接关系。有趣的是，唐文方相信，民族主义在不同的国家会受到不同的文化传统的影响，为何在中国却并非如此呢？这其实构成了他在理论解释上的重大难点，如果缔造中国民族主义的重要力量是社会主义传统，它是否属于文化传统？如不属于，又该如何对待当代政治文化与文化传统的关系？

（三）人际间信任的来源

对于人际信任的研究，继续呈现了唐文方对文化内涵的模糊化处理。这是全书论述的重点，也是充满洞见之处。

首先，他引入"社会资本"的视角，将中华人民共和国成立后开展的农村人民公社化运动与城市单位制的建立形象地比喻为社会资本的"原始积累"。社会主义政策打造了工作分配、收入平等的熟人社会，降低了人口流动，加速了成员之间的认同感。农村人民公社化和城市单位制缔造了中国人特别的信任网络，其影响力超越儒家传统影响下的人际关系，也高于市场经济带来的个体化的人际关系。

其次，他将人际信任的来源分为封闭型、公共型和公民型三类，分别对应着儒家传统、社会主义传统和现代市场经济环境。儒家传统论者和公民文化学派都是在各自的观测对象的基础上得出结论，只要通过对比就可以发现，中国共产党的社会主义传统才是当前人际信任居高不下的来源。

最后，传统单位制模式下的公共型人际关系受到了官僚与组织系统的控制，这说明民主制度并非信任的前提。[①] 而且，强大的公共型信任通过巩固政权的威信，增强了社会活力、民族身份认同和志愿义务精神，这反而弱化了逐步壮大的公民型信任与民主制度的关系。虽然单位制已经严重衰败，但是市场经济产生的贫富分化出现在社会群体之间而不在某一群体内部，它对于人际间信任的影响还不是非常清楚。整个社

---

① Wenfang Tang, Populist Authoritarianism: Chinese Political Culture and Regime Stability, Oxford University Press, 2016, p. 69.

会在权威的引导下变得更积极，公共型信任仍是党领导下的组织从事有效动员的社会心理基础和国家治理的有力支撑。群众路线正是在这一个意义上发挥作用。

（四）权威引导下的抗争政治

唐文方另一项重要的发现在于，中国近十年间此起彼伏的群体性事件并没有撕裂中国社会，反而增强了公众群体的稳定性，并且能够强化政治稳定。根据群众路线的要求，群众的诉求是决策的来源，群众的反应是检验决策的依据。为了确保党群、干群间的联系，党和政府务必时刻保持高速反应，化解来自抗争者的不满。而近年来每一次重要的抗争行为，最后都强化了省级乃至中央的权威，上级政府的态度又转而激发了群众的抗争。所以，中国政府其实有选择地给群众抗争的余地和制度渠道，政治动员也无时无刻不在，包括了直接劝说、组织激励、宽容、教育等多种方式。唐文方援引相关的研究数据证明，对于近年来群体性事件的处理方式的统计，政府真正出面压制的只有 2.8%，超过 90% 的事件采用容忍、化解来解决。[①] 此外，他不失时机地指出，这对于中国人来说具有道德必要性，并认为植根于政治文化传统，这样的猜测既体现了政治文化传统与当代政治文化之间的联系，又展现了二者是不同范畴上的概念。

唐文方的最终结论是，中国共产党的组织结构具备高度的回应性，从而使中国社会保持了高度的政治信任。但是，以往惯用的方法是以制度的弱化，以及一些政府部门和社会组织处理问题的能力过于低效为代价的。上访与抗争的群众常常忽略制度程序，使得一些重大问题的解决需要至少省级的高管干预才能解决。法院、工商联、媒体、人大和政府工作部门的介入度和效率都非常低。党和政府是直接联系群众的，他们通过迅捷的回应能力解决群众的需求，也因此背负了沉重的治理负担。有时政府对问题的解决并不充分，但是他们的态度却足以让群众满意，

---

① Wenfang Tang, Populist Authoritarianism: Chinese Political Culture and Regime Stability, Oxford University Press, 2016, p. 103.

这自然会带来强大的政治支持。显然，群众路线不是与儒家传统等量齐观的"文化"，但也不是制度，否则就不会造成制度的弱化。这套依据"社会资本"实现的"治理风格"，其实显示了西方政治文化研究范式的局限性。局限不止于各种假设和结论，它还表现在对"文化"范畴的固有理解不能概括中国政治的全部现象。虽然唐文方不接受文化人类学泛化文化的态度，而且是严格遵循心理取向与政治行为的既定路径，可他却遭遇到如何对"群众路线"加以定性的棘手问题。

（五）小结

西方学界对中国政治文化的研究近 40 年的变迁深受流行的研究范式和方法论的影响，其中的要害是如何看待政治文化的范畴，以及政治文化与一般意义上的文化的关系。出于对政治的现代性以及中国政治未来的走向的关注，关于文化内涵的讨论常常无法回归问题的中心，这使得专注于文化独立性的研究成果常常能受到更高的关注。白鲁恂的心理分析方法具有浓厚的文化中心主义的目的，高度依赖观察力和缜密的逻辑思维，抽丝剥茧，意图还原文化之于政治生活的独特作用，并且对中国政治的现代化走向给出了悲观的判断。然而，白鲁恂的论述逻辑却始终存在着从个人心理到社会关系的逻辑跳跃，在后一个层面上无法保持文化的"自主性"。魏昂德和戴慕珍的作品试图说明文化较之于社会结构和制度的独立性，却未曾呈现所研究的文化的品格和内容。自此以后，西方学界对中国政治文化的研究，对政治的关注一直超过对文化的关注。

20 世纪 90 年代之后，关于中国政治文化的研究完全从属于中国是否会民主化、中国共产党能否或如何保持政权稳定的主题。政治文化与政治制度、社会分层、政治参与等相关话题高度融合，理性选择理论、公民文化理论、后物质主义理论、结构功能主义等各色理论或研究范式混合其中，政治文化的内涵也早已告别了心理分析模式，重在思考人的心理取向与政治行为之间的内在规律。这些研究的普遍缺陷是政治意识过强、文化思维不足。以政治支持和政治信任为中心的成果，多属于人的"态度"的研究，而没有思考"态度"在多大程度上属于文化。

　　史天健的研究意图原本关注中国人对于民主的态度，后来转向对文化内在结构的反思。他确信文化研究应该定位于"规范"，从而在价值与行为之间找到稳定的联系。这一思路确证了文化是独立于社会结构和制度的自变量这一为公众所接受却长期难以证明的事实。史天健的研究充分借鉴了同时期其他学者的重要成果，在方法的科学性上达到了同类领域的高峰，最重要的是他首次用科学的研究手段在儒家传统与当代中国政治文化之间找到了衔接点。然而，史天健的学术对话范畴仍是政治理论，意图以文化来说明当代中国政治结构具有超稳定的原因。文化因素在他的研究工作中处于附属的地位，而且缺乏足够的理论张力。唐文方本意与史天健展开对话，从中国共产党的自身传统，尤其是群众路线中探寻当代政治文化的来源，思考中国的政治未来。可按照他对文化的理解，群众路线与儒家文化不是同一类性质的概念，他无法确认群众路线本身究竟有多少文化属性，再度割裂了文化传统与当代政治文化的关系。

　　总之，上述研究虽然都名曰"中国政治文化"研究，但无论如何也回避不了中国共产党无所不在的角色，以至于随着时间的深入，党正在成为研究的中心。可是，目前来自西方社会科学的研究范式很难切入党的组织内部的行为逻辑，尽管这些研究事实上已经大量触及党的话语与行动。所以，中国政治文化的研究如果推进到新的境界，必将朝向复合型的范式转变，同时必将改变谈政治文化必关心政治走向的研究习惯，一是将"文化"带回研究的中心，二是从党内政治文化研究为出发点理解中国社会的政治文化。

第三章　党内政治文化的结构

第一节　认知与行动的观念性结构

中国共产党的党员既是党组织的成员，也属于中国社会的广大群众。一方面，党员理应饱含对共产主义远大理性的深深信仰，从信仰的深处塑造对中华民族伟大复兴的伟大梦想和历史使命的坚守。正所谓"道不同，不相为谋"，近 9000 万党员走到一起，进入同一个组织，不但应怀有共同的对于人类社会的终极关怀，更应具有统一的行动意志，它体现为对社会事务的共同认知，以及由认知所触发的无意间的行动。正如儒家学说强调的人有"四端""良知"，共同的"天理本心"一样，中国共产党的事业需要党员共享着同样的道德自觉和行为取向，党员的认知应该具备可以探索、勾勒的形态和框架，它体现为面对社会事件和外部信息时的第一反应、评价标准、应对思路与无意识间的行为特征，是为"结构"。

另一方面，作为广大人民群众中的成员，中国共产党党员同时也分享着中国社会熏陶、锤炼的认知与行动结构。两种结构之间的张力，推动着马克思主义政党理想信念、理论体系的中国化。在这里，中国化的过程不完全是一套学理构建，它更是秉承着马克思主义理想信念与理论宗旨的中国共产党人在不断适应中国社会的过程中，客观打磨发源于中国社会的认知与行动结构的过程。理论只是为了确保党员不至于完全被溶解在中国本土文化之内，但最终认知—行动结构的形成是党联系群众、带领群众在科学理论指导下改造世界过程中形成的成果。因此，党员的认知—行动结构，是在中国文化的认知—行动结构的基础上的纯化与重塑，它既能融入普通群众，又能体现出不同于社会流俗的卓越性，而且这种卓越性又符合普通群众的价值评价和道德期许。例如，焦裕禄精神、红旗渠精神、雷锋精神中体现的认知特征、行动自觉和道德关照，尽管不是中国文化对普通人的日常要求，却符合普通中国人的价值判断，具有同中国本土文化的同向性。

一、结构的群众性

根据党章的表述，中国共产党是中国工人阶级的先锋队，同时是中国人民和中华民族的先锋队，中国共产党的性质赋予了党内政治文化先进性和大众性两类层次有别又密切相关的性质。作为先锋队，中国共产党的政治文化与泛社会化的政治文化具有显著差别，它是一个组织内成员共享的认知与行动结构。党内政治文化建设是在一个近 9000 万人的组织内部实现的，只需要选择具有一定身份代表性的对象展开调研，就可以把握其性质、内容和现状。但是，中国共产党人又是深深扎根在中国社会的泥土当中，他们不是一群封闭在其他社会群体之外的群体，中国共产党的组织与社会分工深度交叉融合，不似历史上的很多宗教组织那样，因为出现了组织便有了泾渭分明的圣俗二元的身份差别，所以中国共产党的党内政治文化使用的符号、语言、规则与道德必然是为中国社会和广大群众所认可和接受的，只有这样党才能实现对人民群众和全社会的领导。因此，党内政治文化是基于大众文化基础之上的先进文化，其认知与行动结构在党内理应由党员共同遵守，在党外则能赢得群众的理解、认同和支持，帮助各级党组织实现组织群众、宣传群众、凝聚群众和服务群众的效果，运用各种文化媒介实现党的意识形态领导权。

党内政治文化这一独特的概貌，潜藏在党内广泛共享，又于群众耳熟能详的话语系统当中。因为语言是社会关系的表现，也是认知与行动的综合体现。人类通过语言表达对事物的思想，与其他社会成员建立联系，并最终通过语言将认知转化为涉及人与人彼此关系的行动。语言的选择及概念中被赋予的具体意义是在具体的政治和社会条件中发生的，它是文化情境的表达与呈现，党内惯常使用的语言即党内政治文化的表达和呈现。然而，我们并不主张使用目前心理学研究所流行的，通过语言使用的内在关联度的语义分析范式探索党内政治文化，主要是基于以下两方面的理由：第一，党内政治文化的建设尤为强调文化的传承性，这就需要跨越历史寻找时空中共性与个性的互动。话语结构研究和词频研究有着孤立历史的取向，它先是从不同的历史阶段提炼出共同的话语使用方案，然后才有可能考虑话语在不同历史环境中的意义差别，甚至有可能忽略其中的差别。而文化的传承性首先承认了文化自身所具有的动态属性，要求研究者从变动视角中发现永恒不变的意义，这样对概念与话语的解释的要求超过了分析话语的使用频次和语法结构的要求。第二，从认知—行动的统一结构而言，研究话语不等同于研究人的思维，语言即行动，话语再现的是思维与行为的一致性。从行动的意义上看，话语顶多只能作为研究的线索，对阐释话语的本质是在阐释党的历史活动，尤其是历史上社会结构的变迁如何影响了话语的传播和分布，党内政治文化在这样的认知与行动的外部环境的巨变下，是如何保留其内在结构的稳定性。

二、结构的历史性

中国的话语结构分布与其社会结构是相伴生的，二者都是文化的宏观表达。这里所谓的社会结构，并非历史上真实的以生产力和社会分工决定的阶级结构或职业分工结构，它体现的是人们观念中的社会结构，即通过话语符号成为中国人对当前社会及理想社会的固有认知，并以此决定每个人在社会中的具体行为。例如，就生产力而论，中国自先秦到明清，其社会结构发生了多次巨变。周秦之变使得先秦传统贵族消失，出现了游离于封建等级秩序之外的士人阶层；从西汉末期开始，通过土地兼并产生的豪族逐渐成长为严密控制基层的势力，并且在魏晋时期发展为垄断政府高级官职的寡头士族集团；唐代以后士族解体，社会流动性开始加强，科举制度的完善让中国基层逐渐出现了乡绅这一实际的精英群体。与士族相比，乡绅不具备对政权的垄断能力，也不能实现对基层人口与资源的绝对控制，但他们是天然的地方领袖，领导着地方秩序，并且凭借对知识的垄断成为朝廷命官的主要来源。显然，中国历史的社会结构在2000多年的封建帝制时代发生了天翻地覆的变化，可在中国人观念中，无论社会结构如何变化，始终都存在着"士、农、工、商"四个等级。从周代开始就已形成的"士人"和"庶人"相互区分的观念，在中国人的意识深处不但没有真正被动摇过，反而随着士绅阶层的兴起不断强化。中国政治文化的话语系统、社会网络、礼俗形式很大程度上都延续了先秦构建的意识形态。

观念中的社会结构凭借话语代代相传，这些话语不但表现了传统中国人对于政治生活的固有认知结构，更是对行为特征的总结、提炼与指导。如，孔子认为士人应"志于道"（《论语·里仁》），不应受物质生活的约束，所以"无恒产而有恒心者，惟士为能。若民，则无恒产，因无恒心"。西周时期，士绅为贵族成员，具有天然的政治责任，"民"最早只是对奴隶的简称，后来民、人合一，用以指代没有尊贵血缘依托、没有贵族身份之人。但是，在为人熟知的《谷梁传》中则有言："上古者有四民：有士民、有商民、有农民、有工民。""士"成为"四民"之首，这一悄然形成的话语转换即历史转变的缩影，但士人仍是以出仕为实现"有道"的根本途径。"学而优则仕，仕而优则学"的先秦古训，并没有因为士的社会来源及其在社会结构中的具体形态的转变而发生过丝毫变动。

从当代的一些实证研究中可以看出，中国传统社会对社会结构的认识至今影响着中国人的政治行为。例如，张宁通过当代中国立法听证会的实证研究显示，有着高等教育背景的人大代表在提案时更多地从辅助治国理政的角度出发提出自己的议案，而地方性的物业听证会上，普通农民工等社会底层人士更多以解决自身问题为导向，将听证会作为一种表达个人诉求的方式。他们都是根据具体的情境来认识自己的正式身份，并且选择说话的角度和方法，每个人都需要思考"什么可以说，什么不能说，最好怎样说，不能怎样说"等规范性问题的答案。① 显然，中国传统政治文化当中为士人确立的"仕"原则，对当今中国的社会精英仍然有相当的引导力，孔子所谓的"天下有道，庶人不议"的原则，在今天中国普通民众之间也得到了自觉遵守。实证研究证明，普通民众政治参与的目的是为了解决自身的诉求，而非参与立法或辅助公共决策，他们的行为体现不出"志于道"的追求。可是，既然"庶人不议"，那士人则当议。在先秦儒家传统中，士人出"仕"的最高手段其实是"不治而议论"。齐国的稷下学宫要求士人们"言治乱""议国是"，君主对士人则应秉承"友而不臣"的态度，即视士人为友而非臣，因为"臣"这个字最早是奴隶的意思。这说明士人在君主面前理应具备高尚且独立的人格，而非被君主驱使的对象。但是随着西汉中期儒法合流，士人的角色逐渐从"议"中淡出，一方面他们手中握有权柄，成为治理的真正主体，另一方面在权力等级秩序中他们成为君主名副其实的"臣"。我们常听言"参政议政"之说，今天中国社会精英寻求政治身份的最重要的模式，除了进入党的干部队伍当中，另一种重要的参政方案仍然在于"议"，这体现了对中国传统政治文化的理性复归。党中央几年来将社会主义协商民主作为中国人民民主未来发展的重要方向和手段。党的十九大更是明确指出，要发挥社会主义协商民主重要作用，"有事好商量，众人的事情由众人商量，是人民民主的真谛。协商民主是实现党的领导的重要方式，是我国社会主义民主政治的特有形式和独特优势"。不仅仅是在社会层面，党内政治生活也客观存在发展协商民主的要求。根据党的十八届六中全会颁布的《关于新形势下党内政治生活的若干准则》，发展党内民主要"畅通党员参与讨论党内事务的途径，拓宽党员表达意见渠道，营造党内民主讨论的政治氛围"，其关键点也在于"议"。从更为广义的政治生活着眼，批评与自我批评、谈心谈话制度、党员党性评议制度也都需要在"议"上下功夫。从行政制度上

① 张善若：《中国政治文化对公共政治讨论话语的影响——以立法听证会为例》，《武汉大学学报》2017 年第 2 期。

说，党员干部是国家治理的重要力量，为了消解行政权对党内带来的权力理性的影响，在民间与党内两个维度增强"议"的权重，也是对传统政治文化的一种螺旋式回归。毕竟，党员已经接近9000万人，可是处级以上的党员干部不过80多万人，掌握执政资源的党员只是党内的一小部分人。唤醒并强化党员的政治身份和组织身份的途径，纯化党的肌体、改进党的建设，落实全面从严治党要求，在认知与行动结构上同礼乐崩坏时代传统士人自我身份强化的理想路径有着高度的相似性。先秦时代儒家经典中的话语，既然流传至今，当具有广泛的辐射面，以至于可以从如今党员、社会精英和普通民众的话语和行动的特点中得到印证，从而初步显现出由话语统摄的认知与行动结构的文化分析样板。

三、结构的扩散性

观念中固定的社会结构和组织结构存在于中国社会，也存在于党内，而且不断地从意识形态的中心领域向四周扩散。透过广泛普及性的话语，同样可以洞悉党员的认知与行动结构。仍以先秦儒家的话语作类比，在中国传统社会，"士人"和"庶人"是一对有截然区别的概念，但历史的发展使得庶人具备了通向士人的可能。儒学思想也越发倾向于庶人在道德修养上的可塑性。王阳明就认为"四民异业而同道"，士人的修行在尘世当中，一方面士人只是"农、工、商"三民中道德先觉者，另一方面士者也需要为稻粱谋，仓廪不实又何来礼仪顾。清代学者钱大昕直言道："与其不治生产而乞不义之财，毋宁求舐问舍而却非礼治馈。"（《十驾斋养新录·十八卷"治生"条》）严格意义上的士庶之别已经不再有制度的保证了，制度确保的其实是官民之别。同样，中国共产党的组织结构也面对着类似的问题：一是要处理好先锋队与普通群众的关系，即党群关系；二是要处理好干部与群众的关系。即干群关系。后者是一个需要严格的制度设计久久为功的工程，甚至是伟大斗争的一部分，而前者则更富政治文化的色彩，需要从认知与行动结构的层面加以领会。

中国共产党的先锋队理论来自列宁，但是在实践过程中呈现出与列宁先锋队理论很不相同的文化传承。列宁常痛心于俄国社会的落后，尤其是俄国民众思想文化观念上的落后，希望能让党员成为先进意识的灌输者，不过晚年他越发担心的却是落后的思想文化对党内文化的腐蚀，如官僚主义、缺乏法治精神等。他在《宁肯少些，但要好些》一文中指出："这些缺点根源于过去，过去的东西虽已被打翻，但还没有被消灭，没有退到早已成为陈迹的旧文化的阶段去。我在这里提出的正是文化问题，因为在这种事情上，只有那些已经深入文化、深入日常生活和成为习惯的东西，才能算作已经达到的成就。"①与之不同的是，中国共产党对于党员的社会结构和组织结构的理解一开始就具备文化视角，党员与群众的关系在本质上是社会实践和思想认识的结构形态。建立一套正确、统一的世界观，需要党员和群众投身于通过改造客观世界的实践活动来实现。在新的时代下，这套实践理念包括了党内的"伟大工程"、全社会范围内的"伟大事业"，以及提领、贯穿二者的"伟大斗争"，统摄全局、提出价值引领和目标导向的则是中华民族伟大复兴的"伟大梦想"。

党员与群众客观存在的不同，决定了实践必须分为"伟大工程"和"伟大事业"两个泾渭分明又彼此促进的环节。党员与群众长期融合的社会实际，有需要共享"伟大梦想"的愿景，展开伟大斗争，在群众的监督和帮助下开展党的自我革命，在党的领导下战胜危害社会主义事业的种种危险。与群众不同的是，党员有信仰和理论的武装，能够在实践中有着更强烈的主观意志加深从实践上升到认识的过程，党员的实践在改造客观世界的方向上具有鲜明的目的意识，全党都要朝着一个既有的方向努力务必成为党员的意识自觉，群众的意识则是在党员和党组织的宣传、感召、带动和凝聚下形成的共识。党员与群众在实践高度的融合性、同步性，使得党的领导之下"伟大工程"和"伟大事业"必须是无法分割的、统一的实践过程。群众不但是党的领导下改造客观世界的主体力量，还是帮助党员，尤其是领导干部直接获取相当分量知识的活水源头，更是监督党组织、党员的作风、纪律，确保党不变质、跳出历史

---

① 《列宁选集》（第4卷），北京：人民出版社，1995年版，第784－785页。

周期律的基本保障。群众对公共事务的参与和监督，能够加快党员干部在认知与行动结构上循环往复，率先递进到"较高的阶段"，确保党员的认知—行动结构不至于受损和萎缩。当然，群众也是需要指导、需要教育的，可对群众的教育绝非外部灌输的过程，而是在实践中相互影响，通过宣传、学习达成共识的过程。认知—行动模式是在群体层面上而非封闭的个人心理结构中发挥作用的机制。

因此，党章中有一段表述极其重要，即"中共党员永远是劳动人民的普通一员"。从认知—行动的视角来看，党员和群众"在一起"决定了党内政治文化是一个开放的系统，党员的理论自觉与使命意识催化了实践中共同形成的认识，进而影响、引导并以潜移默化的方式教育了群众。周恩来在《论知识分子问题》中明确指出："党内有些术语不合适，每次看到心里就不安，如在一些登记表上分'党员'、'群众'。这两个词不是同一组概念，党员、非党员才是同一组的概念。党员也是群众中的一员，包括领导人在内，不能自居于群众之上。"[1] 这与传统中国将士作为"四民"中的一员，而非与民对立的形态遥相呼应。事实上，中国传统的士人社会在发展中也一度遵循了相似的路径，受过良好教育的士绅集团在乡土社会建立乡约、保甲、社仓、社学等组织制度，目的是要将生产、民生、防卫、教育和道德仪式的内在关联性建立起来，在有限的改造客观世界的过程中起到教化乡民的用意，同时也是自我修养的实现过程。据此就不难理解，为何经典中的道德要旨在中国的历史现实中具有广泛的社会辐射力和传染力，以至于能够深刻改造民间社会的整体认知结构和行动结构。因为经典的表述已经成为普通人的话语，并且由话语转化为行动的力量。晚清时期著名湘军领袖王鑫在其《团练论》开头即言："人有君臣、父子、兄弟、夫妇、朋友五伦，是天制定的，是大圣大贤讲明的。从古到今，人人缺不得的，今长毛都称兄弟，是五伦丢去了四伦，你看这是什么道理，也不要说到他造反，也不要说到他掳掠奸淫，就这一件事，便是讨死的门头。"（《王壮武公遗集·卷二十

---

① 《周恩来选集》（下卷），北京：人民出版社，1997 年版，第 366 – 367 页。

四》）士为"四民"之首，湘军领袖首先扮演着道德教化的职能，从而让湘军军中保持了高度的凝聚力。而这种通过宣教手段激发军心的做法，在历史上比比皆是，也是传统乡约组织中的固有方案。显然，教化的内容必须打动人心，得到普通民众的深切共鸣才是，因此教化也不是纯粹的外部灌输，它务必贴合民众生活的实际体验和认识。

显然，语言系统缔造儒学在中国传统社会的强大渗透力，中国共产党的革命动员依靠的也是平实朴质的话语，党员是普通劳动者中的一员势必要求党员和群众的语言不能分离，从而才可能形成尽管具有差异，却足以相互领会和理解的认知—行动结构。能将党员和群众隔开的不只有权力对人的直接异化，也有话语分裂而造成的文化分裂。从党的领导方式来看，共享的话语更是开展一切工作的必要媒介，马克思的名言是："理论一经掌握群众，就会变成物质力量。理论只要能说服人，就能掌握群众。"可没有共享的话语，理论如何说服人呢？毛泽东即使在"文化大革命"期间仍然对这个问题紧紧挂怀。在他主持审议并最后获中共中央通过的《中国共产党中央委员会关于无产阶级文化大革命的决定》中指出："在辩论中，必须采取摆事实、讲道理、以理服人的方法。对于持有不同意见的少数人，也不准采取任何压服的方法。"① 历史上，反对党八股就表现出对这种文化分裂的担忧。十八大以来，习近平总书记多次倡导改善会风、文风，其文化建设的意义不言自明，尤其是干部不会说群众的语言的问题尤其突出，可那些看起来好讲、易讲的内容其实反而不容易练成。对于很多干部不会说话的现象，习近平总书记的概括是：与新社会群众说话，说不上去；与困难群众说话，说不下去；与青年学生说话，说不进去；与老同志说话，给顶了回去，"常说的老话多、正确的废话多、漂亮的空话多、严谨的套话多、违心的假话多"。正确的说话方式则是，与群众"同坐一条板凳"，"零距离"贴近群众，这样的要求并非简单地从群众之处获取实践知识，更是要让党员干部和

---

① 《中国共产党中央委员会关于无产阶级文化大革命的决定》，《人民日报》1966 年 8 月 9 日。

群众共享同样的话语系统，也就是同样的认知—行动结构。

第二节　认知与行动的辩证法结构

我们已经看到，无论在传统中国人观念中还是中国共产党的理论与实践中，社会结构与组织结构都没有西方传统的二元对立的样态，如教会与国家、贵族与平民、天国与尘世、国家与市民社会、精英与大众等等。在社会结构方面，党员与群众的关系在同一整体中是对立统一的，在一定的时期二者会出现相互的转化，而党群之间的良性互动推动着整个社会的完善与进步。在党内的组织结构当中，党员与组织之间、下级与上级之间、各级组织与中央之间，党员的个性、权利、党内民主与维护党的集中、团结、统一之间也同样是对立统一的关系。内在的良性矛盾推动着党的事业的前进。看似两极化的要素你中有我、我中有你，相互推动又相互转化的状态，是自然与人类社会运动的普遍规律，中国传统文化和中国共产党人在实践中对这一规律的准确把握与合理运用，即所谓的认知—行动结构，贯穿党内政治文化的方方面面。

一、有机的生命体

上述思维即辩证法思维，它与中国社会和党组织的结构若合符节，是中国文化最核心的精神要旨，也是支配中国共产党认识与改造世界的方法论基础。李约瑟①称中国的哲学为"有机哲学"，暗示与西方亚里士多德形式逻辑式的机械哲学相区分，"有机"借用生命科学新陈代谢的系统论思维类比中国哲学处理矛盾双方对立统一关系可谓绝妙之笔。"有机"是相对于"无机"而言的，有机体即生命体，生命体是不断运动、发展、变化的，与宇宙间的万物发生着联系。世界发展的辩证规律

---

① 李约瑟（Joseph Terence Montgomery Needham，1900－1995）：英国科学技术史专家，著名的"李约瑟难题"的提出者。历时45年著有《中国科学技术史》七卷，第一次向全世界展示中国古代科技成就。

在于，每一件事物都是一个矛盾体，其中的任何一个要素都是其对立要素存在的条件，事物的发展就是矛盾推动的结果，沿着否定之否定规律不断螺旋式地上升。有机生命体的演进是最恰如其分地体现辩证理性的内在结构的，生命的延续是无数肌体细胞不断衰退死亡的过程。生命从一开始就迈向死亡，但一代代生命的死亡和淘汰缔造的则是自然与社会的进化和不断繁荣。人类历史也是如此，每一种人类社会的终结总是惨烈，甚至看上去是倒退的，但最终都将历史推向了更高一级的阶段。中国共产党对自身的认识因辩证理性思维而充斥着"生命"的逻辑，毛泽东的经典论著《矛盾论》写道："党内如果没有矛盾和解决矛盾的思想斗争，党的生命也就停止了"，"我们常常说'新陈代谢'这句话。新陈代谢是宇宙间普遍的永远不可抵抗的规律"，"建立和发展共产党，正是准备着消灭共产党和一切政党制度的条件"。①

在曾经和当今党的话语中，我们经常可以听闻各种"生命学"的表述。在习近平总书记系列讲话中，生命的语意更加丰富了。党的生命被放在了最突出的位置上，在十八届中共中央政治局第一次集体学习时，习近平总书记以"物必先腐，而后虫生"之说警示官员，并强调"腐败问题越演越烈，最终必然会亡党亡国"。在 2013 年中国共产党第十八届中央纪律检查委员会第二次全体会议上的讲话，以及 2015 年中国共产党第十八届中央纪律检查委员会第五次全体会议上，有先后两次用"亡党亡国"来警示腐败的危害，让全党意识到"反腐败"的必要性和艰巨性。并且以中国历史为例，从夏桀"荒淫无度，暴虐无道"、纣王"好酒淫乐，嬖于妇人"，直到清王朝的灭亡，让全党"以史为鉴，可知兴替"。对于党员教育，习近平总书记多次提到了"红色基因"的传承，要求党员们不忘初心。这又是不折不扣的生命哲学思维在管党治党中的体现。

习近平总书记关于"党的生命"的各种表述，上至中央委员，下到普通党员群众，几乎不会存在理解上的任何障碍，这说明"生命"的话

---

① 《毛泽东选集》（第一卷），北京：人民出版社，1991 年版，第 306、323、329 页。

语与党内政治文化乃至中国政治文化中的认知结构是高度吻合的。而生命哲学的意蕴，植根于深厚的辩证理性的传统之中。在中国古代文化中，世界被视为一个广泛的生命体，由一静一动之阴阳、体用不断变化从中生长世间万物。朱熹云："太极，理也；动静，气也。气行，则理亦行，二者常相依，则未尝相离也。"① 西方文明中的神创论将生命转化成政治生活中的隐喻，儒家反对"神创论"用阴阳理气的变化反而阐释出生命运动的真实机理，因而中国文化中的生命政治学并非隐喻乃实存也！党的生命亦是每一位党员自身生命中的内在部分，它关乎着党员的生命理想、生命价值，以及形形色色的人生态度和行为，是具体的、现实的存在。党内政治文化正是沿着生命运动的轨迹，在认知与行动结构方面将辩证法的思维形态具体化、现实化。

二、调和与冲突：两种辩证法

不过，儒家传统的辩证法与马克思主义的辩证法还是有些相互区别的，中国共产党的生命政治文化在认知与行动结构上同时包含并兼容了两种辩证法。在《易经》中，"一阴一阳谓之道"曾在欧洲哲学史上产生了重大的影响。阴（——）、阳（—）两个符号被莱布尼茨改造为"无"和"有"，"0"和"1"，在黑格尔那里则被理解为"肯定"和"否定"，"正题"与"反题"。《易经》中的阴和阳，可以进行不同的组合而形成卦象，包括"阴""阳""道"三个范畴，阴为正题、阳为反题、道就是黑格尔意义上的"合题"。《老子》所谓的"道生一，一生二，二生三，三生万物"，讲的也是同样的正反合逻辑。"三"是对"二"的扬弃，即吸收了"二"的部分要素回到"一"的本质，从"一"到"三"只是一个小螺旋，它涵盖在从"道"到"万物"这个大螺旋之中，"一""二""三"的螺旋是对"道"的否定，宇宙自身的活力、其生命属性在于"道"或宋明理学说的"太极"，经过了"一""二""三"的具体演化之后，成为万物的生命与活力。中国古代的阴阳

———————

① 朱熹：《朱子语类》，[宋] 黎靖德编，王星贤点校，北京：中华书局，1986 年版，第2376 页。

辩证法展示的是生命的盛衰变化，同时蕴含着发展的思想，所谓"变则通，通则达"，"日新其德，生生不已"。它凝练了中国人自古以来的生命观、宇宙观和发展观。可正如美国毛泽东思想研究专家约翰·斯塔尔教授洞察的那样，儒家传统更倾向于将阴阳两仪代表的对立的力量理解为互补的而非矛盾的，二者是一个整体内部的两种力量，人们要做的就是充分运用和驾驭阴阳的内在互补性从而实现整个社会的和谐。但是在马克思主义的辩证法当中，正题和反题之间更多体现的是矛盾和冲突的特征。毛泽东和中国共产党的早期领导人非常熟悉中国传统的辩证法，自然也能洞悉二者间这一微妙的差别。在马克思主义的基本立场上，毛泽东开创了以矛盾和冲突解释世界发展规律的哲学思想，但是这并不排除对矛盾互补性的强调和运用。无论在自然世界还是人类社会，矛盾是普遍联系的，但是在对立中它们会达成统一，统一会造就"暂时"的和谐。"我们中国人常说：'相反相成。'就是说相反的东西有同一性。""原来矛盾着的各方面，不能孤立地存在。假如没有和它作对的矛盾的一方，它自己这一方就失去了存在的条件。"① 这又是地道的传统辩证法的思想。

两种辩证理性的中和，对于党内政治文化的认知—行动结构的影响何在呢？首先，它仍然投射在党对于社会结构和党的组织结构的认知与实际工作方案的布局中。在党群关系层面，党和群的特征明显是互补的，党员是群众中的一员，又是群众中的先进分子，先进性和大众性之间的对立统一是党的群众工作的基本指南。同时，党员如果不能保持自己的先进性将与普通群众无异，群众的政治素质成熟了也将加入党的队伍当中，因此人民内部矛盾并非对抗性矛盾。而敌我矛盾则恰恰是对抗性矛盾，它体现了辩证法冲突性的那一面。其次，敌人与"我们"的范畴也并非一成不变的，"我们"需要最大限度地团结朋友，建立统一战线，以打击真正的敌人。而在不同历史时期，敌人的边界也会产生变化。至少在当前，全体社会主义劳动者、社会主义事业的建设者、拥护

① 《毛泽东选集》（第一卷），北京：人民出版社，1991年版，第333、328页。

社会主义的爱国者、拥护祖国统一和致力于中华民族伟大复兴的爱国者都属于人民的范畴。就算其中有人严重触犯了国家法律，也应当依法裁定其罪行，保留其正当的公民权利，而非直接划入敌人的范畴。于是，除关乎国家利益与意识形态的直接冲突存在着敌我斗争外，在中国共产党领导国家治理和党的自身建设中，互补和冲突这两类矛盾在事实上都在于"人民"内部，至少是"公民"内部，即使其中的矛盾不是对抗性矛盾，但是也客观上充满着各种斗争。党内政治文化也是正确处理矛盾与斗争的文化。

事实上，毛泽东很早就意识到不能以全然互补、和谐的态度处理"人民内部矛盾"。他曾说："除了沙漠，凡有人群的地方，都有左、中、右，一万年以后还会是这样。""不要怕闹事，越闹事越长治。混乱和闹事总是引人注目的。它能澄清。"只是他错误地估计了斗争的性质，对于这一问题，刘少奇的认识更为审慎，他认为"党内斗争基本上是党内不同思想不同原则的斗争，不同思想不同原则上的对立"[①]，并未直接上升到敌我斗争的层面。在今天管党治党、严肃党内政治生活的要求下，全党已经深刻认识到"斗争"的必要性，并非仅仅因为解决问题需要"斗争"的方案，而是"斗争"在根本上符合辩证思维逻辑的行动。《关于新形势下党内政治生活的若干准则》指出，强调要着力增强党内政治生活的战斗性。战斗性是党内政治文化在信仰、思想、规范、态度等各方面的集中体现。习近平总书记强调，党员"在面对大是大非敢于亮剑，面对矛盾敢于迎难而上，面对危机敢于挺身而出，面对失误敢于承担责任，面对歪风邪气敢于坚决斗争"。而加强党内政治生活的战斗性又是赢得"具有一系列新的历史特点的伟大斗争"的重要内容，中央不仅对管党治党的当下形势，对整个中国改革开放的时局也是站在辩证法的高度领会、理解和把握的。战斗性或党内斗争在党性原则上要求要敢于监督、敢于亮剑、敢于激浊扬清，以斗争的方式巩固党的团结统一，这是最真切、最实在的辩证法。而要做到这一点又必须取决于每一

---

① 《刘少奇选集》（上卷），北京：人民出版社，1981年版，第210页。

个党员的认知—行动的深层结构，是党员们发自真心、发自自愿的，为彼此共同认可的，非外力强迫下的行为，无疑就是政治文化。

"战斗性"不仅合乎辩证法的规律特征，而且在实现党内政治生活战斗性的道路上，党内政治文化的认知—行动结构也逐渐地清晰起来。当前党内存在着政治生活不正常，党员干部奉行好人主义，面对问题避重就轻、"事不关己，高高挂起"，批评与自我批评变成了表扬与自我表扬，如此种种问题究竟有多少出在文化的根子层面呢？诚然，经济学中常用的理性选择理论可以解释大部分问题的由来。可能对于某些党员，不愿批评同志、不愿亮剑，是不想惹麻烦，生怕批评别人会遭遇秋后算账，或触及领导的不满，影响自己的政治前途和政治安全。但是，面子、人情、关系对党员精神世界的影响又是缔造理性选择的文化力量，为什么不能批评同志呢？是因为它与中国社会人与人之间相处的伦理标准发生了冲突，支配理性计算背后的原则恰恰是伦理。文化包括信仰、价值、规范、道德等层面，信仰和价值不一定能触发行动，但规范和道德则一定是行动面上的。对于表扬与自我表扬的现象，对于党内政治生活变味、走调、随意化、平淡化、娱乐化、庸俗化的问题，很多党员也看不上眼、也急在心里，在信仰和价值认同上没问题，问题出现在党内没有形成"战斗性"的规范和以战斗性评价党员的道德系统。广大党员如果遵从辩证法的规律，可以及时理解党内斗争的必要性，但是要想将此化为规范和道德仍需要漫长的实践去实现文化的涵化。

三、辩证法中的实践伦理

辩证法之于党员的认知—行动结构的另一个重要影响在于，如何处理党员和党组织的个别意志，尤其是创造性和党的统一性、纪律性的问题，也就是普遍性和特殊性的关系。马克思主义认识论强调认识事物的过程应该从具体到抽象再到具体。普遍性和特殊性也是矛盾之所以会有斗争性的根源，斗争就是共性中不同个性的斗争。毛泽东在《实践论》当中将认识分为感性认识、理性认识和更高一级的感性认识三个阶段，这三个阶段也符合《矛盾论》中事物普遍性和特殊性的辩证关系。然而，严肃党内政治生活面对的一大现实难题就是，在全面从严治党的严肃氛围之下，许多党员干部开始畏首畏尾、缩手缩脚，甚至为官不为。造成这样的原因有很多，理性选择理论可以从制度上解释部分问题，比如干得多、错得多。然而在实际中，在许多并没有明确、严峻的问责风险从政环境下，仍然出现了大面积不作为的现象，这同样需要从政治文化认知—行动结构的各层面予以理解。

在文化层次上，价值观念会直接影响干部作为的心态，尽管价值不会直接导致行为，却可以影响行为的积极性。根据访谈调研可知，中国人传统意识中出人头地、博取功名的价值追求，是很多党员干部愿意积极干事的重要心理动机。但是严肃的党内政治纪律、政治规矩要求"功过不能相抵"，干事创业的风险或许并不足以毁掉干部的政治前途，却有可能因为一些负面影响而抵消干部的成就感。此外，中国文化历来重视"面子"和"脸"的价值意义，丢面子已经足够让人沮丧，如果丢了脸就更是让人一辈子抬不起头来，这一文化上的风险与干事创业带来的荣誉感和成就感是同一层面上的，足以让干部对此进行一番理性的计算。

在道德层面上，中国共产党通过革命和社会主义建设培养出一套古代社会所没有的，以改造客观世界，促使社会变革为基准的道德评价标准。不过改革开放以来，这套标准自身的道德引领作用是呈现下滑态势的。在社会主义建设年代，红旗渠精神、铁人王进喜精神、"两弹一星"精神中，改造世界是共产党人最高的道德约束。而今天，尽管改造世界仍然受到相当多党员干部的重视，可它必须转化为荣誉、面子、成就感才能调动人的积极性，甚至必须转化为升官、提干才可以。如今，很少有人愿意在基层一干10年、15年，干满一届还没有提拔从而产生焦虑者大有人在。因此，道德对行为的影响也是明显可见的。

不过，相比而言规范上的模糊不清仍是影响党员干部积极干事的最重要的因素，也就是如何处理具体性和特殊性方面存在着模糊意识。全面从严治党要求党员干部不打折扣地落实中央精神，而中央精神的要求本身也是非常清晰的，但是调研结果显示，仍然有相当一部分干部对什么能干、什么不能干的认识非常不到位，人的行为规范被主观认识的局限束缚了。这是因为无论在个体组织的平面上，还是上下级组织的关系上，党内目前还缺乏一套通过学习、协商、询问理解中央要求，再进行实践试错，及时提醒、修正，出了问题能够及时容错纠错的规范。所谓规范就是行动的自觉意识，而目前这种自觉尚未形成，只能先通过一些制度设计予以保障。规范的形成需要党员之间，尤其是上下级组织之间达成共识，上级组织允许下级充分咨询、探讨、实验，下级组织也敢于向上级询问、反映问题，敢于实验，出了问题乐于担当。显然，一套合适的规范的背后仍是辩证法的基本规律。党员个体的自由意志要符合党组织行动和客观世界运动的必然规律，而必然规律又要求党组织为党员个体施展自由意志留下广阔的空间。因此，在党内自由并不仅仅是保护每个党员的权利，而是调动党员在党组织，这个人人都认同的共同体内实现自我诉求。为了保证自我诉求与党组织的宗旨、目标相统一，制定一些制度让人们的自由和自觉，合乎每一个他人的自由和自觉，从而成为系统。制度只是辅助性的，人与人的自由和自觉的无缝对接需要的是共同遵守的规范。

第三节　党内政治文化的时间性结构

一、发展的价值意义

中国自改革开放以来取得的巨大成就，更重要的是在党内的干部考核评价体系中，发展的绩效始终被置于无比突出的位置。习近平总书记在党的群众路线教育实践活动总结大会上强调指出，各级各部门党委（党组）要坚持党建工作和中心工作一起谋划、一起部署、一起考核，把每条战线、每个领域、每个环节的党建工作抓具体、抓深入。十八大以后，中央强调党建第一责任，其用意也是要由党建带动发展，创造出夯实人民群众获得感的发展绩效。长期以来，学术界流行着这样一种认识，即中国共产党将政权的巩固奠基在不断地发展的绩效之上，并试图阐释"绩效合法性"当中存在的局限和困境，而这种看法并没有深入中国共产党的"地方性知识"对待发展和绩效背后的意义。诚然，不断地赢得发展的伟大成就确实能巩固人民群众对党的认同，但是其中带来的贫富分化，以及群众对更高生活满意度的追求，也会对党提出更高的要求，如果不能及时满足群众的要求，甚至会侵蚀党的执政基础，这是毋庸置疑的。但是，中国共产党对发展的强烈追求根本上是由党内政治文化，即广大党员共享的认知—行动结构所决定的，即使群众对物质精神生活水平已经足够满意，仍然要不断地去追求更大的发展，甚至要打破群众现有的满意度，调动群众更高的投身建设与改革的积极性。其实，在目前全国范围内的精准扶贫工作中，不少地方已经出现了这一有趣的现象。很多群众虽然贫困，但是他们并没有脱贫的强烈意愿，对于脱贫工作的积极意义仍需要干部耐心地劝说和解释。在几年前很多地方帮助农民搬入楼房的工作中，也存在着类似的逻辑，群众不会因为优越舒适的生活条件就改变现有的生活模式，仍需要党委、政府反复做工作才行。因此，发展不仅包含对群众要求的不断满足，更是一个带有前瞻性和动员性的行动过程，"人民群众对美好生活的向往就是我们的奋斗目标"，这里的"向往"不但是群众已经想到的，更是党要提前为群众想到的。

所以，只有进入党内政治文化理解发展的意义，才能领会绩效不仅仅是党的执政的合法性来源。党之所以是党，取决于马克思主义政党的价值追求，并以此转化为每个党员的自觉认知。就算群众在脱贫上的态度不积极，也没有哪位党员会认为不应该摆脱贫困；就算领导地方发展会遇到瓶颈，却没有哪位干部会觉得发展是不对的，应该安于现状。基于中国人自古以来对历史变化的认识，在马克思主义唯物史观的催化下，已经成为全党共同具有的认识现实世界的基本思维形态。辩证法的哲学规律不见得被每一个党员高度领会，但是在指导实践的环节上，它以一种人生观和历史观的方式体现在党员的行为模式当中。

二、决定发展价值的历史观

对发展成绩的高度认可起源于历史是向前不断演进的基本观念，它使得中国当今取得的发展成就早已从一连串冰冷的数字转化为党员深深信服的价值取向。在中国传统的历史观念中，历史似乎是循环往复的，汉代儒家所谓的"五德始终说"就是绝好的例子。然而，这种循环并非不能被克服，史学家著史的目的与其说是发掘一种以人的意志无可更改的规律，不如说是为了调动人的意志克服前人出现的过失。不过，在儒家的信仰观念里，接受教训、避免重蹈覆辙的目的并非为了前进，而是要回到远古的黄金时代，即"三代之治"，这不是倒退，而是让历史从礼崩乐坏的年代循环回既有的原点。《礼记》中著名的《礼运·大同篇》描述了黄金时代的应有状态："大道之行也，天下为公：选贤与能，讲信修睦。故人不独亲其亲，不独子其子；使老有所终，壮有所用，幼有所长，鳏、寡、孤、独、废疾者皆有所养；男有分，女有归。货，恶其弃于地也，不必藏于己；力恶其不出于身也，不必为己。是故谋闭而不兴，盗窃乱贼而不作，故外户而不闭。是谓'大同'。"儒家对大同社会的向往不仅存乎于理想，更体现在他们投身于政治与社会变革的不断实践当中。秦汉儒家力图通过说服最高权力意图复古，宋代以后的儒家则在基层社会通过建立乡约制度等各种教育手段铺设通向理想社会的基础，在循环史观表面的背后滥觞着儒家改造社会的实践理性，实践成为评判道德修养和水准的基本标志。如果从历史的理想描述上看，传统社会的历史观是循环的，但是对于个人有限的生命来说，历史又是朝着既定目标演进的，具有"进步"的特点。确切地说，这是一种目的史观，依据"天人相应"的基本原理，历史发展的内在规律与人推动这一规律的主观意志是高度合一的，背离这种意志就是背离"天命"。

我们看到，在中国共产党人的历史观念中，也活跃着人的意志要符合历史规律的基本认识。只不过根据马克思主义的唯物史观，历史规律包含着鲜明的矛盾与冲突，而矛盾的存在会推动历史迈向更高一级阶段，从而彻底清除了中国传统史观中的循环因素，转化为否定之否定的进步因素。历史既不是线性前进的，也不是循环往复的，而是在看似圆圈的轨迹中不断朝向既有目的的前进，即螺旋式的上升。螺旋就意味着人类社会可能会在某一个历史阶段走向发展的反面，甚至发生一定程度的倒退，但倒退最终是为了上升。可能会有一部分人因为自身的阶级因素，在这么一个历史阶段中被眼前倒退的趋势所蒙蔽变成了反动者，而真正的革命者应该利用现有的条件带领社会重新回到发展向上的轨道上来。所以，中国共产党对历史的认知包括了进步与冲突两个基本方面，两方面都是人的意志的结果，但不是所有人都能做出正确的判断和选择。譬如，开创新纪元的革命活动往往都不可避免地遭遇挫折，社会主义建设和改革开放也不是一帆风顺的，党的十九大报告则告诫全党"中华民族伟大复兴绝不是轻轻松松、敲锣打鼓就能实现的"。在挫折和倒退面前，真正的共产党人、党性修养坚定的人断不能在思想意识上发生动摇，去质疑革命、改革和建设的正当性和真理性，而是要在不利的局面中坚定意志、积极想办法，最终走出眼下的困局。长征精神、红旗渠精神、"两弹一星"精神诠释的都是这个道理。而在当前全面深化改革的战略中，党员首先需要坚定的是理想信念，尤其是坚定中国特色社会主义道路的理想信念，不要因为改革中出现的问题和困难而质疑，甚至偏离这条道路。

毛泽东在《关于正确处理人民内部矛盾的问题》中讲道："不要中途停顿，更不要向后倒退，倒退是没有出路的。"[①] 党内政治文化的认知—行动结构对党员的第一位的要求就是不能懈怠。其实，改革开放最初30多年的实践已经让永不停步、直面挑战深入党心，成为党员认知—行动结构中最坚实的部分。十八大以后，面对一系列突如其来的新常态、新战略，确实有不少党员干部停顿不前、无所作为，但这只是因为不知所措、不明就里的茫然导致的，并非从意识的深处就不愿作为、不想作为。中央党校党建部在 2015 年对 47 名厅局级干部开展的访谈中，有 39 名受访者坚持认为广大干部是愿意作为的。而在对县委书记的访谈中，

---

① 毛泽东：《关于正确处理人民内部矛盾的问题（之三）》，《人民日报》1957 年 6 月 19 日。

即使有人承认自己被各种考核压力捆住了手脚，但仍然表现出想大干一番事业的迫切心情，有人甚至认为中央对暂时存在的"懒政"与"懈怠"大可不必担心。真正的问题出在作为的方式方法上，与对作为意愿的高度认可不同，只有 29 名受访者认为干部能够且善于作为，剩下的对此态度都缺乏明显的信心。这也可以反映出，文化与行动意愿之间的差异，因为相信历史是前进的所以积极投入工作就会获得回报已经深入中国共产党党员，尤其是领导干部的认知—行动结构当中，但碍于具体环境或机制约束，其态度和行为特征可能呈现出相反的动向。

更有趣的是，虽然干部的作为意愿因为新的形势在行为上受阻，但是从内在的理念上，广大干部群体还是对中央的意图表示充分的理解和支持。因为几乎所有的受访者都认同，与不作为相比，乱作为的危害是更加巨大的。在十八大之前，乱作为要比不作为严重得多、广泛得多，而今已经得到了明显的控制。有县委书记坦言，过去的干部们用权很容易，"作为"也很便利，什么事情说干就干了。不少地方提出了类似"跨越式、超常规"的发展思路，有意鼓励干部忽略法律的底线，以"事功"尊大。"超常规"就是没有常规，就是为了发展不顾代价和不择手段，就是以发展的成果去抵消违法、违规的罪过。长期以来，党内的政治生态默许了这一点，不少干部凭借一股强势作风在各地充当"发展英雄""改革英雄"，"一路被举报，一路被提拔"，这样的政治生态不但严重伤害群众权利，而且造成了干部队伍内某些"一把手"唯我独尊，普通干部忍气吞声，有时连基本的人格尊严都得不到尊重。由此也可以看出，在党员干部的内心深处，人人都希望在自己任上当地的事业能得到发展，但大家对发展中应有的公平、正义内涵的认同也是不容置疑的。正如因为害怕问责、惩戒、出错而不敢作为一样，过去很多乱作为的干部也不见得就真的漠视发展中的价值因素，更多是压力和形势的逼迫不得已为之。

由此也可以看出，理性选择理论在解释党员干部行动上有一定的意义，同时也有局限。害怕被问责、被惩戒固然是一种理性，它抵消了认知—行动结构对行为的驱使力。但是，即使干部积极作为也未必能获得足够激励的回报，相反在过去能上不能下的环境中，守住一个岗位不作为、混日子，其中的绩效和风险之比可能会更高，而大部分干部还是表现出做事的强烈意愿，这是理性选择理论所不能解释的。中国共产党素来遵循的发展史观已经沉淀为党内政治文化，因对进步的期许而将作为与发展转化为党内共享的规范原则。

三、矛盾的时间性

历史观给党员带来另一重要的影响，就是对矛盾的复杂认识。与发展的深度沉淀相比，不是每一位党员干部都能清醒认识发展中存在的困境和矛盾，但也不会完全排斥矛盾、畏惧困难。实际上，随着发展中面对的矛盾日益复杂，干部的主观意识只能体现在态度上，还不能完全透过规范，即认知—行动结构予以归纳总结。值得注意的是，对于困难和矛盾产生的必然性，党员干部基本上抱着一种平常心，例如经济增速放缓、群众矛盾激化等等。但是对于因为体制机制催化的矛盾，党员干部却体现出深深的焦虑心理。这说明，在党员的认知—行动结构中，化解矛盾的主观意志是有的，但他人意志的阻碍才是困难所在。较为有代表性的是对于信访问题的看法。上访是当今中国解决群众问题、让群众监督干部、实现政治参与的重要途径，也是让广大基层干部非常头疼的问题。全国各地重大的地方差异在信访问题上却看不到任何特殊之处，以县委书记为代表的干部群体成为信访制度最大的受压方。但是在访谈中，他们并不排斥老百姓的上访行为，真正让他们咬牙切齿、深恶痛绝的是缠访、闹访、越级上访，甚至上访职业化和形成利益链，以及与之息息相关的信访考核制度。关于考核制度带来的负面情绪与心态不能用文化加以解释，可是，对缠访、闹访等现象的本质是"无理取闹"，进京上访的人大多数都是"不讲道理"的认识，全然取决于认知与行动结构的规范。事实上，化解群众矛盾实则已经从"利益"问题转换为"道理"问题。

显然，"道理"是一个具有浓厚中国特色且包罗万象的概念，它由中国哲学中"道"与"理"二字组成，此二者既是支配世界万物运作的普遍规律，也是生发阴阳两仪的本体。在中国人的意识中，"道理"是具有普遍主义色彩的，是不证自明且人人共识的。在县委书记们看来，上访的最大问题是上访户违背了人人共识的基本法则导致做工作做不通，这等于事先默认了哪怕是最"刁蛮"的群众在心中也早已认识了"道理"，干部才可以去做工作。然而，既然"道"与"理"是潜藏在万物运行背后的规律和本体，那么认识道理就需要一个过程。可是，认识角度的不同会造成上访户和干部的道理发生了严重的错位，人的负面情绪、长期的心理压力，以及在遭遇不公平对待时凝聚起来的"气"都会让群众在行动中把道理撇在一边，这就为干部在解决矛盾时提出了更多的要求。2016年，笔者在贵州省某少数民族自治州调研民意调查中心制度时，听当地干部常说的一句话就是"顺气"，民意调查目的是以快速反应的方式第一时间赶到矛盾现场，第一时间顺气，防止"气"的凝聚。很多地方干部已经认识到，作为解决矛盾的一整套方案，顺气的意义要超过了利益调解和讲道理，但是为什么"道理"总是被大部分干部评价上访者行为的根本指标呢？

实际上，对历史演化规律的认识在党内和非党员的群众当中已经形成了理解矛盾的不同态度。党性教育和党的组织性长期以来已经训练了党员克制情绪，不能意气用事的基本要求，而干部出于理性选择而考虑也不敢意气用事。于是，党内政治生活很难表现出气场对党员行为的直接驱动，党员干部在面对矛盾和困难时总是着手于根本规律寻找解决问题的答案，党员思想、作风出了问题要进行教育，离不开的也是讲道理。过去相当长的一段时期内，党性教育充斥着各种各样的"大道理"。于是，讲道理当然也成为党员，尤其是领导干部做群众工作时的首要选择，尤其是干部，他们的理性化程度更高，很难理解气场、情绪在决定群众行为时对道理的排挤。同时，党员和群众在道理面前截然不同的反应，可以反过来说明党内在政治文化的认知—行动结构中，存在着深深的对道理的认可与服从。这是由中国儒学传统和马克思主义共同缔造的历史观念涵化而成的。

唯物历史观在经历了中国化之后，对党内政治文化的另一重要影响在于，它开创了反思教训从而规范行为的主动性。中国文化素来强调反思，儒家的修身、自省是反思，"以史为鉴"是反思，从历史教训中思考自己如何才能做得更好也是党内的共识。从党的十八大前夕开始，习近平总书记就多次强调领导干部也要多学习历史，其用意也是由汲取教训入手，同时更加强调历史的规律意义："通过学习历史不断深化对人类社会发展规律、社会主义建设规律和共产党执政规律的认识，不断丰富自己的历史知识，这样才能使自己的眼界和胸襟大为开阔，认识能力和精神境界大为提高，使自己的领导工作水平不断得以提升。"规律、知识、素质和能力，在中国共产党眼中是相互促发由内及外影响政治文化的互动要素，在"德性之知"和"见闻之知"两个维度支撑起党员的党性修养。学习从感性认识到理性认识，经由实践再上升为新的感性认识的实践论逻辑，亦符合历史学习的规律。

四、作为发展价值载体的"人民"

正因如此，党的思想建设的重要内容在于克服历史虚无主义。习近平总书记指出："古人说：'灭人之国，必先去其史。'国内外敌对势力往往就是拿中国革命史、新中国历史来做文章，竭尽攻击、丑化、污蔑之能事，根本目的就是要搞乱人心。""思想搞乱了，各级党组织几乎没任何作用了，军队都不在党的领导之下了。"这段警示不仅仅在苏联，在东欧很多国家都有前车之鉴。不过，克服历史虚无主义的目的远不止于保证思想不出乱子，弘扬传承优秀文化基因的目的，从更深的意义上，它还是要捍卫中国共产党近 100 年来总结出来的对规律的认识法则，以及支撑党员意识和党的意识的知识体系。因为失去了对规律和历史经验的认识，不仅是党员道德，包括能力都会发生严重的塌陷。没有对发展的执着、对化解矛盾的信心，不相信自己能认识规律，就不再有投身事务变革的意志，党内共享的认知—行动结构也就不复存在。2016年，在哲学社会科学工作座谈会上，习近平总书记再度强调了认识规律的重要性："马克思主义关于世界的物质性及其发展规律、人类社会及其发展规律、认识的本质及其发展规律等原理，为我们研究把握哲学社会科学各个学科各个领域提供了基本的世界观、方法论。只有真正弄懂了马克思主义，才能在揭示共产党执政规律、社会主义建设规律、人类社会发展规律上不断有所发现、有所创造，才能更好识别各种唯心主义观点、更好抵御各种历史虚无主义谬论。"

对规律的坚守会强化党员意志的持久性，意志是联系认知与行动结构的纽带，尽管每一个人都不会清楚地指导他自身的能力最终能让他达到何种状态，但如果他确信社会的发展将是一种进步，他的意志就会得到最大限度的发挥。意志不是理性，理性会因为计算得失的变化而选择不同的行为，意志则能超越理性坚定其行为的方向，党内的政治文化很大程度上是建立在这种对历史规律的自信基础上的。党内政治生活对党员的教育、监督、批评和自我批评也是基于这一自信，在确凿的规律面前，党员的意志不但能调动起来，而且在方向上、价值上、道德上势必会克服现有的迷局，最终实现团结统一。

中国共产党党员共享的认知—行动结构中，除了塑造人对于客观世界的实践以及在世界中形成的感性与知性信息之外，它还有力地塑造了党员对自身的认识以及与之相应的实践方案。在党的话语中即"我是谁、为了谁、依靠谁"之问，很显然，这里的"谁"指的是"人民"。党的十九大确立了以人民为中心的发展思想，习近平总书记在各个场合发表的系列讲话中给予了充分的诠释。从党的十八大开始，"人民"在党内正式文件中的比重陡然提升，"人民"一词覆盖面变广，含义也更加丰富。"人民"开始有了具体的宾语，如自主性、权利、自发性等，扮演着比"党"更加重要的主体地位。"民生"的使用频率大幅增加，成为党的工作中最常出现的概念，还有如人民的"获得感"等概念不但普及而且正在深入党的工作的具体部署当中。

有学者认为，近些年来"人民"话语的提升是中国共产党的领导向儒家政治文化的回归，如"人民的生活水平""民生""获得感"等概念天然存在于儒家民本主义的思想框架中，又如涓涓溪流一般悄然地成为中国共产党执政的正当性基础，并成为连接其他政治话语的纽带，是中国改革开放以来政治文化的一场"寂静的革命"。如果与改革开放之前革命战争和社会主义建设时期相比，以"民生"为本位的人民中心思想的地位确实提升了，毕竟以革命和阶级斗争为中心的时代，人民主要体现在其阶级成分，以及相对于敌人而言经济地位和革命态度，但是这不代表"民生"问题在过去就是个次要问题。历史已经证明，自中华人民共和国成立以来，党的工作的重点长期是"民生"，在解决温饱问题、住房、医疗、教育、养老、就业问题时提供了一系列有效的举措，并取得了巨大成效。毛泽东还批评："苏联的办法是把农民挖得很苦"，"他们这样来积累资金，使农民的生产积极性受到极大的损害。你要母鸡多生蛋，又不给它米吃，又要马儿跑得好，又要马儿不吃草。世界上哪有这样的道理！"① 改革开放的目的也是为了提高人民的物质和精神生活水平。十八大以来，中央一系列战略部署的目的是要消除改革开放前30年积累下来的突出问题，让老百姓共享改革的红利，不但要做大蛋糕而且要分好蛋糕，如果参考党的历史上领导理念和执政理念的历次转型，这只是策略的适当调整，谈不上"革命"。习近平总书记提倡的"以人民为中心"的发展理念，是对党素来坚持的人民立场的发展和强化。

党内在学习习近平新时代中国特色社会主义思想时，对"以人民为中心"的发展理念的学习和吸收可以说没有任何思想上的障碍，既不需要概念的界定也不需要内容的详解，而是在深深的共鸣中自觉吸收中央的新方略、新思想、新政策。因此，"以人民为中心"是党内被共享的信仰和价值。那么在政治文化层面，这种信仰人民、以人民为中心的价值体系是如何投射在党员的认知—行动结构之中呢？在自我认知方面，广大党员仍然自觉地把自己视为人民群众的一员，问题的焦点在于领导干部，公共权力可能破坏这种身份定位。在行动方面，党员和群众一样都表现为在组织的有力领导下，根据自身在具体情境中的主体发挥自己参与政治事务的作用。

"人民"一词是近代中国知识分子以"人民"或"民人"等指代被统治的普通群众的传统概念母体，汲取了来自西方的"权利""公民"

---

① 《毛泽东文集》（第七卷），北京：人民出版社，1999 年版，第29、30 页。

"民族""社会"等概念范畴发展而出的政治话语。在法律上，人民具有公共权力不可侵犯的个人权利；在政治上，人民是国家主权的来源，具有直接参与公共事务的能力和要求，是民主政体的载体；而在道德上，人民应具有自由的精神、独立的人格和公共参与的意识，这些基本的含义在中国共产党的语汇中都被保留了下来。中国共产党在马克思主义理论的指导下，对人民的内涵进行了极大的丰富和改造。第一，人民是历史发展的动力，党不是孤立于人民之外的，而是人民中的先进分子，党不是按照西方民主制度的方案通过程序得到人民授权的，而是人民中最能把握历史规律，带动人民前进的组织。中华人民共和国成立前夕，在回应有些人对共产党"独裁"的质疑时，毛泽东曾答复道："可爱的先生们，你们讲对了，我们正是这样。中国人民在几十年中积累的一切经验，都叫我们实行人民民主专政，或曰人民民主独裁，总之是一样，就是剥夺反动派的发言权，只让人民有发言权。"① 毛泽东的答复充分表现了这样的逻辑，即党的一切政治行为所体现的只能是全体人民的意志，而非党自身的独立意志，"人民民主专政"的目的就在于维护"人民主体地位"。毛泽东曾告诫全党："我们的责任，是向人民负责。每句话，每个行动，每项政策，都要适合人民的利益，如果有了错误，定要改正，这就叫向人民负责。"② 这一理论可以概括为人民主体性思想，其核心就是"党性"与"人民性"的统一。第二，人民具有阶级性。最初，中国共产党并不积极地使用"人民"一词，因为人民是一个跨阶级的概念，更倾向于使用带有定语的"群众"，如劳动群众、农民群众、士兵群众、学生群众等。国民革命失败后，中国共产党要接过国民党的旗帜，独自扛起革命的大旗，才着重使用"人民"的概念。1935 年，在毛泽东的倡议下，把原先的"工农共和国"改成了"人民共和国"。第三，人民是和敌人相对的，在对敌斗争中人民也存在差序格局。位于核心的是中国共产党及无产阶级，农民阶级是无产阶级"坚固的同盟军"，

---

① 《毛泽东选集》（第四卷），北京：人民出版社，1991 年版，第 1475 页。
② 《毛泽东选集》（第四卷），北京：人民出版社，1991 年版，第 1128 页。

小资产阶级是无产阶级"可靠的同盟军"。第四，人民的划分受经济地位和革命态度共同的影响。尤其对党员身份的定位更是以革命的态度为主。在党的建设过程中，对党员更多强调的是无产阶级的立场而非无产阶级的出身，党不能因为其成员阶级出身的多样性而改变其无产阶级的属性，"无产阶级政党，除了工人阶级出身的党员以外，还包括其他阶级出身的党员。这些非无产阶级出身的人，并不是作为其他阶级的代表来参加党的。他们从入党的第一天起，就必须抛弃他们原来的立场，站到无产阶级的立场上来"①。第五，党的领导地位和执政地位是人民赋予的。毛泽东指出："我们的权力是谁给的？是工人阶级给的，是贫下中农给的，是占人口百分之九十以上的广大劳动群众给的。我们代表了无产阶级，代表了人民群众，打倒了人民的敌人，人民就拥护我们。"②

五、党内政治生活的人民性

上述观点如今已经深深地影响着党员和各级党组织的认知与行动，并且以一种遵循辩证法的结构反复地重复在党内政治生活当中。普通党员并没有因为自己是党员而有任何高人一等的特权意识，但是他们会具有更强烈的荣誉感和使命感。在政府机关单位中，由于大部分工作人员都是党员，荣誉感和使命感出现了严重的沉降现象，例如单位职工对党内荣誉普遍不重视。但是当党员以挂职、下派、借调等方式前往基层直面群众时，这种荣誉感和使命感会自然产生。不少参加过挂职的年轻同志都反映，到了基层感觉自己的工作状态和责任意识与在机关中大不一样了。而在工作人员众多的大型国有企业和民营企业中，党员仍然是一个有巨大号召力的身份。很多国有企业党群部门的干部反映，如果发展的党员不够合格和优秀，常会在员工中引起许多议论，给他们也带来巨大的工作压力。在企业巨大的竞争压力下，党员们也希望能够在荣誉方面获得一些激励。不过，几乎没有哪位普通党员会认为他们应该获得比

---

① 《建党以来重要文献选编》（第三册），北京：中央文献出版社，2011年版，第157 - 160页。

② 《人民日报》1968年10月17日。

非党员更好的待遇、条件或发展机会，尽管入党带有这方面的考虑，可事实上这些并不是党员身份先天能够赋予他们的。在自我的身份定位上，普通党员还是把自己看成群众的一分子。总之，党员属于人民，工作为了人民，要全心全意依靠人民，即使作为一套价值在许多党员心中已经不那么强烈，但是多少仍会在认知—行动结构当中表现出来，这就构成了目前党内政治文化建设的重要规范基础。就算某个党员在工作中不如非党员职工那么得力，但是他本人也不会认为这是理所当然的。而在政治参与方面，全国各地开展的协商民主创新更是体现了类似的认知—行动结构。以四川省成都地区的村民议事会为例，党员作为普通群众中的一员，他们在议题选择和发言方式方面并没有显著的特征，但是他们会更为主动地发言，并且配合身为主持人的村支书维护好发展秩序，并且会更加重视自己说法的合理性、合情性以及严肃性。在中国的基层熟人社会中，党员在具体的情境下会形成天然的权威感，无论是党员本人还是非党员群众都会自觉维护这一身份差序，这是党内共享的认知—行动结构的鲜明的具体化。

这一认知—行动结构转移到党内使得上下都弥漫着一种群众身份的认同意识，普通党员在组织内部并不感到自己加入的是一个封闭的系统。如基督教徒在教会中参加宗教活动，他们在话语、行动、思想情绪方面的表现迥然有异于日常生活；而佛教徒更是以"断了尘缘"加入他们的宗教组织。国外的很多政党也带有类似的性质，党员对待政党活动是着意有别于其他场合的。但是在中国共产党的组织生活内，则务必要表现出"日常性"的态度，语言、举止、仪态上都会很生活化，这与党员根深蒂固的"人民群众一员"的认知是分不开的。作为一个马克思主义政党，中国共产党对国家官僚体制带有深刻的矛盾性，一方面，社会主义革命必须打碎国家政权，官僚主义更是党的事业的最危险的敌人；另一方面，为了完成党的目标和任务又不得不使用国家政权，因此党内的组织生活就要求党员放弃自己在公权力机构中的工作人员的属性，洗清身上的权力色彩回归自己的人民本色。

但是，干部的身份认同的偏差则可能是影响党内认知—行动结构最大的障碍。作为公权力的执掌者，干部会不自觉地将自己区别于普通群众，而党内干部在才干、能力上确实不乏突出之人，因此要让干部与普通党员在认知—行动结构上保持共享才是健全党内政治文化的要点。如果干部形成了围绕着权力和特权地位的认知—行动结构，也就等于在党内政治文化中另外存在着党内干部政治文化，后者会直接侵蚀前者。而除了依靠教育和实践磨炼之外，在党内政治生活中，时刻保持有别于官僚权力伦理的大众化、生活化的人际氛围则能有效地将党员作为普通人的意识传给干部，让组织内的不同成员的认知—行动结构保持在同样的状态之下。

第四节　党性修养：认知—行动结构的道德表现

党性是中国共产党人最大的德，习近平总书记对党性修养的论述表现了中国共产党对传统知行合一哲学的创造性转化。古人对"知"与"行"的论述事实上不是对道德要求、伦理法则的讨论，而是对如何形成道德的社会规律分析，即中国传统知识分子所阐述的认知—行动结构。党性修养就是从这一基本的结构出发考察共产党员的道德锤炼，党员应遵守怎样的道德在党章和党的历史文件中已经得到了充分的表达，问题在于如何从认知与行动的规范出发夯实这一道德的基础。

海外著名汉学家魏斐德教授有言："任何受过中文教育的读者读到毛泽东的《实践论》的最后一行文字，就会立刻联想起王阳明。毛泽东的'知行统一'立刻会使人想起王的'知行合一'。"① 当然，二者之间有着鲜明的区别。王阳明的"知行合一"，说的是人应该将天赋本心的"良知"在"实践"中上升为具体的人际伦理；而毛泽东的"知行统一"，重在强调普遍的理论与具体的经验在人改造客观世界过程中相互

---

① 魏斐德：《历史与意志：毛泽东思想的哲学透视》，李君如等译，北京：中国人民大学出版社，2005年版，第206页。

启发，不断促成理论的丰富与行动的精进。然而，两种学说体系在内容与主旨上的差异却掩盖不了二者在道德实践问题上的共通性。尽管宗旨不同，中国共产党人的政治伦理显然具有浓厚的中国本土色彩。在儒家思想中，围绕着道德认知与道德践履的关系，产生了以"修身"为中心的实践哲学和政治哲学，中国共产党同样致力于将党的理论、路线、方针和基本宗旨，内化为指导党员个体行动的原则与规范。刘少奇在《论共产党员的修养》中，多次引用儒家经典解释"修养"的含义，并援引孟子"人皆可以为尧舜"的著名论断，强调每一个共产党员都有提高党性修养，达到马克思主义创始人的思想品质的高度。[①] 习近平总书记也称党性修养为"中国共产党人的心学"，突出了二者间的学理渊承。这些是对儒家传统修身哲学的心性说、道德本心、良心的理论进行了历史唯物主义的改造和发挥。

一、党性修养的马克思主义基础

毋庸置疑的是，作为一个马克思主义政党，"党性"与"党性修养"的理论基石属于马克思主义的而非中国传统的实践论。毛泽东和王阳明关于"知行合一"的立意与内容方面体现的迥异气质，正源于马克思主义与儒学对实践的不同理解。马克思主义认为，人的意识是对社会存在的反映，其中的道德意识是统治阶级更具其自身利益设定的伦理规范。而在儒家传统中，上天赋予的道德本心人皆有之，需要在具体的人际关系中将其予以实践从而达到道德在每个人身上的实现。正是因为具有显著的，甚至是冲突的学理差异，中国共产党人对传统道德实践哲学的继承，就不能简单地被视为在马克思主义实践论的基础上加入了传统的因素，否则就不足以解释，如何在以改造客观世界为主要活动方式的社会实践当中，体现道德行为的自主性与能动性。与阐释马克思主义中国化的整体历程一样，拆解党性修养蕴涵的马克思主义与中国传统实践哲学的张力，应该首先澄清二者可能蕴含的结合点与渗透面，进而从儒学的历史

---

① 《刘少奇选集》（上卷），北京：人民出版社，1981 年版，第 106 页。

演变中参透饱受其学理滋养的传统学者因其何种特色能倾向于马克思主义。

马克思所谓的"实践"包含了人全部的生命活动，劳动生产是最基本的社会活动，也是人类意识的源泉。通过专业化的劳动分工，尤其是脑力劳动和体力劳动的分工，思想才能够与它所处的社会环境分离，"从这时候起意识才能现实地想象：它是和现存实践的意识不同的某种东西"①。相反，传统儒家降低了以劳动生产为中心的社会活动的价值和意义，反映客观物质现象的"见闻之知"处于认识论的次要位置，北宋大儒张载甚至认为："德性所知，不萌于见闻。"（《正蒙·大心》）。尽管朱熹的理学和明清实学都曾设想在"见闻之知"与"德性之知"之间建立某种联系，但是儒学实践论的总体要旨是探讨人如何遵循"良知"等道德本心的指导处理人际关系，而非从改造客观世界展开的人与人的社会关系。

尽管二者理论趣旨的差别如此显著，借助东西方传统实践哲学的对比，仍然可以隐约呈现马克思主义中国化的文化基础。西方传统的实践观来自亚里士多德，那是有闲暇的公民在城邦中自由的交往活动。这种活动包括了人的伦理行为与政治行为，被视为城邦至善的实现过程。亚里士多德认为，实践的目的是人本身，而物质生产劳动与文学艺术活动都是以生产为目的，属于"创制"而非"实践"。与亚里士多德相似的是，儒家的"践行""笃行""行"亦将人的行为局限在纯粹的人伦关系之中，有意地疏远了劳动生产，以及科学、文艺等创作活动。但是，亚里士多德的实践哲学认为，宇宙间的"善"是外在于人类的超越存在，人的内心拥有的是"理性"，通过理性的指导，人可以甄别自己的行动是否符合"善"的要求。因此，虽然人是实践的目的，可衡量人的道德的标准在于外在的行为而非内心深处的修养和觉悟。相反，儒家传统是一种修身、立人的哲学，人在自己的社会生活中应该不断地向自己的内心探求道德本心，让一切行为顺应心性良知的指导促成道德的完

① 《马克思恩格斯选集》（第1卷），北京：人民出版社，1995年版，第82页。

善。因此在实践中，人在道德本心推动下的意识过程决定着人与人的各种伦理关系的构建。

与亚里士多德传统一样，马克思同样视人的自身为实践的目的。然而，人的本质以及人有生命的活动的目的正是亚里士多德排除在实践之外的生产劳动，因为"一当人开始生产自己的生活资料的时候，这一步是由他们的肉体组织所决定的，人本身就开始把自己和动物区别开来。人们生产自己的生活资料，同时间接地生产着自己的物质生活本身"①。劳动对人的意义不再是手段性和工具性的，实践也不再只是伦理活动与政治活动，它是以经济生产活动为基础的一切人类的活动，"第一个历史活动就是生产满足这些需要的资料，即生产物质生活本身"②。因此，对人的思考应该从人的物质生活入手，而非抽象的伦理关系入手，"这是一些现实的个人，是他们的活动和他们的物质生活条件，包括他们已有的和由他们自己的活动创造出来的物质生活条件"③。可见，马克思的实践论不断远离了亚里士多德的传统，与儒家的道德实践似乎也不投缘。但是，马克思着重强调了人的意识在改造客观世界中发挥的主观能动性，在这一点上，他与儒家的实践哲学表现出共同的超越单纯的主客二分思维，不但纠正了西方传统的外向超越论贬抑意志能动性的取向，也纠正了机械唯物主义在自然物质与人类意识之间建立的庸俗的单向联系。马克思在《关于费尔巴哈的提纲》中指出："从前的一切唯物主义（包括费尔巴哈的唯物主义）的主要缺点是：对对象、现实、感性，只是从客体的或者直观的形式去理解……不是从主体方面去理解。因此，和唯物主义相反，能动的方面却被唯心主义抽象地发展了，当然，唯心主义是不知道现实的、感性的活动本身的。费尔巴哈想要研究跟思想客体确实不同的感性客体：但是他没有把人的活动本身理解为对象性的活动。"④ 马克思承认，人的意识最初是对自然世界的反应，可这是一种

---

① 《马克思恩格斯选集》（第1卷），北京：人民出版社，1995年版，第67页。
② 《马克思恩格斯选集》（第1卷），北京：人民出版社，1995年版，第79页。
③ 《马克思恩格斯选集》（第1卷），北京：人民出版社，1995年版，第24页。
④ 《马克思恩格斯选集》（第1卷），北京：人民出版社，1995年版，第54页。

"纯粹动物式的意识"，人类的意识反映的是人与人关系和人与物关系的相互交织而成的客观对象，"人们对自然界的狭隘的关系决定着他们之间的狭隘的关系，而他们之间的狭隘的关系又决定着他们对自然界的狭隘的关系"。但是，只有当人意识到自己必须与他人来往之后，才能出现有别于纯粹动物性的社会意识，所以人的活动本身具有与自然物质现象同样的客观性，"意识一开始就是社会的产物"①。

马克思多次指出要从"现实中的个人"而非想象中的个人出发理解人类的意识。一方面，任何人从事社会互动都会受到一定物质环境的支配；另一方面，如果不与他人发生联系，"如果不以一定的方式结合起来共同活动和相互交换其活动，便不能进行生产。为了进行生产，人们便发生一定的联系和关系；只有在这些社会联系和社会关系的范围内，才会有他们对自然界的关系，才会有生产"②。由建构在自然物质之上的人与人的社会关系，不但是意识的源头，也是意识之主观能动性发挥作用的巨大空间，这恰恰是与儒家实践哲学的论域的叠交面。虽然物质环境对于道德意识的产生显得晦暗不明，然而儒家承认人的道德只有在人与人的社会关系当中才可能萌生，而所忧虑的恰恰是因此而产生其他方面的意识对道德的意志，比如物质利益。在西方思想传统中，"善"的精神原则具有强烈的外向超越性，它凌驾于世俗生活之上指导人的行为。而在中国传统思想中，道义伦理弥散于人伦关系的方方面面，需要潜入内心深处发掘其本心，在社会实践的过程中实现道德的绽放，是一种内向超越的学说。孔子云："道不远人。人之为道而远人，不可以为道。""善"不是衡量事务正确与否的标准，而是促使人的境界不断提高、社会关系不断完善的内心动力。

"道"的社会属性决定了人实现道德的主观意识对于社会存在的基本意义。马克思指出："人应该在实践中证明自己思维的真理性，即自己思维的现实性和力量，自己思维的此岸性。"③ 儒学思想与马克思主义

① 《马克思恩格斯选集》（第1卷），北京：人民出版社，1995年版，第81、82页。
② 《马克思恩格斯全集》（第6卷），北京：人民出版社，1961年版，第486页。
③ 《马克思恩格斯选集》（第1卷），北京：人民出版社，1995年版，第55页。

就真实、具体且多变的社会存在，形成了较大的结合面和渗透面。从社会存在出发，可以理解任何历史时期当中人的意识的局限，消除将"意识"理解为"一种内在的、无声的、把许多个人自然地联系起来的普遍性"的错觉，认识到人的社会存在取决于人与自然物质的实践关系。同时也避免了将意识作为缺少生气的、自然物质的对应物，否则就会无视人的社会活动的真实性和客观性。

二、传统中国思想的知行之辩

通过参照宇宙秩序，透过天道与人事、个人与社会的双重视角思考道德良知，是儒学的中心问题意识。"党性修养"恰恰也秉承着历史发展的客观规律与共产党员的历史使命、党员个体与社会全局的双重视角，个人的修养是整个理论架构的中枢，它首先沉淀着传统德治思想的精要，因而延续了传统德治理论固有的"知行之辩"说。

儒家思想中的"知行之辩"是要在认知外部世界与所在内心道德之间建立联系，为道德寻找认知活动层面的依据。"知"同时包含了"德性之知"和"见闻之知"。一旦认知活动与价值关怀的关系得到确立，进而需要在行为方面落实价值要求，那就意味着"经世致用"。在宏观的中国思想史上，"经世"之说兴起于明末清初，那是宋明理学在道德学说方面成熟之后的自然取向。然而在不同的历史时期，儒家始终保持着塑造或重建道德秩序，将其道德理想尽快"落地"的强烈意图。因而"经世"并非儒家思想某一历史时期的产物，而是儒家道德认知理论的实践层面。只不过因为对于道德认知的不同理解，不同历史时期经世思想的内涵与经世致用的路径大相径庭，直到明清时期才形成了丰富且相对独立的学说系统与社会思潮。

"德治"，即有德之人为政。其基本的政治观念认为，政治是人类社会生活的核心领域，而道德原则又是政治领导的准绳，政治的目的是要从执政者到普通民众，自上而下地贯穿着相同的道义人格，暗含着对道德认知与道德实践关系的思考。周人认为，"天"是宇宙万物的最高主宰，是万物变化的本源规律，更是人间伦理的准则。君主只有"配天德"行事，才能确保政权不至于更替。起初，"德"被视为"礼制"规范的行为，强调对人的行为的外在约束。"礼"源于祭祀，带有宗教和政治二重秩序的规范，具有强烈示范性和引导性意义。所谓"天叙有典""天秩有礼"（《尚书·皋陶谟》），君主的道德全然取决于符合礼制的行动。然而早在春秋末期，孔子已经将"德"从礼之秩序，改造为人对于上天确立的道德本体——"仁"的认知，"德又礼之本也"；"治民者不可徒恃其末，又当深探其本也"（《论语·为政》）。"仁"来自上天，长驻于内心，人只有向内求索，才可能真正让行为符合天德的本来要求。《礼记》云："礼者，殊事合敬者也；乐者，异文合爱者也。礼乐之情同，故明王以相沿也。"（《乐记·乐论》）礼制的实现需要以"乐"来触及本心，让人彼此之间产生对"礼"的真正认同，"仁"的本心在"德"的实现上高于礼法行为。"于心求仁"成为孔子之后儒学道德思想发展的主要方向。孟子主张："仁义礼智，非由外铄我也，我固有之也。"（《孟子·告子上》）将成德的努力方向瞄准上天赋予人内心的"良知"。这意味着，人心能够不需任何制度媒介就可通达天道，良好的社会秩序始于个体的修身。汉代董仲舒以阴阳五行为纽带，建立了同宇宙秩序严格呼应的礼法行为，仍不忘强调"人之受命于天也，取仁于天而仁也"（《春秋繁露·顺命》）。宋代新儒家更是继承了思孟学派，系统地阐发了内化道德人格的基本学理，强调以反求诸己、反躬自省等方式，从个体的内心深处实现仁德的"修养"传统。

宋学认为，"理"是万物的本源和宗旨，人的道德实践起始于对"理"的充分认知。但是，由"理"延伸而出的道德标准是以"物"的形态存在于人间的，所以朱熹将《大学》中的"格物"当作修养的基础。"物"即"凡天地之间，眼前所接之事"①，"格物"就是通过认识天下事物达到"穷理"之目的，由常识推演出万物天理。然而，不断地"格物"必然会使人专注于对外部世界的思考，不但脱离内心世界，而

---

① 《朱子全书·朱子语类》卷五十七（第十五册），上海古籍出版社、合肥：安徽教育出版社，2002年版，第1839页。

且无暇于道德实践。朱熹非常注重知行之间的相互启发，认为"知与行工夫须着并到，知之愈明，则行之愈笃；行之愈笃，则知之益明，二者不可偏废"①。但是，朱学的"知"既包含了"德性之知"也包括"见闻之知"，他原本希望能同时处理人与人和人与物的双重关系，为道德实践铺平一条通途，结果却陷入了知行脱节、互不启发的困局。

正是为了破解朱学留下的困局，阳明心学把道德认知引向社会存在，虚化了自然物质之于道德认知的意义。在"身之主宰便是心；心之所发便是意；意之本体便是知；意之所在便是物"②。心学的"物"成为人的意念指向的对象，其实就是人与人之间的社会事务。王阳明心学认为"格物"就是"去其心之不正，以全其本体之正"，不再包含对物理世界的认知，只剩下对人伦关系的识别与矫正。"是非之心不待虑而知，不待学而能，是所谓之良知，是乃天命之性，吾心之本体，自然灵照明觉者也。"③作为王阳明心学的核心概念，"良知"一词仅仅包括抽象的道德本体与人之常情，而没有任何"知识"的含义。事实上，王阳明是以牺牲"见闻之知"为方略，将道德认知的源头全部纳入社会存在中人与人的关系方面。作为道德实践的"致良知"，就是人把良知推行到"意念"所指的事事物物的过程，"行之明觉精察处便是知"，"知之真切笃实处，便是行"。④

明末清初，中原人"亡天下"的残酷现实促使士大夫群体重构儒学的知行体系，将道德伦理的源头从纯粹的人和人之间的社会关系，回转至人与自然之物的关系，试图假借近代自然科学技术的知识实现"穷理"的目的。

显然，心学通过悬置"见闻之知"回避了处理人与人和人与物双重关系的难题，除了道德实践之外，概不涉及其他社会实践，尤其是劳动

---

① 《朱子全书·朱子语类》卷十四（第十四册），上海古籍出版社、合肥：安徽教育出版社，2002年版，第457页。
② 《王阳明全集·传习录》（第一册），北京：中国文史出版社，2014年版，第9-10页。
③ 《王阳明全集·大学问》（第一册），北京：中国文史出版社，2014年版，第175-176页。
④ 《王阳明全集·大学问》（第一册），北京：中国文史出版社，2014年版，第50页。

生产实践。马克思主义与中国哲学之所以能够最终汇通，除了对社会存在的客观性的认识之外，更有对自然物质与社会存在关系的共识。明清的实学传统从实际、实用的角度出发，注重通过改造物质世界提升道德修养，继承了张载用"阴阳之气"的变化规律解释人与万物本性生成的思路。实学重镇湖湘学派的代表人物王夫之提出了"天下惟器"的思想，认为道德之理源于物质世界的运动规律。"君子之道，尽乎器而已矣"，"道"和"理"不是神秘的形而上者，而是寓形而下之"气"与"器"之中。"理本非一成可执之物，不可得而见；气之条绪节文，乃理之可见者也。故其始之有理，即于气上见理，迨已得理，则自然成势，又只在势之必然处见理。"[①] 若要发现天理之中的仁德，必须从具体的客观事物当中发掘其运动规律，才能把握仁德的实质。

对"见闻之知"的重视，体现了实学思想试图通过提升改造自然世界达到其伦理理想与政治理想的基本思路，儒学传统的"行"的内涵，包括"知行"关系的含义亦发生了巨大的转变。王夫之指出，"知行相资以为用"，这里的"行"具有鲜明的改造客观世界的特征，因为它的落脚点在于用一个"用"字非常恰当且生动地表现了"行"的目的，既指向了人，也指向了自然之物，它包括"治器""作器""述器"等，成为清代近300年湘学的突出立意。例如，毛泽东的老师杨昌济曾这样评价湘学大师曾国藩："曾文正谓经济之学，当以能树人能立法为主。余谓改良社会之物质生活，能为百年大计者，乃是真人才。"[②] 这里的"改良社会之物质生活"一语，说的不正是"改造客观世界"吗？当然，湘学的"致用"仍在力求实现道德"仁心"，只是"道"之本心必须经由人与物的关系，才能进入人与人的关系转化为道德。

青年毛泽东在读泡尔生《伦理学原理》的批注中写道："学皆起于实践问题""吾人须以实践至善为义务""伦理学之正鹄在实践，非在讲求"。[③] 这些表述都表现了寓道德实践于社会实践之中的学术取向。需要

---

① 《船山全书》（第六册），长沙：岳麓书社，1991年版，第992页。

② 杨昌济：《达化斋日记》，长沙：湖南人民出版社，1981年版，第81页。

③ 《毛泽东早期文稿》，长沙：湖南人民出版社，2008年版，第113、125、126页。

澄清的是，毛泽东在党内号召的"实事求是"精神，早已沉淀为中国共产党的基本工作态度。有不少学者认为，"实事求是"来自汉学的传统，但是考虑到明清湘湖学派源于程朱理学，这种观点就难以立足了。明清时代，各派思潮都讲"实事求是"，清代朴学继承汉学的修古传统，讲求皓首穷经、埋头文牍，有"真实"而无"实际"，更缺"实用"。湘学大师魏源斥之为"锢天下聪明知慧使尽出于无用之一途"①。梁启超也总结道："要之清学以提倡一'实'字而盛，以不能贯彻一'实'字而衰。"② 实学的实事求意在于通过把握现实经验寻求真理，主张实际、实用、实践，这一点刚好契合了马克思主义的基本立场，也是近代各种实学思潮中影响较大的一支，毛泽东本人更是直接受惠于此。

通过心学与实学两大学术传统的积累，马克思主义与中国传统的实践论具有了初步的结合点。而中国传统思想中修身、德治等道德实践传统的基本目标，则在具体的革命实践中转化为党性修养的要求，可谓是对传统"知行之辩"的一次重要的学理升华。

三、格物穷理的现代维度

当道德意识形态重构时，穷理需求空前高涨，它便主要指向理论知识；而一旦道德目标明确，展开经世时，就主要是引进实用技术。

然而，随着西方科学技术成为经世致用的主要内容，传统的格致之学与即物穷理的意图渐行渐远。理学"格物穷理"的思路是基于每一个人的常识性思维，而艰深复杂的近代科学技术不但缺乏普及面，即使普及开来，因其高于日常见闻的特征也难以成为通达某种日常人伦道德的基础。科学与道义的分途带来的直接结果是儒学伦理成为无根之木，两千年形成的思想体系，因其经世致用的内容和意图的转变，而变得大厦将倾。不过，从梁启超在《良知（俗识）与学识之调和》一文中努力体现的文化倾向可知，理学奠定的伦理基础除了常识之外，还有被梁启超称之为"人之常情"的"良知"。常识虽然不再，但"常情"仍在，梁

---

① 《魏源集》（上册），北京：中华书局，1976 年版，第 358 页。
② 梁启超：《清代学术概论》，上海古籍出版社，1998 年版，第 70 页。

启超正是借"良知"的旗帜，普及西方自然权利的思想。那么，一旦良知与现代科学形成了结合面，儒家开创的格物致知与道德本心互相融合的道德伦理范式，就可以借助科学的母体破茧重出，进化为一种融合了西方的科学精神与中国传统伦理诉求的全新道德系统。

五四运动前后中国人对西方科学精神的吸收，正如马克思主义的解释一样，是一小部分"先进分子"完成的。新文化运动时期的"常识"只是少数知识精英的共识，这使得萌发于知识精英群体的共产主义思想首先是在少数人组成的党内，酝酿出结合了科学理论与道德常情的"党性"，而非从整体上改变全体中国人的道德观念。党性中的"常情"部分将在日后的革命年代成为共产党团结群众、吸引群众、教育群众和领导群众的精神势能，其"科学"的基础则保证了这种道德具有超越群众的先进性和超越历史现阶段的超前性。

四、党性修养的生成

受传统与革命实践的双重影响，中国共产党的党性修养自然也需要处理党性要求与党性实践的关系。这里牵扯着一个非常重要的理论问题：党员如何通过党性修养而具备党员应有的道德？

根据历史唯物主义的基本观点，人的意识不具有超越时空限制的抽象性和普遍性。道德、宗教、形而上学和其他意识形态，不过是"与物质前提相联系的物质生活过程的必然升华物"。所以，马克思指出："共产主义者根本不进行任何道德说教……相反，他们清楚地知道，无论利己主义还是自我牺牲，都是一定条件下个人自我实现的一种必要形式。"① 对共产党人来说，只有通过生产力的发展自发形成与社会变革相适应的伦理需求，而不是通过外在的宣教和灌输形成无产阶级美德。于是，中国共产党人在党性教育的过程中务必处理好一个理论难题：既然共产主义道德是随着历史的发展和变革形成的自我价值认同，那么通过外部组织力量进行的党性"说教"是否违反了历史唯物主义的原理呢？

① 《马克思恩格斯全集》（第3卷），北京：人民出版社，1960年版，第275页。

必须承认，经过革命战争的锤炼，"说教"早已成为党性教育的重要形式，党内的道德教育并不完全符合马克思关于共产主义者在物质实践中产生道德自觉的历史设想。然而，如果以更系统的态度深究党性修养的理论构建，仍不难发现，马克思主义关于无产阶级道德的基本原理在何为党性、何为党性修养的论断方面发挥着基本的作用。

虽然党性是党的无产阶级属性，但这仍是受制于社会历史条件限制的特殊的阶级性，而且只限于党的组织内部，而马克思所谓的无产阶级的道德是在克服了资本对人的异化，在"人的本质回归人本身"的历史条件下产生的普遍的道德品质。前者是后者的先导，后者是前者的完成式。马克思指出，无产阶级政党"了解无产阶级运动的条件、进程和一般结果"①，而普通无产阶级群众仍受拜物教思想的钳制，臣服于资产阶级意识形态。无产阶级政党在领导改造客观世界的运动过程中，会不断根据对运动情况的深入，提出符合自身利益和要求的思想意识，并且将这种意识传播给无产阶级群众，最终消除无产阶级政党和无产阶级群众在思想意识上的差距，形成普遍的无产阶级道德。党性具有鲜明的"道德本体"的色彩，它是无产阶级道德的发端，需要通过一系列的社会实践最终塑成。只不过，党性不是天赋于无产者和共产党员的"良知"，而是历史发展必然基于无产者的心理意识，作为无产阶级先进分子的共产党员基于对历史发展规律的科学认识将先行把握这种意识，然后通过"修养"在实践中将此意识上升为党员道德，进而随着社会变革的完成扩散为整个无产阶级，也是全人类共有的道德品质。可能带有某种"说教"色彩的党性教育只是党通过组织手段传播党性的过程，实际上这是一个通过理论学习掌握科学方法的过程，对党性的把握仍需要每一个党员自觉完成，修养更是改造客观世界的实践过程。因此，党性修养实际上不含有道德说教的意味。

马克思之所以批判道德说教，是因为资产阶级对其自身道德原则进行了宗教式的宣扬，他们试图将本阶级的道德包装为普遍化的道德，掩

---

① 《马克思恩格斯选集》（第 1 卷），北京：人民出版社，1995 年版，第 285 页。

盖社会生产关系中的物质矛盾，延缓社会变革的发生。而党性修养的道德要求的目的不是为了迟滞社会变革，而且是推进社会变革，也只有社会变革，解放和发展生产力才能促成党性修养作为一种道德在全社会确立。当今的中国共产党人并没有把历史条件下的党性道德提升到社会普遍道德的高度，而是审慎地区分了普通人的道德与党员的道德。

中国共产党始终强调社会实践是党性修养的基础。即使写下了著名的"老三篇"，毛泽东本人也并不认为仅凭说教的方式就能成功地改造一名党员。相反，他不止一次地指出，对于思想上极端冥顽不化者，唯一能让其转变观念的方式也是参加劳动，在工人农民中得到学习，他甚至以自己的亲身经历去证明实践对于世界观转变的根本意义。毛泽东在延安文艺座谈会上与知识分子交流时回忆道："我是个学生出生的人……那时，我觉得世界上干净的人只有知识分子，工人农民总是比较脏的"，然而，"革命了，同工人农民和革命军的战士在一起了，我逐渐熟悉他们，他们也逐渐熟悉了我。这时，只是在这时，我才根本地改变了资产阶级学校所教给我的那种资产阶级的和小资产阶级的感情。这时，拿未曾改造的知识分子和工人农民比较，就觉得知识分子不干净了，最干净的还是工人农民……这就叫做感情起了变化，由一个阶级变到另一个阶级。"① 这段自传式的表述再现了一名非无产阶级出生的党员只有经过了实践的洗礼，才能"站到无产阶级的立场上来"。

党性修养是中国共产党人立足于马克思的社会实践理论，充分汲取中国传统道德实践论，注重在具体的人与人的关系中，展开修身与德治的思想精髓，借助于道德本心与道德实践的关系，为马克思从承认无产阶级政党与无产阶级群众的意识差别入手，通过顺应历史发展规律改造客观世界最终形成普遍化的无产阶级道德的设想，提出了更加切实可行的方案。随着生产力的发展，无产阶级必将成为普遍的阶级，所有人的道德意识会逐渐趋近"党性"——这一由历史呈现的道德本体。中国传统思想中的"仁德"是天赋的必然，"党性"则是历史的必然。中国共

———————

① 《毛泽东选集》（第三卷），北京：人民出版社，1991 年版，第 851 页。

产党是将这一道德本体从历史中抽离出来，作为对党员的原则性要求，但是党员能不能真正拥有党性，需要依靠基于社会实践的修养去实现。"从实践中来，到实践中去"既是理论修养的法则，也是党性修养的要诀。毛泽东指出："无产阶级革命事业的接班人是在群众斗争中产生并在革命的大风大浪中受到锻炼的。"党性修养所内含的道德实践，最终也只是党员在社会实践中不断锤炼和提升的内在过程。中国的道德哲学史上，这一认识也构成了从宋代理学到阳明心学、从阳明心学到清代实学关于知行关系的又一个发展阶段。

第五节 认知—行动结构的自我完善

党的十九大报告提出，中国共产党是一个善于"自我净化、自我完善、自我革新、自我提高"的政党。习近平总书记指出："中国共产党能够带领人民进行伟大的社会革命，也能够进行伟大的自我革命。"从党的自我革命角度理解党内政治文化的运动机制，可以清晰地看到认知中的价值、道德、规范与行动的统一关系。

那么，如何理解中国共产党的自我革命的文化意义呢？自我革命在最简单的意义上都表现了中国共产党在执政过程中具有化解外部冲击的柔韧性和适应力，然而并非所有的政党和执政者都具备这样的柔韧性和适应力。事实上，做到这一点也是非常困难的，它既要对现实做出变化和妥协，还要始终保持核心价值、宗旨的牢固不变，因此有的西方学者从实用主义的立场解释党的自我革命和实事求是的精神，完全忽略了主导这一历程的文化意义。党的自我革命有赖于如下的策略：第一是包罗万象的开放态度，认为党员的党性修养和理想信念必须源源不断地从实践当中予以巩固，这就是所谓的"学习"。第二，根据理想信念和全心全意为人民服务的宗旨进行适度调整，但每次调整都必须进一步巩固党的价值立场。第三，在党不变色的前提下尽可能吸收对自己一切有利的因素。其实这三点务必体现了知行合一的深层次的文化属性。它们是马克思主义与中国革命、社会主义建设、改革开放的实践相结合之后的历史沉积，如今已转化为中国共产党最自然的心理取向、思维惯性与行动逻辑，正合乎文化的规范之维。

一、学习的实践逻辑

党的十九大报告要求提高党的执政能力和领导水平，首先就是学习的能力。学习既是经验层面的学习，更是思想认识、理想信念的提升，它意味着中国共产党可以在保持马克思主义政党制度架构不变的前提下，能够通过转换党内规范与权力运作机制，最终改变行为导向。这种独特的"学习"能力起源于复杂的革命战争年代，是马克思主义中国化的成果在现实工作中的运用和体现。

在中国共产党的意识形态架构中，"学习"是马克思主义哲学认识论原理在现实工作中的具体化途径，并以此全面塑造了今天党的价值原则、行为规范与组织框架。要理解改革开放的成果，把握党的基本执政理念，首先就要领会"学习"的实践意义。毛泽东在1941年延安干部会议上所作的《改造我们的学习》的报告，严肃批评了党内不重视历史，也不重视马克思主义理论的应用以及理论联系实际的坏学风，指出这种坏学风只是在"抽象地无目的地去研究马克思列宁主义的理论。不是为了要解决中国革命的理论问题、策略问题而到马克思、恩格斯、列宁、斯大林那里找立场，找观点，找方法，而是为了单纯地学理论而去学理论"①。毛泽东的批评在当时可称得上一场"学习理念的革命"。事实上，自1840年以来，中国的仁人志士们一直都在向西方学习。他们向西方学器物、学技术、学科学、学制度、学思想，然而学来的东西却常常在中国的实践中碰壁，因为他们从一开始就把自己所学的内容当成天然不变的真理，未曾想过实践是检验真理的唯一标准，没有深究"橘生淮南则为橘，生于淮北则为枳"的道理。如果说，20世纪中国知识阶层在向西方学习的历程中催生了"全盘西化"的思潮，那么在中国共产

① 《毛泽东选集》（第三卷），北京：人民出版社，1991年版，第799页。

党建党之初所交付的学费恰恰是"全盘俄化"。当中国的社会环境不能为"全盘俄化"提供实践条件的前提下，"唯经典是从"的教条主义或曰本本主义自然就会大行其道。毛泽东说："许多同志的学习马克思列宁主义似乎并不是为了革命实践的需要，而是为了单纯的学习。所以虽然读了，但是消化不了。只会片面地引用马克思、恩格斯、列宁、斯大林的个别词句，而不会运用他们的立场、观点和方法，来具体地研究中国的现状和中国的历史，具体地分析中国革命问题和解决中国革命问题。"① 什么是马克思主义的立场、观点和方法呢？那就是要从实践中获取真理性的认识。马克思指出："从前的一切唯物主义（包括费尔巴哈的唯物主义）的主要缺点是：对事物、现实、感性，只是从客体的或者直观的形式去理解，而不是把它们当作感性的人的活动，当作实践去理解，不是从主体方面去理解。"② 毛泽东对待"学习改造"的态度，恰恰秉承了马克思主义辩证唯物主义认识论的立场。

因此，中国共产党人的"学习"，实际上就是将马克思主义哲学认识论贯彻于具体工作中并加以应用的必要前提和手段。毛泽东认为，"认识"并非是对日常经验的不自觉接收，而是"有的放矢"，即本着某项长远的目标，有目的、有计划、有策略、见实效的学习。换言之，"认识"即是认识主体自觉、主动地接受新事物等一切认识客体的思想过程与行动过程。毛泽东特别强调党员要学习历史，要做调查研究，意在让全党挣脱书本条框的束缚，去发现问题、认识问题、解决问题。学习的基本态度即实事求是，从实际中来到实际中去。

毛泽东把认识过程分为三个阶段：感性认识、理性认识和实践。感性认识由观察者和观察对象直接发生作用后生成，具体工作中的调查研究就是感性认识的生成过程。毛泽东青年时代曾指出："走马观花，虽日日观，犹无观也。"③ 他在1958年发表的《工作方法六十条》中，专门强调了"下马观花"的重要性，要求党的干部深入基层观察情况，和

① 《毛泽东选集》（第三卷），北京：人民出版社，1991年版，第797页。
② 《马克思恩格斯全集》（第三卷），北京：人民出版社，1960年版，第6页。
③ 《毛泽东早期文稿》，长沙：湖南人民出版社，1990年版，第73页。

人民群众交谈，了解人民群众的所思所想，积累经验和概念。① 这一阶段是感性认识的生成阶段，其中存在着大量的矛盾，需要进入下一阶段，通过理性认识解释矛盾。在工作过程中，理性认识依赖党员干部对群众意见的汇总和思考，从中找到合适的解决方案，从而对党员干部的理论素养和知识积累提出了高标准的要求。比如，毛泽东早在1929年的古田会议上，就强调要教育党员用马克思列宁主义的方法去作政治形势的分析和阶级势力的估量②；中华人民共和国成立之后，面对复杂的社会主义建设问题，毛泽东多次要求全党学习包括《联共党史》《苏联社会主义经济问题》《马克思恩格斯论共产主义社会》《政治经济学教科书》等经典著作；他还力求实现党员的政治立场与专业技能两方面学习的平衡，主张把干部培养为工作的多面手。此外，毛泽东特别重视对历史的学习，他说："今天的中国是历史的中国的一个发展；我们是马克思主义的历史主义者，我们不应当割断历史。从孔夫子到孙中山，我们应当给以总结，继承这一珍贵的遗产。这对于指导当前的伟大的运动，是有重要帮助的。"③

实践是学习的关键环节，也即最重要的学习阶段。马克思说过："人的思维是否具有客观的真理性，这不是一个理论的问题，而是一个实践的问题。人应该在实践中证明自己思维的真理性，即自己思维的现实性和力量，亦即自己思维的此岸性。"④ 毛泽东据此指出："只有在社会实践过程中（物质生产过程中，阶级斗争过程中，科学实验过程中），人们达到了思想中所预想的结果时，人们的认识才被证实了。人们要想得到工作的胜利即得到预想的结果，一定要使自己的思想合于客观外界的规律性，如果不合，就会在实践中失败。"⑤ 依据这种论述，学习同时包含两大部分：第一是思想理论的学习，第二是实践学习。学习马克思

① 《建国以来毛泽东文稿》（第七册），北京：中央文献出版社，1992年版，第56—57页。
② 《毛泽东选集》（第一卷），北京：人民出版社，1991年版，第92页。
③ 《毛泽东选集》（第二卷），北京：人民出版社，1991年版，第534页。
④ 《马克思恩格斯全集》（第3卷），北京：人民出版社，1960年版，第7页。
⑤ 《毛泽东选集》（第一卷），北京：人民出版社，1991年版，第284页。

主义经典理论、学习专业知识、学习中外历史都属于思想理论学习的范畴，而调查研究、理论联系实际以及在实践中总结、反思等皆属于实践学习的范畴。毛泽东说"在战争中学习战争，在游泳中学习游泳"，邓小平赞成陈云的"摸着石头过河"的提法，这些都是对实践学习的一种形象化表述。

中国共产党提倡的马克思主义中国化，即马克思主义基本原理与中国具体实际相结合的态度，就是马克思主义认识论的基本学习态度。毛泽东在1930年《反对本本主义》一文中指出："马克思主义的'本本'是要学习的，但是必须同我国的实际情况相结合。我们需要'本本'，但是一定要纠正脱离实际情况的本本主义。"① 改革开放之后，邓小平主张"从实践中学，从书本上学，从自己和人家的经验教训中学。要克服保守主义和本本主义"②；"实事求是是马克思主义的精髓。要提倡这个，不要提倡本本。我们改革开放的成功，不是靠本本，而是靠实践，靠实事求是"③。江泽民在中国共产党第十五次全国代表大会（后简称"十五大"）报告中强调，要在全党造成认真学习的风气，"坚持理论联系实际，学以致用，提高马克思主义的理论水平，提高解决实际问题的能力，在改造客观世界的同时改造主观世界"④。正是确立了如此全面的、实事求是的学习观，中国共产党每逢重大历史关头，都能认真总结历史经验教训，虚心研究和借鉴他人所长，并且在实践中加以试错和提炼，形成新的政策与方针。对此，胡锦涛在2007年6月25日中央党校总结说："我们党历来重视学习，特别是在每一个重大历史转折期总是号召全党同志加强学习，而每次这样的学习热潮都会推动我们的事业实现大进步和大发展。"⑤ 习近平总书记在中央党校建校80周年庆祝大会暨2013年春季学期开学典礼上发表的重要讲话中指出："领导干部应该把

① 《毛泽东选集》（第一卷），北京：人民出版社，1991年版，第111-112页。
② 《邓小平文选》（第二卷），北京：人民出版社，1994年版，第153页。
③ 《邓小平文选》（第三卷），北京：人民出版社，1993年版，第382页。
④ 《十五大以来重要文献选编》（上册），北京：人民出版社，2000年版，第46页。
⑤ 胡锦涛：《努力开创新形势下党的建设的新局面》，《求是》2010年第1期

学习作为一种追求、一种爱好、一种健康的生活方式。"正是这种理论联系实际的学习，培养了当代中国共产党非教条化的优良学风，于是也才有了今天更为科学、系统的学习型政党建设。

早在延安时代，中国共产党就大力推行学习的制度化与组织化建设，建立了学习小组制度，教育顾问、巡回、指导员制度、检查考核制度。2016 年出台的《关于新形势下党内政治生活的若干准则》围绕着坚定理想信念，对如何提高党内的学习质量做了更为明确的制度安排，对中国共产党的历史经验进行科学化、条理化、规范化的提炼。中国共产党除了利用党内的组织机构对党员干部进行政策培训与专业培训之外，还更加注重发挥国内大学、海外大学与行业部门的优势，对干部进行知识技能与文化素质方面的培训，中央党校近年来还结合当下工作实际，加大了关于经济、政治、法律和历史等基础知识的教学力度。巩固与创新多层次、多维度的学习制度，可以保证党能够及时调整自身立定的方针、政策和路线，广泛吸纳社会各种积极因素，提高党的执政能力，巩固党的执政地位。

二、尊崇否定之否定规律的发展逻辑

中国共产党人历来认为通过学习获得的知识和理论需要经受实践的检验，而调整与吸纳都是这种实践检验的具体形式。对于一个执政党而言，调整不难，难的是经过了历史上的重大调整之后，它仍能继续坚持长期以来的宗旨，保持其基本性质不变。中国共产党的调整没有背离马克思主义的基本宗旨，反而巩固和发展了党的价值阵地。相反，苏联经过戈尔巴乔夫的"改革"后，却在根本性问题上出现了颠覆性错误、培养了一股颠覆型力量，最终葬送了自身。究其原因，中国共产党所做出的一切调整，其行动逻辑都潜含着"否定之否定"的辩证理性，辩证的否定观不是让被否定方彻底失去它的合理性，而是将对方的合理性融入本体之后形成的螺旋式发展路线。根据马克思主义的辩证发展观，政党能够在发展过程中借用不同的社会力量实现自我更新。

不过，相对于否定之否定规律，毛泽东更重视对立统一规律。列宁指出，"可以把辩证法简要地规定为关于对立面的统一的学说"①，受其影响，毛泽东也只是透过对立统一规律看待旧事物的灭亡与新事物的生成。这实际上降低了否定之否定规律在辩证法思想体系中的位置。所以，从新民主主义革命到中华人民共和国成立初期所谓的"调整"大多是根据理论上对立阶级之间的矛盾，即社会主要矛盾的变化而做出的决策。以土地政策为例，从土地革命时期没收地主土地分给农民，到抗日战争时期采取地主减租减息、农民交租交息的土地政策，再到解放战争时期实行"耕者有其田"和彻底消灭封建剥削制度等等，这一系列调整都依据中国社会不同历史时期社会主要矛盾的变化而变化。然而，如果总是从"主要矛盾"出发实行调整，一旦对矛盾的认识出现了与实际不符的偏差，就会遭遇到不可避免的挫折。如 1956 年，中国共产党第八次全国代表大会（后简称"八大"）明确宣布：生产资料私有制的社会主义改造完成之后，"国内的主要矛盾不再是工人阶级和资产阶级的矛盾，而是人民对于建立先进工业国的要求同落后的农业国的现实之间的矛盾，是人民对于经济文化迅速发展的需要同当前经济文化不能满足人民需要的状况之间的矛盾"②。这无疑是符合实际的。但随着反右派斗争的扩大化，1957 年 10 月，毛泽东在中国共产党第八届中央委员会第三次全体会议上提出无产阶级和资产阶级的矛盾、社会主义道路和资本主义道路之间的矛盾仍然是当前中国社会的主要矛盾，从而对中国社会阶级和阶级斗争的判断出现了偏差，结果使党的事业遭遇到重大挫折。

由此可见，仅仅将辩证法归为"对立统一"，从而把"调整"局限于只对当下主要矛盾的处理，难以构建总体性的、多维的、复杂的、各种矛盾互动的调整视野。其实，毛泽东本人曾经系统地论述过，中国共产党的政治诉求是由一个基本的总体性目标与每一阶段具有特殊性质的目标相互组成："大地主大资产阶级的政策变了，而我们的政策不变。大地主大资产阶级打击革命了，我们的政策也还是不变。这就犯了右的

---

① 《列宁选集》（第二卷），北京：人民出版社，1995 年版，第 412 页。
② 《建国以来重要文献选编》（第九册），北京：中央文献出版社，2011 年版，第 293 页。

错误。""'九一八'到遵义会议，当一个民族敌人打进来，民族资产阶级、上层小资产阶级已经变化了的时候，我们的政策没有跟着变，还是过去的一套，这就发生了'左'的东西。"① 这段话说明，党的工作一直有一个大方向，"左"和右都是对大方向的偏离。如果是为了实现总体目标，主动偏离大方向暂时绕行至总目标，那就是正确的"调整"了。调整既受迫于外在环境的变化，也要坚守总体目标的不变。它既是被动的，又是主动的。党的十五大报告指出，邓小平理论"是在和平与发展成为时代主题的历史条件下，在我国改革开放和现代化建设的实践中，在总结我国社会主义胜利和挫折的历史经验并借鉴其他社会主义国家兴衰成败历史经验的基础上，逐步形成和发展起来的"②。这显然是说，邓小平理论是在既汲取了中国社会主义建设过程中的错误，又借鉴了苏联解体的教训中调整、发展出来的理论。

尊崇否定之否定规律让党的政策、路线和方略可以及时调整，必要时还会推动更大规模的变革，构成了自我革新的能力。自我革新的最大障碍在于如何正确对待党的历史传统。例如，改革开放前"两个凡是"的主张，与延安整风前教条主义和本本主义的风气一样，它们都释放了一个强烈的声音，那就是害怕调整会让党失去原来的性质。鉴于执政目的的包容性和多元性，邓小平代表的第二代领导集体，必须对一些全新的调整做出新的正当性解释。首先应该回答什么是社会主义，再回答如何建设社会主义，从而论证既要坚持社会主义，又要发展社会主义。这一论证过程相对于毛泽东立足于矛盾分析的框架而言，显然更为繁复。但是在客观上它却体现了更为浓厚的否定之否定的辩证色彩。

否定之否定规律阐明了事物发展的道路和总体方向，螺旋式的上升，意味着事物为了向上发展必须先向下绕行，表面上的相反路径，实际上是一条避免回归原点却执着地绕向未来的必由之路。1980 年，邓小平为了证明商品经济的合理性，在《关于农村政策问题》一文中指出：

---

① 《毛泽东文集》（第二卷），北京：人民出版社，1993 年版，第 401 页。
② 《十五大以来重要文献选编》（上册），北京：人民出版社，2000 年版，第 12 页。

"只要生产发展了，农村的社会分工和商品经济发展了，低水平的集体化就会发展到高水平的集体化，集体经济不巩固的也会巩固起来。"① 商品经济原是被许多社会主义国家消灭的经济形态，但是在这里邓小平却把它作为巩固社会主义的手段看待。更为经典的案例即邓小平关于共同富裕目标的论述。为了能实现社会主义的共同富裕，必须让少数人先富起来，先富带动后富。先富起来之后形成的贫富差异看似违反了社会主义的要求，实际上却是社会主义实现的前提条件。

因此，党的"自我革新"并非头痛医头、脚痛医脚的"变通"，而是以大方向为准绳，有规划的、有系统的变化。中国共产党之所以能立于不败之地，中国特色社会主义事业之所以高歌猛进，这与中华人民共和国成立后的历次重大调整密切相关。1956 年党的八大是一次调整。20 世纪 60 年代，针对 1958 年以来一些偏左的做法和长达三年的严重经济困难，党中央提出了"调整、巩固、充实、提高"的八字方针，取得了明显的成效。1975 年，为了走出"文化大革命"时期的错误泥沼，第一次恢复工作的邓小平采取了"整顿"措施，即针对党的基本工作方针的重大调整。改革开放更是党的历次调整当中，力度最大、影响最为深远的一次。正是由于这样一次又一次的调整，才使中国共产党成为永葆青春活力的执政党。

"调整"意味着在做出改变的同时，也要尊重过去和传统。邓小平很早就意识到，"我们实行改革开放，这是怎样搞社会主义的问题。作为制度来说，没有社会主义这个前提，改革开放就会走向资本主义"②。2013 年 1 月 5 日，习近平总书记在新进中央委员、候补中央委员学习贯彻党的十八大精神研讨班上发表的重要讲话中明确提出："不能用改革开放后的历史时期否定改革开放前的历史时期，也不能用改革开放前的历史时期否定改革开放后的历史时期。"中国共产党的"调整"既是创新又是继承，它秉承了马克思主义的宗旨，调整之后的中国共产党非但

---

① 《邓小平文选》（第二卷），北京：人民出版社，1994 年版，第 315 页。
② 《邓小平年谱（1975—1997）》（下册），北京：中央文献出版社，2004 年版，第 1317 页。

不会变质，反而更加巩固了马克思主义作为主流意识形态的指导地位。

三、立足于本我的开放逻辑

中国共产党的政治文化是一个兼容并蓄的开放式的机体，但是在开放当中马克思主义的基本原理始终牢牢占据着统领全局的地位。中国共产党领导的社会革命和自我革命离不开开放的姿态，在开放中有所吸纳、有所借鉴。对于人有我无、人长我短的东西，一是吸纳，二是借鉴，但"吸纳"与"借鉴"不同。借鉴在于将别人之所长为我所用，尚且停留在"用"的层次。借鉴的东西是借来的，以它为鉴，实际上仍是人家的，没有内化为自己机体的一部分。"吸纳"则要求把远不属于我的因素变成"我"的一部分，并且将其正当化、合法化。吸纳的过程始终要求立足自我，充满自信，即不改变自我的基本属性。

吸纳是需要极强勇气的，即使就组织上的吸纳来说，它也需要高超的政治技巧和理论素养的支撑，显现出知行统一的文化底色。在革命战争年代，毛泽东基于中国的实际国情创造性地将农民纳入了共产党内，同时他又将农民视为小资产阶级的组成部分，但是这并不意味着党的阶级基础发生了变化。无产阶级始终居于党的核心地位，他可以根据不同阶级的态度和利害关系，吸纳其他阶级建立革命阵线。农民是无产阶级"坚固"的同盟军，城市小资产阶级是"可靠"的同盟军，民族资产阶级在"一定时期中，一定程度上"能够参加反帝反封建的斗争，而大资产阶级是反对无产阶级政党的，他们准备投靠到敌人的阵营中去。

因受制于生产关系的局限，阶级之间的壁垒始终是存在的。但是作为一个高度组织化的政党，革命斗争的实践却可以将原本不属于无产阶级的人改造为拥有无产阶级立场的人，党的肌体就能够通过这种类型的吸纳而得到增强与壮大。备受西方学者关注的"三个代表"重要思想，正是遵循着这一原则往前迈出了一大步。凡是支持和拥护改革开放伟大事业的社会阶层都可以吸收到党内来，这样的逻辑不但巩固了党的执政基础，而且让"吸纳"褪去革命年代策略性、工具性的色彩，转而直接服务于党的长期建设；并且以一种开放的姿态，适应日趋增长的发展需求与执政需求。中国共产党通过吸纳社会新兴阶层的方式强壮其组织机体，以开放的姿态缓解社会矛盾，排除排他性、冲突性的政治逻辑，可以促进社会各阶层、各利益集团在党的领导下实现利益的协调与整合。实践证明，这一开放的政治理念目前已经为执政党在矛盾多发期推进社会建设提供了有益的平台和抓手，有助于增强党的执政地位和社会治理。例如，自从允许民营企业家入党以来，民企党建如雨后春笋般兴起，这意味着民营企业必须肩负更多的社会责任，从而在一定程度上为党化解转型期的社会矛盾提供了缓冲与中介，同时也能在一定时期内补充政府在社会政策方面的欠缺。

辩证主义的基本原理，为党的吸纳提供了方法论和认识论上的有力指导。例如，党的十九大报告要求发挥社会主义协商民主的重要作用，这体现了党的人民性的实践智慧，弥合了党和群众之间在政治参与上的鸿沟，同时又凸显了党的领导地位，无疑是将毛泽东当年提倡的群众路线置放在党执政条件下的一种运用和发展。

群众路线原本是革命战争年代形成的动员方式，现实条件下则将其发展为更科学、民主的执政方式。目前中央出台的重大决策，一般先由高层领导牵头组建决策核心，往往是协调小组和领导小组。核心决策圈要面向全社会多轮征求意见，普通民众、企业家、政府官员、专家学者都会根据各自角色有序参与其中，在充分、认真吸纳来自基层群众意见的基础上实行顶层设计，然后再贯彻到基层和群众中去，以便落实顶层设计方案并接受实践检验，进一步吸纳群众意见，最终完善顶层设计方案。这个程序决不能像个别单位流于形式主义，而贯穿其间的完全是一条真正的"从群众来到群众去""从实践中来到实践中去"的辩证唯物主义的认识路线。党的十九大指出，社会主义协商民主是中国社会主义民主政治的特有形式和独特优势，其灵魂就是要充分、广泛吸纳社会各阶层、各党派、各团体、各行业的各种意见，把它们吸收和融进党和国家的决策进程和决策内容之中，这种"协商民主"体现了真正的民主精神，同时也符合中国老百姓根据自身的身份定位选择在公共事务中的准确角色的心理传统。如果不理解中国文化的辩证法传统，不理解中国人对待社会精英和社会流动的传统态度，仅凭西方形式主义民主传统提供的政治理论将难以理解这一制度的生命力。

中国共产党擅长在阶级队伍、组织力量、管理机制和良言善举上广泛地吸收，以扩充自己的队伍强健自己的肌体壮大自己的力量，积累全社会的良策妙计，取决于从精神层面、思想层面上不断吸收、充实自身的传统。中国文化从来不主张二元对立、非此即彼的逻辑，而是主张在矛盾中求得平衡、互补以至统一的辩证思维结构。例如，毛泽东思想不仅是马克思主义基本原理与中国具体实际相结合的产物，也是马克思主义基本原理与中国传统文化相结合的产物，他所强调的"实事求是""有的放矢""相成相辅""一分为二"等命题，都可以在《易经》《老子》《孙子兵法》和宋明理学中的阴阳辩证法以及明清实学思想中找到相应的思想资源。除了向中国传统文化学习之外，毛泽东也毫不避讳向西方学习，他在批判"全盘西化论"时指出，不要害怕学习西方，只要本着立足于"我"，就用不着担心被西化。这就是他的"古今中外法"。

中国共产党党内政治文化在实践中有力地促进党的不断自我革命，这得益于对马克思主义立场、观点与方法的熟练运用，得益于对中国传统智慧和优秀文化的有效继承。在有些西方学者看来，马克思主义过去是制定政策的前提，现在只能是为政策做事后的论证与辩护。然而他们没有看到，正是马克思主义的世界观和方法论提供的强力支持，使得中国共产党在学习、调整与吸纳的过程中不断地自我净化、自我完善、自我革新、自我提高。中国的传统智慧已成为当今中国最宝贵的软实力，它造就了面向全社会开放的执政理念和坚实的民意基础，这种实质上的民主精神和民主价值，是西方形式主义民主所无法理解和不可比拟的。而今，只要坚持政治开放的基本目标不变，完善、创新和汇集社会正能量的工作方法不中止，通过不断地、广泛地、富有成效地学习、调整和吸纳，中国共产党就能够向全世界展现出社会主义政治文明的本色，让中国特色社会主义的精髓为其他国家的发展提供有益的借鉴。

第四章　政治文化建设与坚持党的领导

中国共产党是最高政治领导力量，发展积极健康的党内政治文化的核心是坚持和加强党的全面领导。中国特色社会主义的本质特征是中国共产党的领导，中国特色社会主义制度的最大优势是中国共产党领导。党的十九大提出了"坚持和加强党的全面领导"这一重大历史命题，这就要求党的领导是一个全面、整体、系统的动态过程，其中的各项环节紧密衔接、彼此扣合，任何一个环节弱化都会削弱党的领导力。作为政党组织最重要的行为方式，党的领导包含着一系列文化要素，是党内政治文化的外向展现的形态。在操作层面而言，坚持和加强党的领导，其首要工作是改革和完善党的领导的体制机制，但这只是全局性工作中的一个要件。体制机制的改良和提升要以广大党员改造世界的积极性、主动性、创造性的标准来衡量，突出体现在长期执政条件下提高党的执政能力和领导水平，其中自然包括驾驭国家公共权力的能力，以及领导国家政权和广大社会、群众的能力，这就不仅仅是制度问题，理应包括理想信念、意志品质、精神气质、价值导向、伦理行为等文化内容。

因此，充分认识什么是党对一切工作的领导，为什么党是最高的政治领导力量，如何坚持和加强党的领导，如何加强和完善党的领导的体制机制，如何牢牢把握党对意识形态工作的领导权等一系列问题，除了把握中国政治生活的基本行动逻辑、历史逻辑之外，关键在于蕴含其中的文化逻辑，正如坚持中国特色社会主义道路自信、理论自信、制度自信，离不开更深沉、更持久的文化自信一样。目前党的领导的体制机制和行动方案，是历史的沉淀，蕴含着丰富的智慧以及共产党人对历史发展、时代特征的认知，把握党的领导的内涵和历史方向需要悬置先入为主的思维定式，进入中国政治广阔的自身语境之中寻求内在的意义结构，深入中国共产党人广泛、共享的认知和情感状况当中予以理解，因此需要将政治文化的视角予以观察和阐释。

第一节　党的领导的文化阐释

一、党的全面领导的文化意义

（一）党的领导包括了丰富的文化形态

党对国家治理的领导本身就是复杂的文化活动。党的领导的直接目标是实现国家治理体系和治理能力的现代化。习近平总书记指出："推进国家治理体系和治理能力现代化，要大力培育和弘扬社会主义核心价值体系和核心价值观，加快建构充分反映中国特色、民族特性、时代特性的价值体系。"① 而中国的国家治理现代化进程是在中国共产党领导下实现的，这就意味着党的领导包括了社会主义核心价值体系和核心价值观的塑造过程，它决定了国家治理现代化的判断标准，因此是一种文化行为。中国特色社会主义核心价值观是当前正在日益丰满、成熟的中国特色社会主义文化的灵魂，它与党内政治文化的关系是主体和内核的关系。中国传统伦理社会的文化布局是由最亲密的人伦之理外推之后形成的，既体现了传统差序格局，又足以彰显人同此心、心同此理统一性的复杂的认知—行动结构。随着近代以来中国共产党对中国社会的重塑，党的组织成为中国社会构建轴心，党内奉行的伦理标准向全社会扩散与输出，结合群众的生活实际要求发生一定程度上的转变，经年日久沉淀为中国特色社会主义核心价值体系。所以，党对国家治理的领导其实是党内政治文化借助于制度设计和治理活动，将内在的价值、伦理、规范向全社会外推的过程，党内政治文化建设因而就成为中国特色社会主义

---

① 习近平：《在中国共产党第十八届中央纪律检查委员会第三次全体会议上的讲话》（2014 年 1 月 14 日）。

核心价值体系建设的内源。反之，党员生存在广大的社会空间当中，对社会具体问题的实践性、投入性的思考也是党内政治文化能不断涵化、提升的土壤。看似分属党内外的两种文化实则好比生态系统一样有着循环往复的自我生成逻辑，而其动力的母体在于党对理性信念的坚守，它驱使党员用极大的社会关怀涵养党内政治文化，再依靠国家治理的活动改造全社会的文化认知。

党的领导的方式方法包含着文化的培植与塑造。受马克思主义意识形态理论的影响，葛兰西的文化领导权思想早已为人熟知。无独有偶，中国共产党人即使在不了解葛兰西的年代，也意识到文化活动对于党的领导的主要意义。在革命战争年代，党的中心工作是掌握革命的领导权。"领导权"的基本内容是深入群众中去做好思想工作和组织工作，而思想工作又是判断领导权是否牢固的根本。在十九大党章修订之前，党的领导一直包括了政治领导、思想领导、组织领导三个方面，思想领导本身就是文化活动，而政治领导主要是制定政策的决策过程，当然离不开理论建设、价值塑造和通过各种制度方式赢得群众对政策的认同。在推进国家治理现代化方面，政治领导体现为党把握国家治理体系和治理能力现代化的政治要求和政治方向，通过党组织特有的总揽全局、协调各方的统筹优势，将党的意识渗入国家治理的各个领域，将治理中不同要素融合成为富有系统和能动性的整体，提高广大党员干部的政治自觉，归根结底也是一种文化活动。中国共产党第十二次全国代表大会指出："党不是向群众发号施令的权力组织，也不是行政组织和生产组织。……党的领导主要是思想政治和方针政策的领导，是对干部的选拔、分配、考核和监督，不应当等同于政府和企业的行政工作和生产指挥。"①思想政治和方针政策的领导，首先要求全党上下能够运用群众听得懂、能理解的话语传播党的思想和主张，而文化说到底就是全社会共享的意义体系，党的领导要求强化意义的交流、沟通和分享能力，而不是用各种官话、套话、文件语言将党组织隔绝于群众的日常理解之外。在意义

①《十二大以来重要文献选编》（上），北京：中央文献出版社，2011年版，第43页。

体系完善的前提下，自然会有价值、伦理层面的交流和互通。十九大修订的新党章虽然删去了政治领导、思想领导、组织领导的提法，但是在对党的领导的阐述中，更加着重凸显文化功能。十九大报告所指出的，要提高党的政治领导力、思想引领力、社会组织力、群众号召力，牢牢掌握意识形态工作的领导权等思想，都体现了要在党的领导的活动中提升价值、伦理、感情、道德要素的作用。

党的领导还包括对党员的日常教育、管理、监督，这同样需要发挥党组织的文化功能。党的十八大以来，关于党的领导的理论得到了重大的丰富和发展，其中最突出的贡献在于党的领导除了定政策和选拔干部、人才之外，还加入了党内对党员的教育、管理和监督，实现了党对一切工作的领导和党的自身建设的无缝对接。党员教育、管理、监督严格地说不是一个行政化的过程，作为志同道合者的共同组织，党的自身建设必须从人的思维、活动和情感出发，把握人情冷暖，才能为党的一切工作铸魂。党员的教育无疑属于文化范畴，无论是党的理论教育、社会公德教育还是知识技能教育，最终所要实现的仍是人的文化素质的提升和最终党员的"四个意识"的强化。党员的管理和监督较之以往，所增加者或更为重视的内容集中在党员的思想状况和生活作风，过去常常被人们理解为完全属于私人领域的家风、家教、生活情趣问题，随着《中国共产党廉洁自律准则》和《中国共产党纪律处分条例》两项法规的出台，也被纳入管党治党的重要范畴，成为党的纪律检查部门监督执纪"四种形态"第一种的重要内容。生活作风的优化、生活情趣的培养、家风家教的提升无疑全部同属于文化的范畴，它表现的是一个人对待生活的精神态度，是饱含着世界观、价值观、人生观的日常行为，尤其是家风家教更体现了中国人古已有之的伦常。更重要的是，注重对党员生活中的人伦、作风要素的监督和管理，还关系着基层党组织凝聚、服务群众的得失成败。弘扬中华民族传统美德，培养良好的家风和社会风气，如今已成为基层党组织工作的重要内容，甚至是迫切的任务。因此，对党员的教育、管理、监督作为党的领导新增加的重要属性和内容，与传统意义上党对基层社会的领导之间没有明显的界线和缝隙，二者是高度融合的。但是，注重党内的教育、管理、监督所凸显的恰恰是党的领导长期所有却又不曾被突出强调的文化功能。

（二）以治人而治事：党内政治文化具有领导功能

早在中共十八届三中全会第二次全体会议上，习近平总书记就指出，"国家治理体系是在党领导下管理国家的制度体系"，党的领导是中国国家治理的前提与核心，它自然包括把方向、管大局、保落实、定政策等一系列宏观层面上的要求，有时党的领导和执政在行为上也具有同一性。中国共产党是一个居于领导地位的执政党，党对国家政权的驾驭、掌握和运行不同于一般意义上的"执政"，仅凭"执政党"的话语体系已经难以解释党在国家政权与社会空间全覆盖式的组织行动。中国共产党不但要运用国家政权贯彻自身的组织意图和定下的决策，还要时刻保持国家政权在政治站位和权力运作的自觉性上与党的要求保持一致，也就是确保国家政权的政治属性。此外，党还要保证在国家政权机关内部工作的广大党员不能被部门的利益要求所裹挟，不能只贪图工作的顺利开展和行政效率的提升，而忽略党的基本宗旨、价值原则和理想信念，更是要防止行政权在运行过程中变通了党的要求。所以，党对国家政权不仅有执政还有领导，与执政相比，领导更多地体现了政治属性中理想信念、宗旨、价值、伦理等方面的文化意义和文化功能。而执政更大程度上是一个法律概念，其行为主体是代表党进入国家政权中的干部，要依赖严格的法治程序运行其权力，甚至要用法律理性淡化干部的个人的人格特征，其法治原则是"法无授权不可为"。相比之下，领导则着重于人的主观意志的调动和运用，其基本法治原则是"法无禁止即可为"，领导对人的人格和精神世界的关照和依赖远远地强过执政。当然，在实践中，执政需要领导的配合与保障。党的十九大报告要求提高八大执政本领，而诸如学习的本领、做群众工作、改革创新的本领、狠抓落实的本领基本上是由党的各级组织独立进行的，作为一种行为不见得要使用政权，可行为的目的又是为了落实执政的目标。"执政"不仅限于使用政权，还包含着运用政权带来的政治效果和社会影响，因此需要党的领导贯穿其中，为严格法律程序层面的行为赋予更多的人伦关照。

因此，与执政相比，党的领导的显著特征在它关乎人的行为背后的人伦要素。习近平总书记指出，进行具有许多新的历史特点的伟大斗争，关键在党、关键在人。国学大师钱穆也说过，探讨政治问题一般要分为两个方面：一为人事，二为制度。党的领导要确保人的活动朝向制度设计的目标发挥其主观作用，其中心内容是人的建设和人的治理。①人们常常会说"屁股决定脑袋"，也常常感叹"换个领导就换一套思路"，只可惜前一则命题被学者们奉为圭臬，后一则命题却止于闲谈。诚然，人的日常活动体现为习俗、民情、风气等文化形态，是难以被精确测量和把握的。可毋庸置疑的是，人的生活世界对治理活动产生的影响显著且持续，政党活动最为突出的特征恰恰在于它是从人的情感、道德、心理状态和礼俗习惯入手开展组织工作和群众工作。在中国，"党的领导"本质上就是影响群众与干部思想认识以至行为取向的过程，而人的主观能动性也是党推动改革发展的动力之源。中国的治理方式在过去40年间不断地变化，当归功于党内对改革创新的主动探索。假如政府行为永远受制于固定的利益格局，人的主观影响力就会变得微乎其微，各级党组织也就没必要通过紧抓干部的人事调整权来贯彻上级的意图。

中国共产党领导国家治理的逻辑，可以概括为"以治人而治事"，即大限度地调动人改造世界的主观能动性，实现变革与发展的目标。正如党的十九大报告所言，新时代党的建设要"以调动全党积极性、主动性、创造性为着力点"，这不但超出西方的政治经验，也试图克服中国传统的治理难题。清代仕林就流传着"治官之官多，而治事之官少"的说法，用来解释为何制度的繁密化会导致行政效率的低下。中国共产党则是用严格的党内组织生活消解"治官"与"治事"间的张力。它不仅要求用制度的刚性约束力降低人的日常活动的不确定性，通过治理的法

---

① 钱穆：《中国历代政治得失》，北京：生活·读书·新知三联书店，2001年版，第4页。

治化实现治理的现代化；还更加注重发挥制度的导向性功能，在组织内部培育合乎党的意识形态与核心价值观的人文精神，从而围绕国家治理的具体目标引导人的主观意志发挥作用，把"人为"的难以预料性转化为创新潜能。改革开放的头 30 年，中央放手鼓励地方性的探索，甚至允许有一些创新以突破现有的法律和政策框架来营造全国上下拥护改革推行的积极局面。而时至今日，人的行为的不可预料性对制度与秩序的破坏，使得中央在新的历史时期大力强化党员重制度、守规矩的意识，然而制度建设的目的不在于约束而是规训，在秩序和规矩的范围内让干部能一如既往地大胆有为，在强化约束力的同时发挥制度的引导作用和激励作用。在法治的意义上，党的领导要求党组织和党员干部务必在宪法和法律规定的范围内活动，并通过立法程序不断地总结实践经验，以达到人的主观创造性与法律权威性之间互相促进的目的。

因此，理解党的领导的文化属性就必然要配合它的制度属性，从中建构更为灵活、生动的视野。中国的国家政权是在中国共产党领导之下建成的，党的组织架构已经深度渗入了政府机关和企事业单位内部，与国家权力机构之间完成了"无缝对接"，党政关系在制度上并非平行独立，而是互相嵌入、相互抱合的，遂产生了诸如"党国体制""党政体制""党治国家"等近乎权威化的学术概念。然而，党政在制度上的高度融合并不意味着政府机构和党组织对人的行为要求永远是一致的。譬如，政府层面上的官僚制提倡的"职业精神"，可能异化为毛泽东谓之的"本位主义"，进而会侵蚀党员的党性修养和政治立场。为了杜绝只顾本部门、本单位的工作绩效而脱离群众、墨守成规甚至对中央精神阳奉阴违的不正作风和错误行为，习近平总书记反复告诫全党干部要"牢记自己的第一身份是共产党员"，要不打折扣地落实中央的精神及战略部署。[①] 中央要求各地方、各部门、各单位都要狠抓"党建第一责任"，十九大提出党的建设的伟大工程在"四个伟大"中起决定性作用，都是为了用党的

---

① 习近平：《在省部级主要领导干部学习贯彻十八届三中全会精神全面深化改革专题研讨班开班式上的讲话》（2014 年 2 月 17 日）。

思想、路线、伦理和价值观抑制本位主义和官僚主义的膨胀，牢固树立宗旨意识和使命意识，这些都是活跃在制度表象下的文化形态。

为了更加合理地阐释中国共产党的领导方式，我们可以将文化视为内在于人的社会活动之中的概念、符号组成的意义体系。根据人类学的解释主义范式，文化是人类历史活动的产物，所以研究者应当置身于文化所属的具体情境和具体条件之中，运用"当地"群体共享的经验、思维、价值与视角理解文化的意义，降低研究者本人不可避免受到的价值观念与话语系统的影响。中国共产党是一个生长在广泛社会关系中的政治组织，党员的思想状况与人文环境关系着党的价值认同与组织合力的强弱，党的一切活动都怀有建构理想的党内政治文化的主观意图。所以，党组织首先是一个文化网络，研究党对国家治理的领导应进入党自身所处的场域，深化和扩展理论思辨的空间，诠释这一场域之下各种人的主观活动所展现的特殊意义。

二、党的领导的伦理特征

马克思有一句名言："哲学家们只是用不同的方式解释世界，而问题在于改变世界。"① 马克思主义理论证明了人的认知与实践的同步性。因为，物质世界渗透着人类的劳动，当一个人与物发生了联系，也就与处在不同时空中的"他人"发生了联系，给予他感知的不是物的"自然属性"，而是人类社会的实践活动。人类劳动实践的普遍联系程度越强，人对于社会的认识水平也就越高。根据这一认识论原理，党员改造世界的实践活动越是深入，对社会规律的把握就越是到位，进一步改造世界的信念也就越发坚定。在这个意义上，中国共产党的领导也是中国共产党最根本意义上的文化存在。

中国共产党的领导是以不断地改变世界，推动社会变革、推动人的全面发展为根本的目的导向。远如 20 世纪 30 年代党在中央苏区领导的土地革命，近到全国上下仍在如火如荼开展的精准扶贫，无不是要改造

---

① 《马克思恩格斯全集》（第 3 卷），北京：人民出版社，1960 年版，第 6 页。

既有的社会结构、生产关系、人的精神世界，党的领导的成功也具体体现在改造客观世界和主观世界的成功。中国共产党不同于世界范围内的广大政党，它不仅要执掌政权，更是要领导全社会的力量去改造目前的社会状态，包括改造人本身。十九大报告指出："我们党团结带领人民完成社会主义革命，确立社会主义基本制度，推进社会主义建设，完成了中华民族有史以来最为广泛而深刻的社会变革，为当代中国一切发展进步奠定了根本政治前提和制度基础，实现了中华民族由近代不断衰落到根本扭转命运、持续走向繁荣富强的伟大飞跃。"从革命战争年代到社会主义建设时代，党以自身组织为中心改造传统农村的社会关系，具体而言就是发展农村党员、建立党支部，并组织农会、妇女会、青年团、少先队等群众组织，通过领导针对地主的斗争和土地改革重新分配生产资料，让原先生活在宗法社会和意识形态中的农民群众逐步适应、体验一种全新的以组织为中心的公共活动。这不但是粉碎旧政权、废除剥削关系的革命，也是对传统农村生活方式、精神世界的深彻变革。在城市，党通过单位制的形式建立了包含一切福利制度的城市公共空间，从而为社会主义现代化建设提供了制度基石，并且用与之相应的组织伦理激活、调动各条战线上的工作、生产的积极性，为社会主义现代化建设提供精神动力和智力支持。党员改变世界的实践不是凭空的，在任何时候都置身于组织设定的制度场景之中。

　　既然中国共产党的使命是不断推动社会变革，那就自然反对周而复始、按部就班、顺其自然的治理形态。于是，党员和党组织"改变世界"的态度和能力是其政治伦理的评价起点，如果无法实现自身能力的最大化，将意味着德行上的缺失。毛泽东曾指出，品德优秀的干部应该"懂得马克思列宁主义，有政治远见，有工作能力，富于牺牲精神，能独立解决问题，在困难中不动摇，忠心耿耿地为民族、为阶级、为党而工作"[①]。在这段话中，党员的美德几乎全部来自积极投入社会实践的忘我精神，联想起著名的"老三篇"中的白求恩、张思德、愚公就不难理

---

① 《毛泽东选集》（第一卷），北京：人民出版社，1991年版，第277页。

解，党历来提倡的公而忘私、甘于奉献、干净做事、清白做人的道德理想不是悬浮于心灵世界的空洞追求，而是兢兢业业、踏实肯干、积极投入的实践态度的伦理升华。任何一个忘我工作且有能力工作的人，理所应当具有公而忘私、甘于奉献的品质，其为人处世的态度也更值得人放心、信任，是干净清白的。

值得关注的是，实践哲学伦理决定了党员的道德理想应该融入专业精神。专业能力的意义在于提高人的实践水平，在更加深入的改造世界的过程中增强党性觉悟，从而保持政治意识和大局意识，也避免让党员沦为"空头政治家"。如，毛泽东始终强调干部要学习管理技能和技术专长，号召培养无产阶级自己的秀才，并将其作为党员的自身修养来对待，在理论上，高尚的政治觉悟与精熟的专业技能应该是紧紧抱合的。作为党的指导思想，马克思主义充分相信科学技术是最高意义上的革命力量，是历史的有力杠杆。[①] 科学技术既体现了人类对自然世界的理性认识，又是生产力的基本要素，其本身就足以证明人的思维形态与实践活动的一致性。对执政党而言，掌握纯熟的知识技能等同于认识世界与改造世界的领导力。毛泽东在 1955 年谈到："我们现在不但正在进行关于社会制度方面的由私有制到公有制的革命，而且正在进行技术方面的由手工业生产到大规模现代化机器生产的革命，而这两种革命是结合在一起的。"如果社会的变革迟滞于科技革命，会在生产关系领域带来科技对人的异化，这就是为什么在社会主义初级阶段，有时专业知识过硬的干部反而容易产生本位主义思想；这也是为何邓小平要将干部的"革命化"摆在首位，以此引领"专业化""科学化"以及"年轻化"的原因。

党的领导的又一突出特征是价值标准的历史性和未来性。党组织和党员是否合格，不在于他们已经达到了怎样的高度，而在于他们是否正在努力迈向某个高度。如，十八届六中全会根据毛泽东思想重申"努力在全党形成又有集中又有民主、又有纪律又有自由、又有统一意志又有

---

① 《马克思恩格斯全集》（第19卷），北京：人民出版社，1963年版，第372页。

个人心情舒畅生动活泼的政治局面"①，"努力"二字的使用说明严肃党内政治生活"永远在路上"，即便政治生活已经足够良好，仍然不能满足。这种不断否定当下、肯定未来，没有现在完成时而只有将来完成时的文化品格，发轫于追求"内在超越性"的哲学传统。孔子说："道不远人，人之为道而远人，不可以为道。"（《中庸·第十三章》）中国古代思想试图从日常的人伦关系而非超验的天国世界中探求永恒、普遍的法则与秩序。"天道"不外在于人事，人只有自觉地将"仁"之本心付之于社会实践才可以"闻道"。作为传统精神的继承者和发展者，中国共产党同样追求普遍化的道德，一方面，尽可能地根据党的核心价值观和主流意识形态制定、调整政策；另一方面，大力强调党员意识和党性修养的第一性，用以反对政策执行中的本位主义和官僚主义，二者都是在改造客观世界中改造主观世界的永无止境的过程。古人的内在超越性而今已经转化为对当前的现实状态，包括物质状态、组织状态、思想状态的历史超越性。

中国传统思想的内核是一套关怀于"此世"的实践哲学，它主张由内在道德约束促发外向性的实践行为，倡导人在社会行动中完善自我人格。因此，中国人习惯于从社会总体的活动状态思考人的道德状况，而制度作为人的活动的产物和展开政治行为的限定条件，发挥着输出与传播道义伦理的作用，同时也不断地经受为人共享的价值观念的评估、检验以至于发生调整。总之，人的活动与提供活动开展的制度构成了结构繁复的意义网络，制度作为人改造客观世界的社会活动成果，它本身也成为承载文化功能的特殊符号，制度与人的活动形成了"互为体用"的关系。在宋明理学思想中，"体"是万物生成的本源，"用"是万物生成的过程，二者既包括了时间，也包括了空间。万物反复地由体及用、由用返体的运动，暗含着人类所遵循的应然法则。在较短的历史时期内，人的活动是在应然的制度框架内展开的，"制度"为体，"人事"为用；

---

① 原话出自毛泽东《一九五七年夏季的形势》一文，后被写入中国共产党第十八届中央委员会第六次全体会议颁布的《关于新形势下党内政治生活的若干准则》（参见《中国共产党第十八届中央委员会第六次全体会议文件汇编》，北京：人民出版社，2016 年版，第 25 页）。

而在整个人类历史的发展进程中，人自身解放的活动是永恒的，制度只能在一定阶段内起到辅助性的作用，于是"人事"为体，"制度"为用。人是治理的主体，制度因历史时期的特殊任务而拥有权威性。

推动制度革新一直是党的领导的重要内容。毛泽东在 1943 年指出："革命的组织形式应该服从于革命斗争的需要，如果组织形式已经与斗争的需要不相适合时，则应取消这个组织形式。"① 同理，今天的制度建设要服务于"四个伟大"和改革发展的需要，十九大报告明确要求"不断加强和完善党的领导的体制机制"。为了维护组织的团结统一，确保党的历史使命的实现，全体党员必须严格遵守党的一切制度。同时，制度的刚性特征与其常规化的取向，会让安于现状、墨守成规者如鱼得水，损害党组织和党员的积极性和创造性。党必须根据时代的变化不断调整制度设计，防止党的工作布局偏离"初心"，防范官僚制对人的异化。习近平总书记代表新当选的十九届中央政治局常委与中外记者见面会的讲话中指出，"中国共产党能够带领人民进行伟大的社会革命，也能够进行伟大的自我革命"，中国共产党第十九届中央委员会第三次全体会议提出的"党和国家机构改革"，就是为了坚持和加强党的全面领导而发动的一次自我革命，大量既得利益的破除将有效地提升党领导社会革命的能力。因此，制度的权威和制度的变革素来是一对矛盾，其间的把握和权衡考验党的领导的能力，更考验着党的领导的决心和信心。

事实上，自改革开放之初，党领导下的制度革新就已经融入国家治理的微观环节，它不仅是中央通过改革布局推陈出新的活动，也是地方和基层党组织领导社会治理的重要方面。只要按照正确的路线发挥党员的主观能动性和自由意志，制度的创新与改良就能不断地赋予制度本身以规范性和严肃性的权威。例如，司法体制改革的目的是为了落实"全面依法治国"的战略意图，其相关的制度创新因为体现了中央精神乃至社会发展的大趋势，而显得尤其不容置疑和不容挑战。中国的法治建设的重要特征在于，将人的创造力集中在特定的法治目标之上又予以自由

---

① 《毛泽东文集》（第三卷），北京：人民出版社，1996 年版，第 20 页。

释放的过程。因为，如果没有人积极捍卫法治的实际行动，任何法律都是一纸空文。为了推动制度革新，党组织和党员应强化履行基本制度、基本原则的自觉意识。例如，《关于新形势下党内政治生活的若干准则》多次提到了要"建立""完善""创新"若干制度，从该准则的表述来看，制度创新已成为衡量党内政治生活是否严肃健康的重要标准，可这并不意味着漫山遍野式的发散性尝试，而是始终贯穿着民主集中制的基本原则。我们将看到，作为党的根本组织原则的民主集中制，不但包括一系列具有普遍适用性的制度方案，还作为政治文化渗透在党的领导和党内政治生活的方方面面。毋庸置疑的是，良好的政治文化和政治生态，有助于提高领导者履行民主集中制的自觉意识，带领全体领导班子和全体党员努力探索和完善合乎这一原则的制度系统。

在改变世界的实践中，完成"德能并进"是规训与塑造人的伦理基础，它显示了中国共产党对传统政治文化的扬弃。自古以来，中国的官员挂怀于官场的升迁，出人头地、光耀门楣是传统中国人的为官之愿。而如今，这些政治伦理既是党组织调动官员积极性的着力点，也是急需加以驯化的有局限性的思想意识。根据党的道德标准，升官不是面子上的奖励，更不是赢得和扩充特权，而是通过"压担子"来证明官员的能力，党员干部的精神追求应该全系于改造世界的宏大事业之中。譬如，面对时下"为官不为"等不正之风，中央明确地站在"为官做人之德"的立场予以强烈警训。正如习近平总书记所说："做人一世，为官一任，要有肝胆，要有担当精神，应该对'为官不为'感到羞耻，应该予以严肃批评。"①

《中国共产党党内监督条例》有言，"信任不能代替监督"，这是一句蕴含着典型中国风格的表述。首先，中西方对于信任的理解是不同的。西方文化中的"信任"是以契约精神为中心的现代性道德，而中国人理解的"信任"则包括了广义上的道德和能力两个对称且相互促进的要素。党的事业不仅仅需要好人，还需要能人。其次，中西方对于监督的理解也是不同的。在西方人看来，监督是为了防范错误的行为，而在

---

① 习近平：《在党的群众路线教育实践活动总结大会上的讲话》（2014 年 10 月 8 日）。

党的思想中，监督是为了塑造正确的行为，前者是对人主观意志的限制，后者是对人主观意志的驱使。无论中西，信任和监督都不在同一个平面，所以不能相互替代。但是，围绕着"德能并进"的要求，党内的监督与信任在平行中又保持着同向性。党内监督制度意在强化各级领导干部的主体责任，倒逼干部投入更多的精力去规训党员的行为，推动全党上下形成积极履行党员义务、努力干事创业的良好政治生态。由此可知，制度既是人改造世界的成果，又是改造世界的指向标和动力场。

三、党的领导的人格化正当性

中国共产党"以治人而治事"的领导方式关乎广大党员个体的作风、能力和道德，而党员行为的不确定性，也必然会影响到领导方式的正当性。正如习近平总书记所言："党的作风关系党的形象，关系人心向背，关系党的生死存亡。"[①]"正当性"亦称"合法性"，它最初由韦伯提出，是当代社会科学研究中常用的术语，也用以表达被支配者之所以服从支配者命令的心理动因。决定正当性基本属性的因素包括支配类型和支配效果两个方面，这恰好等同于人民对"治理体系"的认可度以及对"治理能力"的满意度。

然而，韦伯意义上的正当性理论在实际运用中却往往与中国的本土经验发生脱节。根据韦伯的经典定义，支配效果的易变性特征会导致正当性变得难以稳固，被支配者可能因为利益的损耗和价值的冲突不再服从命令，这就要求支配者借由某种支配类型使其支配地位长期"正当化"。可是在当下中国共产党的意识形态中，"支配类型"与"支配效果"同属于改造世界的实践活动，因为人的主观意志的投入程度、党员的作风修养和群众的满意度，全都体现在实践过程之中。如果党的政策跟不上社会利益格局的变化，如果干部的道德作风出现了问题，实践就会偏离应有的方向，随之会带来正当性的减弱。所以，正当性的弹性空间有赖于党"自我净化、自我完善、自我革新、自我提高"的调整能力

---

① 习近平：《在中共中央政治局第十六次集体学习上的讲话》（2014 年 6 月 30 日）。

与时俱进地与之巩固和强化。

韦伯把正当性分为所谓的法理型、传统型和卡里斯玛型三种类型，而中国共产党的正当性并不依赖于其中的任何一种，却也不排除此三种类型在党领导的局部环节上发挥工具性的作用。根据中国共产党的思想，党员干部实践中的态度、作风和能力决定着民心向背，党的正当性是由千千万万党员干部的"人格"体现出来的。可在韦伯的阐释中，法理型支配是"去人格化"的，官员应尽可能降低情感与性情对工作的影响，人民服从于法律的规定而非某个权威式的人物；传统型支配要求人们服从古已有之的习俗、惯例和信仰的神圣光环，支配者的人格完全秉承于传统，而在传统的虚拟和假饰之下，支配者也将无从施展自身的个性；唯独卡里斯玛型支配全然来自支配者的个人禀赋和魅力，是纯粹的人格化支配。但是，人们对稳定的社会结构的期许和各种支配程序的建立，使得卡里斯玛型只能持续很短的时期。而且，中国共产党强调的作风和修养也不等同于卡里斯玛式的人格魅力，它是以群众接受的日常情感和道德为载体的。

事实上，起源于韦伯学说的正当性理论与中国政治传统具有根本性的差异。韦伯认为，西方人的精神世界植根于基督教的二元宇宙观，新教革命让原本泾渭分明的神圣与世俗关系变得紧张起来。为了履行荣耀上帝的义务，新教徒努力追求世俗的成就并严格地控制世俗活动各个环节，这一宗教伦理造就了资本主义程序分工下的形式至上原则，即法理型支配。与之相反，尽管中国的儒家思想注重德行修养，否定一切"怪力乱神"的行为，本是高度理性化的意识形态，却在现实中演变为强调地位与身份的等级伦理。新教为了服从上帝的意志不断贬抑传统，儒家则强化各种行为规范要求人们恭顺于传统，前者是"支配现世的理性主义"，后者是"适应现世的理性主义"。① 显然，韦伯对中国历史传统的解释存在着严重的缺陷，他过分强调各种形式规范的约束力，而没有深入意识形态的结构把握儒学内在超越性的精神宗旨。从孔子开始，先秦儒家逐渐将正

① 顾忠华：《韦伯学说》，桂林：广西师范大学出版社，2004年版，第103－107页。

当性的来源——"天命"的载体，从外在的"礼制"置换为内在的心灵秩序，要求人经由道德的转化去承受天赋内心的使命。① 于是，统治者的正当性最终要落实为人在生活世界中的道德修养和卓越品格。

斯塔尔教授发现，汉语中的"权威"一词最接近于"正当性"的意义，它包括了"权重"与"威信"两个方面。② "威信"就是生活化的人格影响力，中国文化对正当性的理解是不能与生动鲜活的个人品质相分离的。中国共产党曾经是没有政权的革命党，它依靠组织和干部的感召力、影响力、说服力去动员、教育群众，以获取群众的支持，当年的中国共产党党员对人格化的权威有着丰富的切身体验，并将其转化为一种历史的记忆。毛泽东更是明确区分了权力和权威的界限，且倾向于从"权威"的角度理解"权"的含义。在"文化大革命"期间，"夺权"的目的不是让人"下台"、去职，而是让人失去尊严和威望，甚至颜面尽丧、斯文扫地。

无论是当年正确的路线还是错误的路线，都足以让执政党更能切身体会人格化权威的重大意义。其实，"从群众中来，到群众中去"这句格言，生动地表达了党应该从人的生活世界而非抽象的法理原则出发，捍卫"正当性"的活水源头。群众的日常认识和情感是革命和治理活动的出发点。譬如，裴宜理对安源煤矿工人罢工的社会学分析指出，中国共产党早期领袖运用当地的宗教、仪式、话语、戏剧、艺术等文化符号，以及儒家式的精英教育从事政治动员。李立三提出的"从前是牛马，现在要做人"的口号，紧紧地抓住普通中国人对人格尊严的追求，强烈地感召了工人的革命自觉意识。③ 再如，中国政法大学教授应星认为，当代中国上访的老百姓既不是为了法律规定的权利，也不是为了纯粹的利益，而是为了差序格局下的"一张脸和一口气"，干部们只有接

① 张灏：《幽暗意识与民主传统》，北京：新星出版社，2006 年版，第 46 - 58 页。

② ［美］约翰·斯塔尔：《毛泽东的政治哲学》，曹志为、王晴波译，北京：中国人民大学出版社，2013 年版，第 57 页。

③ 裴宜理：《安源——发掘中国革命之传统》，阎小骏译，香港大学出版社，2014 年版，第 4 - 11 页。

通地气、把握气场、沿着群众的情绪变化，才能把矛盾"摆平理顺"。①

总之，依托传统价值伦理激发群众的自主性，进而点滴式地渗入"改变世界"的心理预期，既是革命的动员策略也是当前的治理方案。党领导下的治理活动，在本质上是种种形态的做人的工作，所以党的"正当性"也必然是符合日常人伦的"威信"。

人格化的权威如何能转化为政治组织的正当性呢？在这一点上，中西文化是有差异的。在西方政治文化传统下，权威的人格化必然有违于权力的公共性。中世纪的王权（Kingship）借助于一般封建贵族所没有的公共性（民族的代表与上帝的授权）成长为近代西方民族国家的象征，同时国王私人的"人格"也遭遇了弱化，这为限制王权的政治革命奠定了文化基础。不过，这一历史进程与其说是王权的"去人格化"，倒不如说是国王人格的公共化。基于此种文化氛围，政治领袖的言行举止被作为国家行动的方向。比如，世界各国人民会从特朗普竞选时表现出的政治偏好，预测美国的政策主张和下一步行动。但是，政治公共性导致的"非人格化"原则，要求官员必须具有服从法律程序的理性精神，反而要抑制官员个人在政治领域的道德实践倾向，就像特朗普以保护美国人的安全为由下达的"禁穆令"反而遭到法律禁止一样。再反观中国文化，儒家传统所追求的"礼法合一"试图用道德原则浸润法规律令，将执政集团的道德实践水平作为衡量政权是否巩固的基础，礼与法在"合一"中体现了"天子"即君权的人格化，而且它要求每一名士大夫官员都要以"地方父母"的态度践行儒家道德，关爱其治下的子民。无疑，这对于维护中国传统社会的稳定与和谐方面，在特定历史阶段也发挥了巨大功效。

与中国传统社会中官僚士绅阶层的本质属性不同，中国共产党拥有践行普遍化政治伦理的组织方案。对组织而言，党员干部的人格化权威可以是"私人"的却非"私有"的。"私人"是指良好的作风与修养发

---

① 参见应星：《大河移民上访的故事——从"讨个说法"到"摆平理顺"》，北京：生活·读书·新知三联书店，2001 年版。

自党员内心，是党员"个性"的真情流露；"私有"则意味着良好的作风与修养专属于某个党员，尽管它非常出众，却难以迅速地复制和推广。换言之，党员干部的良好作风和修养理应成为全党上下人人皆有的人格特征，它需要党员的自觉践行，更是离不开组织的教育、监督和约束。因为作为一种先进意识，它高于一般性的社会伦理，如果脱离了组织提供的实践平台，优良的作风和党性则会迅速退化为人与人之间的日常礼俗。由此我们可以发现，党内制度特有的文化内涵，诸如"三会一课"制度、民主生活会、组织生活会、党性评议会等，不是对党员思想的强制和灌输，而是营造一种人文氛围和文化"气场"，润物无声、潜移默化地引导党员的内心活动。在组织生活的制度场景中，儒家传统中的"自省"与耻感文化可以齐整有序地发挥作用，个人的良好品性也可以在组织内形成即时性的相互感应。组织在根本上还是领导各种实践活动的"指挥部"，选拔任用干部的目的是为了评估干部的人格化权威，将执政业绩与群众认同的双重正当性来源合二为一。

第二节　领导权：党内政治文化的外部效应

一、"思想上、政治上的指挥权"

党的十九大报告的第七部分"坚定文化自信，推动社会主义文化繁荣兴盛"，首先的任务就是"牢牢掌握意识形态工作领导权"。在中国共产党的历史上，"领导权"曾经是一项关乎党的信仰、道路、方向以及生死存亡的，意义极端重要的概念，与葛兰西的文化领导权有着异曲同工之妙。围绕着党的"领导权"的讨论，贯穿于革命战争年代的始终，关系到中国共产党判断革命形势、制定革命方略的慎重选择，设计党的组织工作和群众工作，尤其是动员群众、教育群众，传播党的信仰、政策和基本主张以及此后政权建设的一系列根本问题。改革开放之后，"领导权"在中央重要文献中的使用频次逐渐降低，而习近平总书记的系列讲话，将这一中国共产党历史上的极端重要政治概念带回党内政治生活的中心。当今中国共产党领导中国国家治理，除了要把握政权组织活动的一般性规律外，更要从党的政治立场、政治站位出发，发挥各级党组织的创造力，开辟有利于巩固党的政治基础、贯彻中央大政方针的各种途径。党的领导是中国政治的特色之处，而"领导权"则是富有中国风格和中国气派的政治话语。

（一）思想工作和意识形态工作是运用党的领导权的主要范畴

根据习近平总书记系列讲话的基本精神，党的领导权主要涉及党的思想工作和意识形态工作。例如，2013 年全国宣传思想会议提出"要牢牢将意识形态的领导权、管理权、话语权掌握在手中"；2016 年党的新闻舆论工作座谈会上提出，要牢牢掌握新闻舆论工作的领导权、管理权、话语权；第二十三次全国高等学校党的建设工作会议上要求"牢牢把握高校意识形态工作领导权"；全国国有企业党的建设工作会议提出，要保证党对干部人事工作的领导权和对重要干部的管理权；中央军委改革工作会议要求"强化军委集中统一领导，更好地使军队最高领导权和指挥权集中于党中央、中央军委"。

东西南北中，工农商学兵，党是领导一切的。可是，党的领导权只关乎全局工作中直接影响人的精神领域和价值领域的前哨阵地，这又完全合乎历史形成的党的话语传统。例如，1967 年是"文化大革命"造反派夺权的高潮时期，可《人民日报》发表的一篇文章有如下一段话：

"撤职不等于完全夺权……职和权是联系着的，但不完全是一回事。有职固然有权，无职仍然可能有权。

什么叫有权？不仅是指有组织行政上的指挥权，而且意味着有政治上、思想上的指挥权。①

尽管表达的是党在错误路线时期的观念和思想，这段话却生动、透彻地解释了"权"在中国政治语境中的真切含义，其来源无疑是中国的

---

① 《从政治上思想上彻底打倒党内一小撮走资本主义道路当权派》，《人民日报》1967 年 7 月 22 日。

政治思想传统和中国共产党的政治经验。以国有企业干部选任为例，企业经营需要一批专业素质过硬的专业干部和技术干部，其选人用人的主要环节和具体事务理应由企业的董事会和职业经理人主导和把关。可正如毛泽东同志所言："不注意思想和政治，成天忙于事务，那会成为迷失方向的经济家和技术家，很危险。"① 国有企业不是纯粹意义上的经济机构，它还肩负着落实党和国家的经济战略职能、承担社会公益、依靠和壮大工人阶级、彰显社会主义制度的优越性等一系列政治责任，其党员干部必须具有坚不可摧、牢不可破的政治意识，在企业决策、管理、生产经营各方面都会算政治账，善于洞察企业工作的政治风险，在大是大非面前保持政治立场、体现政治担当。习近平总书记要求企业党组织牢牢掌握企业干部选拔任用上的"领导权"，当体现在从政治上跟踪、考察和管理干部，培养党员干部的政治能力、锻炼党性修养、提升思想觉悟、强化意识形态，遵守党内政治纪律和政治规矩，全面把好干部选任工作中的政治关，主要内容仍然是思想工作和意识形态工作。

（二）领导权与权力内涵之不同

中文的"权"字的意义丰富，在当下中国政治环境中，领导干部每谈及"权"多指政权组织内的"权力"或"权威"，即以制度的方式迫使人执行某种意志的强制力，或者以利用心理优势使人服从的影响力。随着全面从严治党和反腐败斗争的深入，党内对于权力性质的认识也在不断深化。十八大以后，习近平总书记对领导干部要"严于用权"做出过多次指示，如"权力越大，越容易出现'灯下黑'"，"党员干部如何看待和行使手中权力，树立什么样的权力观，不仅关系到自身的形象和命运，更关系着党的执政地位是否巩固，关系着党的前途命运"等。由于中国共产党的组织已经深深渗入了国家的政权结构之中，党员干部对于"权"的认识理所当然地指向权力的基本属性。然而，"权力"活动主要存在于党的执政方式当中。执政即党组织选拔党员干部进入最广泛的国家政权之内，包括政府、事业单位、国有企业的中枢系统，运用公

① 《毛泽东文集》（第七卷），北京：人民出版社，1999年版，第351页。

权力执行党的意志。中国国家治理的重要任务之一，即确保每一名党员干部遵守执政规律，履行公共权力赋予的职责，避免政权组织和行政系统出现功能性紊乱。

然而，"领导权"顾名思义属于党的"领导"的范畴。现代政治学意义上的权力或权威基本上处在制度主义的框架内，而"领导"兼有制度和人的双重因素。党以国家政权结构中和结构外的组织为载体开展活动，不一定遵循固定的模式和程序。"领导"的本质要求是通过组织锻炼、培养的干部在宪法和法律范围内，充分施展创造力和行动力，把党的信仰、理论、政策和方针转化为人民群众的自觉追求，在改造客观世界过程中不断创新和宣传理论和思想，坚定理性信念，实现对人的教育、培养和提升。党的领导要着重把握人情冷暖、社情百态，从人的社会本质出发，塑造合乎党的宗旨的社会规范。全面从严治党的核心是加强党的全面领导。从严治党的重点在于强化党内政治生活的严肃性、规范性、纪律性，确保党内法规和组织程序的运行，而党的领导则是施展各级党组织和党员的创造性、变革性、应对性，灵活运用各种制度资源和社会资源。所以，"领导权"必然不同于执政方式中的权力和权威，它要着实体现"领导"行为中刚柔并济、动静统一、阴阳互补、体用互动的基本特征。不能将今日"权力""权威"二词的简称"权"等同于"领导权"。

（三）"权"是对"力"与"威"的正当性修饰

在中国传统的文化，尤其是儒家思想中，"权"的含义与"权力"和"权威"还是有所区别的，中国共产党对"权"的理解渗透着鲜明的传统政治文化特征，而对"权力"和"权威"的理解则没有越出执政的基本范畴。在国家政权组织范围内，严格意义上的权力和权威仅仅是制度赋予的强制力和令人畏惧的心理，而非文化、语言、习惯或资本客观上支配人的能力。"权力"（Power）一词在西文中即"力量"，其源于拉丁语"potestas"或"potentia"。近代以来，欧洲因为宗教战争产生了一批最初的民族国家，人们对于政治现象的思维方式从灵魂转向了身体。国家被视为具有生命力的有机体，它会成长和衰败，因此需要自己的力量维系其生存，军队和财富构成了国家行动的基础，权力从其最原初的含义——"力量"为生发点成为西方人政治意识的中心。"权威"一词同样与政治的生命隐喻有关，东汉许慎在《说文解字》中云："威，畏也。"其背后潜藏着震慑人、让人服从的能力，这与西文"authority"的内涵完全一致。

一方面，中国共产党的思想理论中素来有一种强烈的生命体的意识，党组织和党的事业都被视为一个强健的生命体，它亦可能遭遇来自内部和外部的各种侵害。例如，在习近平总书记的讲话中，党的生命被置于极其突出的位置，他多次用"亡党亡国"一词来警示腐败带来的危害；用"红色基因"的隐喻手法要求党员们坚定理想信念；用"物必先腐，而后虫生"的通俗道理，强调提高党性修养对于反腐败工作的重要意义。此外，党内还有着"党内民主是党的生命""密切党与群众的血肉联系"等传统的生命政治的话语，对生命的理解和对权力的理解有着共同的认知结构。

另一方面，古今中西的政治文化都承认，纯粹的、赤裸裸的力量是不存在的，权力必须在对制度和程序的正当性意识下才能顺利发挥作用。在中国古代的政治思维中，对正当性问题的探讨几乎挤占了对权力本身的思考，而在西方政治思想中，权力的正当性一度与权力本身是分开的。因此，西方人尽管在日常政治生活中频繁地使用"权力"的概念，可在意识形态领域，"权力"的思想价值远不如"主权""权利"更加广泛。在这一思想文化的背景下，中文用"权"字作为定语去修饰"力"与"威"可谓妙笔，因为中国传统思想中的"权"指的是道德考量的能力，它可以弥补"力"与"威"在正当性表述上的不足之处。道德意义上的"权"，本身就是思想和意识形态领域的概念，所以党的领导权的思想属性和政治属性不是后来附加的，而是这一概念自古以来的本真意义。

二、儒家"权变"思想的遗产

"权"本意是秤砣、平衡以称重量之意，引申为思考、比较、权衡，经由先秦儒家思想的发展，"权"被理解成为通过审时度势而选择变化、变通之意。如《论语》云："可与共学，未可与适道；可与适道，未可与立；可与立，未可与权。"（《论语·子罕》）儒家所理解的权变则相对于"经"而言，目的是为了防止人过于死板地执行人间礼法，没有真正地贯彻"仁""义"之道，它还包括选择不同道德原则先后顺序的能力。最著名的是孟子之言："嫂溺不援，是豺狼也。男女授受不亲，礼也；嫂溺，援之以手者，权也。"（《孟子·离娄上》）当看到嫂子溺水而施以援手，这一道德是对"恻隐之心"的实践，在具体情境下要超过了"男女授受不亲"的道德要求，当不同道德准则发生冲突下的选择就是"权"。道德实践本身就是权衡的过程，表达了价值主体在特定境遇下的判断和执行良知本心的自由意志。

（一）道德与规范：经权之辩

道德实践既需要一个情境判断也需要外在规范，没有规范人就无从识别道德标准，而规范与实践之间的张力总是客观存在的，任何政治行为都时刻面对着行为的正当性的选择与辩论。先秦儒家面对的是礼乐崩坏的时代，孔子主张"不学礼，无以立"（《论语·季氏》），"克己复礼日仁。一日克己复礼，天下归仁焉"（《论语·颜渊》）。然而，礼终究只是天道的表现形式而非道之本身，需要接受"仁"的检验，故"人而不仁，如礼何？人而不仁，如乐何？"（《论语·八佾》）。为避免一味执礼而不思仁导致"道之不行"的相反效果，需从权也！所以孟子说："执中无权，犹执一也。所恶执一者，为其害道也。"（《孟子·尽心上》）

道德规范与道德实践的关系，儒家传统多有争议，汉代儒家认为："权者，反于经然后有善者也。"（《公羊传·桓公十一年》）。宋儒程颐认为："汉儒以反经合道为权，故有权变、权术之论，皆非也，权只是经也。"朱熹指出程颐之所以这样说，是害怕后人"借权以自饰"，这个认识是非常深刻的。如果权是经的相反物，那么它的道德意味就相当寡淡，滥用权术、权谋的人会狡辩自己的做法是对道德礼法的补充，最终彻底走向道德的反面。所以，师承思孟学派的宋明理学家更强调"权"

与"经"在"仁"与"义"两大准绳上的共同特征，将"权""经"关系纳入体用之辩的体系，是互相抱合、彼此促进的关系。权来自于道，始终秉承着道的基本原则，朱熹说："权者，乃是到这地头，道理合当恁地做，故虽异于经，而实亦经也。然而，权与经不可谓是一件物事。毕竟权是权，经是经。""权"与"经"是共享道理之实的两件事务，"经是万世常行之道，权是不得已而用之，大概不可用多"（《朱子语类》卷三十七）。明代名臣高拱也说："经也者，立本者也，犹之衡也。权也者，趋时者也。经以权为用，权非用于经无所用之者也。"（《问辨录》卷六）如果人每天都在用权，那必然天下大乱，因此朱熹认为"权"是最难用的事务，除非大圣大贤否则是无法运用自如的。

行权需要恰到好处的火候。孟子赞孔子为"圣之时者"，即善于把握"时"来选择自身的行为（《孟子，公孙丑上》）。作为"中庸之道"，说的是变通的适度点即行为与天道最相适宜的状态。行权者并非事事都本着和谐的方式，有时也会因"时"选择激进的方式，如"汤武革命"，这样的行动看似激烈，但在具体情境下则是最符合"中"的适度要求。"顺时""因时""随时""中庸"的理念说明了人是具有充分自由意志的价值主体，但自由又合乎道的必然性。朱熹更是将"义"的准绳引入"时中"，"以义权之，而后得中'义'似称，'权'是将这称去称量，'中'是物得其平处"（《朱子语类》卷三十七）。圣人可以通过"时"之变而体验"天命"，所以孔子云"随心所欲不逾矩"，这就达到了权与经、自由与必然、实践与规范的彻底统一。行权至善者，非圣人不可。由于把握"时中"太难，行权者可能为权而丧失道德的原则性。抽象的道德准则只能以具体的生活情境来表现，没有圣人的能力，行权和执礼都会是充满道德风险的事情。孟子认为只有孔子才是"可以速而速，可以久而久，可以处而处，可以仕而仕"（《孟子·万章下》）的权变集大成者。荀子也指出众人用权很难实现儒家的政治伦理，结果只能是"志不免于曲私，而冀人之以己为公也；行不免于污漫，而冀人之以己为修也；其愚陋沟瞀，而冀人之以己为知也"（《荀子·儒效》）。朱熹更是感叹："权者，圣人之大用。"① 所以，大多数人都不能成为行权的价值主体，或者说大多数人行权必会出现这样或那样的问题。

（二）经权之辩的现代意义

儒家思想对行权的慎重理解，缔造了中国共产党政治观念的某些深层结构：

第一，现实政治是非常不完美的，因为政治家行权面对比普通人更多的道德张力和道德拷问，这意味着行权者务必不断接受道德教化，最大限度地接近圣人的原则。"行权"首先的工作是充分的思想教育、宣传，乃至于配合这种宣教工作的组织工作，掌握政权反倒是后置要求。中国共产党最初将"领导权"等同于动员、教育和组织群众，而后才逐渐将此与军事斗争和政权建设联系起来。

第二，为了更好地行权，必须"修身"。"自天子以至于诸侯，壹是皆以修身为本。"修身不但是道德学习的过程，也是道德实践的过程。党组织需要将一切社会阶层出生的党员锻造为无产阶级的先锋队，去践行其理性信念与宗旨方针。没有党性锻炼的实践载体，在处理具体问题上可能拿不住轻重，分不清主要矛盾和次要矛盾，或矛盾的主要方面和次要方面，用儒家的说法就是行权失当，用共产党的术语，那将是"领导权"的丧失。

第三，行权中应该划分明确的道德或价值层次。价值排序是固定的，比如"杀身成仁""舍生取义"；"天""理""良知"的次序不变。可价值的运用也要讲求情境判断的原则，目的是达到道德损失的最小化。中国共产党的革命和建设方略始终保持着鲜明的主次顺序，如中国革命的进程一度被分为国民革命和社会主义革命、新民主主义革命和社会主义革命两个阶段。又如，中国处于社会主义初级阶段，全面深化改革的实践都是要处理面对具体价值选择时的先后顺序。社会主义强调平均主义，但平均的前提是富裕，"贫穷不是社会主义"。在平均与富裕的张力面前，富裕是第一位的，只有先做大蛋糕才能分好蛋糕。但是当蛋

---

① 朱熹：《四书章句集注》，北京：中华书局，1983 年版，第 116 页。

糕已经做大，贫富分化日趋严重时，分好蛋糕就是第一位的，既要增加人民群众的获得感，又不能放缓经济建设的脚步。

第四，中国传统的"行权""权变"思想彰显了中国政治文化不是"制度中心主义"的文化。中国人并非不重视规则，历代都有恪尽礼法的典型案例，朱熹如此强调"经权合一"，戴震却看到了现实中的理学是在"以理杀人"。但是，这些极端执礼的例子都是"众人"而非"圣人"所为。中国共产党力求做到规范与实践的统一，"以治人而治事"，尊重制度但不独尊制度。制度要有助于党员的理论素质和党性锻炼的提高，要根据社会主义初级阶段的变化而变革。做人的工作需要久久为功，党的领导要求发挥人的自由意志和主观能动性，创造各种各样联系群众、动员群众、服务群众，领导经济建设的方案，不折不扣地贯彻落实中央大政方针。规范和实践也要在党内统一，"随心所欲不逾矩"也是民主集中制的最高境界。

"领导权"是一个通过思想建设指引受众的能力，在内容的结构上而非道德上符合"权"的传统意义。在中国文化中，"权"应该秉承着具有普遍意义的价值和道德体系，儒家相信的是"道"，以及由"道"演化出来的"仁"和"义"；中国共产党人信仰的是马克思主义所解释的历史发展的普遍规律，无产阶级的历史使命决定的革命意志和阶级伦理，以及纪律性、组织性、无私精神和战斗的彻底精神。儒家认为"仁""义"之心天然植根于人的良知本心；共产党认为无产阶级的革命意志天然植根于其阶级属性。儒家认为行权是价值主体在具体情境下对道德的选择；共产党认为掌握领导权也需要根据革命的具体形势选择自己的同盟军，及时调整政策和方针。儒家认为行权是一件充满道德风险的事情，众人行权常会落入权术和权谋，只有圣人才能做到"随心所欲不逾矩"；共产党认为领导权掌握在资产阶级手里最终会与革命的理想背道而驰，只有无产阶级掌握领导权才能应对复杂的斗争形势，完成革命的理想。虽然中国共产党人在道德、价值、意识形态上有别于，甚至曾迥异于传统思想，但是其话语和观念的内在结构则是高度相似的。

三、历史语境下的领导权话语

"领导权"本质上是中国传统政治命题在现代政党组织情境下的延续与更化，历史上，"领导权"曾经是一项关乎党的信仰、道路、方向以及生死存亡的，意义极端重要的概念。第一次国内革命战争时期，无产阶级领导权问题关系到尚处于幼年时代的中国共产党，判断革命形势、制定革命方略的慎重选择，影响着党的组织工作、群众工作能否顺利开展，往何处开展的重大战略；抗日战争时期，关于党在抗日民族统一战线中的领导权问题则涉及中国究竟该执行怎样的抗战路线，如何在抗战中动员群众、教育群众，传播党的信仰、政策和基本主张，如何进行敌后根据地建设等一系列根本问题。改革开放以来，随着政治运动的退潮，"领导权"——这一中国革命史上分量极重的概念日渐式微，一度被藏进了话语的历史博物馆。习近平总书记重提领导权恰恰与他和党中央强调领导干部要"严于用权"是同一过程，"领导权"和"权力"被共同纳入当代政治的基本话语，并且还将长期共存，这也意味着坚持党的领导进入了一个新的历史阶段。

（一）"领导权"概念的形成

"领导权"一词的使用最初是与制度性的权力和权威不相协调的。在中国共产党第四次全国代表大会（后简称"四大"）前后，瞿秋白、蔡和森、邓中夏、高君宇等人都在不同的历史时期阐释关于"无产阶级领导权"的相关思想，基本没有关注政权建设。1923 年 5 月，共产国际执行委员会给中国共产党第三次全国代表大会的指示中，即明确指出："毫无疑问，领导权应归于工人阶级的政党。"李大钊于《中国的民族斗争与社会斗争》中指出："我们的策略是，国民党在工人中有相当的影响，但我们的策略是掌握工人运动的领导权，以使其成为革命的先锋队。"[①] 不过，这一时期的"领导权"并非一个规范化的概念，它包括了一系列相关、相近概念中使用频次较高、意义表达较为明确的语汇，

[①] 《共产国际有关中国革命的文献资料（1919—1928）》，中国社会科学院近代史研究所翻译室编译，北京：中国社会科学出版社，1981 年版，第 88 - 92 页。

如"领导地位""指导地位""指导权""领袖"等。如瞿秋白在 1923
年《新青年之新宣言》中说:"无产阶级在社会关系中,自然处于革命
领袖的地位。"① 邓中夏在 1924 年发表的《我们的力量》中提出:"只
有无产阶级有伟大集中的群众,有革命到底的精神,只有它配做国民革
命领袖。"② 党的四大通过的《对于职工运动之决议案》多次提出:"中
国共产党是中国工人阶级唯一的指导者,要使工人阶级取得民族革命运
动的领导地位","中国共产党在职工运动中应当取得指导的地位","至
于已经在国民党名义之下的工人组织,我们也应尽力去从中活动,取得
指导权,吸收觉悟分子,组织我们党的支部,并须组织工厂小组(或工
会小组),取得群众信仰以备彻底改组这种工会"。此后,确立了无产阶
级对国民革命的领导权就成为对四大最准确的历史意义的表述。

自党的四大之后,"领导权"一词的使用逐渐趋向正规化,瞿秋白、
李立三、邓中夏、毛泽东的一系列论述开始频繁地使用"领导权"。无
产阶级领导权的本质是中国共产党的领导,其实这一点早在大革命时期
就已经得到确立了。瞿秋白特别注重无产阶级的领导权要通过共产党的
领导来实现,他在《列宁主义与中国国民革命一文》中写到,中国共产
党"是中国无产阶级及一般劳动民众的领袖和代表,他指导无产阶级一
切经济的、政治的斗争,使他们和国内一切革命力量和民治主义派联
合,以实行共同的反帝国主义和反军阀的斗争,力争中国民族的解放独
立和中国平民的革命的政权"③。早期党中央指导党员深入普通群众中建
立组织,开展政治宣传工作,同样体现了由党来实现领导权的基本思
路。毛泽东的贡献在于,他认为党的自身建设是党始终保持无产阶级领
导权的必由之路,他曾经将党比喻成一个熔炉,要将社会各阶层出身的
党员锻造成"布尔塞维克战士",故而掌握领导权的问题就不单是单纯
对外施加政治影响、权衡策略得失的过程,它更是党的自身建设的目标

---

① 《瞿秋白选集》,北京:人民出版社,1985 年版,第 311 页。
② 曾天雄、陈井鸿:《论邓中夏无产阶级领导权思想的形成及其历史意义》,《湖南人文
科技学院学报》2008 年第 6 期。
③ 瞿秋白:《列宁主义与中国国民革命》,《向导》第 143 期,1926 年 1 月 21 日。

和指南。

（二）军事斗争参照下领导权的思想属性和政治属性

从早期共产党人夺取领导权的方案中，可以进一步透视"领导权"这一概念的历史传承特征。此时的共产党不是执政党，"政权"不可能是"领导权"的载体。历史地看，1927 年之前，党内对政权和武装力量的忽略恰好体现了中国共产党对于党的领导和"权"的认识有别于当代的认知习惯。在早期共产党人看来，领导权的主干就是思想建设，最重要的是在群众中开展广泛的政治教育，组织、行政上的权力不但是次要的，甚至党在这一时期对行政权抱以一定的警惕，害怕党员干部因为掌握了组织上的行政权而淡化了对群众的教育和动员。瞿秋白当年就告诫全党："不是在某某委员会里占着几把交椅，就算得了领导权，而要组织群众以实力表示无产阶级在政治中的影响"，"无产阶级要以最大毅力为全体平民事业而奋斗"，"要提出明切的政治主张来号召群众"，还要改造国民党，使之能为"真正的民权革命及民族革命主义"而奋斗。①

领导权的中心是思想和意识形态，而领导权作用发挥的平台则在于组织，实际上是在传统的"行权"思想的基础上，打开了吸纳现代组织学和官僚政治学中的权力、权威观念的窗口。不过，组织框架内的领导权建设与权力的使用是存在明显冲突的。有学者发现，第一次国共合作期间，中国共产党奉行共产国际"先党后军"的策略，先发动群众、教化群众，然后再建立强大的武装力量，二者在选择上的先后顺序明显体现了传统文化中"行权"的结构模式。在道德上，思想建设、群众的认同具有相对于武装力量的优先性，前者是王道，后者是霸道，"故君子有不战，战必胜矣"。中国共产党对军队的介入是从宣传开始的。1925年 6 月，周恩来要求"工人不仅要努力工人运动，而且要努力跑入军队里去做军士运动"②，还要利用乡村教师将革命思想输入军队，"利用军队中日常事故，口头的或文字的宣传兵士群众"。此后确立的武装斗争

---

① 《瞿秋白选集》，北京：人民出版社，1985 年版，第 328－329 页。

② 《周恩来年谱（一八九八——一九四九）》（修订本），北京：中央文献出版社，1998年版，第 80 页。

和政权建设的思想，并没有改变领导权的实质，因为在特殊的境遇中，"时中"也可能选择极端、暴烈的策略。1927 年，瞿秋白承认，党的四大确定的无产阶级掌握革命领导权的策略不过是"防御国民党吞灭我们的消极方法"，并不是积极正确领导国民革命。[①] 然而，毛泽东、方志敏等人主张的"枪杆子里面出政权"的思想，在八七会议前后的确立过程其实相当曲折。党内不少同志，尤其是党中央的领导仍然认为军事斗争只是党依靠群众力量的辅助，有违于全心全意依靠群众力量的马克思主义宗旨。这几乎可以视为中国共产党版本的"经""权"关系了，直到军事斗争被赋予了浓重的宣传色彩和政治色彩之后，党的领导权与军事活动必然存在的命令主义之间的矛盾才得以化解。

毋庸置疑，军事斗争对于党的领导而言是极端重要的，可它只是夺取、巩固领导权的手段，并非领导权本身。在中国革命史上，中国共产党领导的战争从来不是单纯的军事斗争，它包括了政治教育、文化建设、政治动员、经济建设、政权基础建设在内的广泛的群众工作。首先，党要求通过意识形态和政治工作领导军队，"听党指挥，能打胜仗"的前提是广大官兵吃透党的政治要求，从而将理想信念和政治立场转化为作战能力。其次，军事行动要达到扩大和巩固党的政治基础的效果。例如，长征是一次军事行动，更是以军事为载体的，传播党的政治理念的政治行动，所以毛泽东说："长征是宣言书，长征是宣传队，长征是播种机。"抗日战争时期，毛泽东反复强调无产阶级和共产党要牢牢掌握战争的领导权，要在军事上、思想上、政治上、经济上的齐头并举：

"共产党应该以自己彻底的正确的反日反汉奸卖国贼的言论与行动去取得自己在反日战线中的领导权。也只有在共产党领导之下，反日运动才能得到彻底的胜利。对反日战争中的广大民众，应该满足他们基本利益的要求（农民的土地要求，工人、士兵、贫民、知识分子等改良生活待遇的要求）。只有满足了他们的要求，才能动员更广大的群众走进反日的阵地上去，才能使反日运动得到持久性，才能使运动走到彻底的

[①] 《瞿秋白文集》（第四卷），北京：人民出版社，1998 年版，第 517 页。

胜利。也只有如此，才能取得党在反日战争中的领导权。"①

如今，党对人民军队的绝对领导不仅要在战场上建功立业，还要在抢险救灾、公共服务、科技研发、军民经济融合、服务群众等方面体现党和社会主义制度的政治优势。总之，在党的思想体系中，领导权和支配关系中的权力、权威构成了类似于"霸王道杂之"的政治格局。只不过，"霸""王"二道并非互相独立的两个领域，领导已经渗入了政权和军事活动内部，对支配关系和权力运作形态进行了深刻的改造，寓王道于霸道之中。

四、组织建设与思想、政治工作的统一

正是因为中国共产党话语中的领导权突出于它的思想属性和政治属性，在历史上，组织与领导权的关系一度出现了分离的趋势。因为党的组织既是党进行思想工作和政治工作的载体，又有可能在结构上演变为官僚制，从而让领导关系转变为纯粹的支配关系。在毛泽东看来，领导权与组织的支配特征应该具有泾渭分明的界限，他有一段非常著名的论述：

"必须保证共产党员在政权中占领导地位，因此，必须使占三分之一的共产党员在质量上具有优越的条件。只要有了这个条件，就可以保证党的领导权，不必有更多的人数。所谓领导权，不是要一天到晚当作口号去高喊，也不是盛气凌人地要人家服从我们，而是以党的正确政策和自己的模范工作，说服和教育党外人士，使他们愿意接受我们的建议。"②

为了充分调动群众的积极性和主动改造客观世界的意识，毛泽东晚年对领导权的认识一度贬抑其组织上的特征，单纯弘扬它在思想政治上的特征。"文化大革命"时期，"组织上、行政上的指挥权"同"思想上、政治上的指挥权"干脆被彻底地区别对待，以至于改革开放后，"领导权"三个字就很少出现在中央的正式文件和领导人的公开讲话当

---

① 《毛泽东选集》（第一卷），北京：人民出版社，1991 年版，第 266 – 267 页。
② 《毛泽东选集》（第二卷），北京：人民出版社，1991 年版，第 742 页。

中。一方面，此时的共产党已经牢牢掌握住了政权，而每每提及"领导权"总有同其他势力争夺的意味，既然阶级斗争为纲的路线已经结束了，举国上下要紧紧抓住经济建设这个中心，富有斗争色彩的"领导权"就退居次要位置。另一方面，对于如何结合好领导权的古典意义与现代政治上的权力、权威观念，党还没有成熟的理论成果，甚至连"党的领导"是什么都在重新思索当中。党管一切、党政不分、以党代政不是科学的领导方式，完全的党政二元结构也不利于坚持党的领导，前者会让党组织过于依赖权力和权威，丧失在政治上、思想上的领导力，后者会让党组织失去组织优势，同样在政治上、思想上没有说服力。总之，党的领导权和制度化的权力需要一个结合点，才能将党的领导贯彻到改革和发展的各项事业当中去。

十八大以后，全面从严治党面临的一个关键性问题就是各级党组织虽然存在，但是在政治、思想、意识形态上的领导力不足。有的地方空有组织没有领导，在国有企业、事业单位、新闻舆论战线甚至广泛存在着组织空转的现状，一些地方党委索性变成了一级行政组织，把各项具体的行政工作当成了一般性的事务。因此，党的领导权的概念再度出现在中央领导的各种正式讲话中，而解决领导权的问题也回归到党组织的内部。今日之牢牢把握党的领导权，首先需要正确处理的是党内和党外在"领导"环节上的逻辑关系。习近平总书记多次强调全面从严治党，核心是加强党的领导，换言之，从严治党的目标、策略、标准和评价指标都要围绕着党的领导是加强了还是削弱了来制定和判断。领导权的行使体现在巩固党的政治基础和开展思想工作层面。

其次，领导权的巩固还要补充传统因经权之辩导致规范意识弱化的问题。毕竟儒家重礼不重法，国家层面上的法律和制度设计并非中国政治文化和政治思想的中心，因为"礼"能变通，所以"礼"与"权"才可以互相结合。"法"不能变通，所以就没有"法权合一"的思想。党内政治生活和党的领导，都要讲究原则性和灵活性的结合，务必要给人的主观意志的发挥与创造力的提升留下足够大的空间。但是党毕竟是一个组织，组织就不能没有刚性规范，党的制度和纪律如何与领导权的弹性特征相辅相成，则是考验党的领导和党的自身建设。从十八大以来管党治党的一系列战略部署，尤其是从十八届六中全会的精神来看，最突出的特征就是将对人的塑造和激励纳入制度建设，让制度不仅成为对人主观意志的约束，而且要在正确的方向上驱使人的积极性和创造性。

如今，习近平总书记提出在各项工作中要牢牢把握党的领导权，不仅是要做好思想工作和政治工作，更是要在组织工作的阵地上，在从严治党、严肃党内政治生活的前提下，释放党的领导的活力。在思想意识形态工作和政治工作最前沿的领域，敢于发声、敢于亮剑、敢于担当，引领风气之先。不断增强人民群众对于党的认同是需要在党的领导下各项工作的开展，循序渐进、久久为功。领导权发挥作用的阵地是激烈的前沿阵地，形势瞬息万变，需要各级党组织具有强大的辨别能力和应变能力，党的领导工作的全部领域要与之形成密切的相互配合的态势，用久久为功的成果支持前沿的工作，最大限度地施展领导权的效力。规范与变通在党的组织框架内以及工作的特殊性上是不相矛盾的，这是当代共产党人的"经权合一"的领导理念。

第三节　牢牢把握党对意识形态工作的领导权

一、意识形态工作的极端重要性

（一）意识形态工作的内涵

意识形态是一个社会当中，其成员共享的信仰、价值、观念和规范。从外延来看，意识形态覆盖着文化的方方面面，但是文化在大多情况下是"日用而不知"的不自觉精神活动，而意识形态则是围绕着客观世界产生的主动的、自觉的精神和心理活动，它可以具体为抽象的概念符号体系、周严的论说逻辑和具有鲜明价值导向的评价标准。任何社会制度都需要意识形态层面的"正当性"，但是这种正当性并非与生俱来的。社会物质条件的变化带给人对于自身的虚幻认识，在《1844年经济学哲学手稿中》中马克思指出："这种物质的、直接感性的私有财产，是异化了的、人的生命的物质的、感性的表现。私有财产的运动——生产和消费——是以往全部生产运动的感性表现，也就是说，是人的实现或显示。宗教、家庭、国家、法、道德、科学、艺术等等，都不过是生产的一些特殊的方式，并且受生产的普遍规律的支配。"① 异化劳动使得人服从于自己的创造物，让劳动脱离了人的本质，有刺耳产生的虚幻的意识形态是不可避免的，人们只有从他们设想和构思出来的内容出发去理解人，"人们迄今总是为自己造出关于自己本身、关于自己是何物或应当成为何物的种种虚假观念。他们按照自己关于神、关于模范人等等观念来建立自己的关系。他们头脑的产物就统治他们。他们这些创造者就屈从于自己的创造物"②。人们创造了意识形态，然后被意识形态奴役。事实上，这种异化早已成为阶级统治和各种社会制度，尤其是政治制度存在的基础，阶级利益之间的矛盾和冲突贯穿于阶级社会的文明史，任何意识形态都是该社会中统治阶级主导的生产关系在人们观念中的倒影，人们用这些观念来认识和解释现有的生活。于是，统治阶级通过强化和维护着思想以维护和巩固其阶级统治地位，不断地把阶级剥削造就的各种观念意识和社会心理转化为全社会范围内的自觉意识，这种意识存在于统治阶级自身，更奴役着被统治阶级。而随着生产力的发展，生产关系的变革必然呼唤社会革命，新的统治阶级在掌握国家暴力，建立新的社会制度之后，需要创造新的社会观念巩固其统治地位。因此，马克思认为："每一个企图代替旧统治阶级的地位的新阶级，都是为了达到自己的目的而不得不把自己的利益说成是社会全体成员的共同利益，抽象地讲，就是赋予自己的思想以普遍性的形式，把它们描绘成唯一合理的、有普遍意义的思想。"③

共产党人秉持着全人类的解放、实现共产主义社会的最高理想，其意识形态要克服阶级社会抽象的、虚幻的普遍性，直接反映工人阶级运

---

① 《马克思恩格斯全集》（第42卷），北京：人民出版社，1979年版，第121页。
② 《马克思恩格斯全集》（第3卷），北京：人民出版社，1960年版，第15页。
③ 《马克思恩格斯全集》（第3卷），北京：人民出版社，1960年版，第54页。

动本身利益的普遍性，这是一种在不断改造人类社会和相对于人的意识的客观世界过程当中不断丰富、演进，体现人的社会存在真实本质的意识形态。列宁首先提出，在资本主义社会，被资产阶级统治的无产阶级也应该具有自己的意识形态，社会主义革命本身也是无产阶级意识形态成为居于领导地位意识形态的过程。值得留意的是，由于社会主义革命是一场逐渐深入的历史运动，其意识形态也必然在不断地丰富和完善的过程当中，最初不免具有一定的历史局限性，而根据时代的发展和社会条件的变化，意识形态工作的创新和深入与无产阶级的一切领导工作理应具有同步性和同向性。列宁指出："任何思想体系都是受历史条件制约的，可是，任何科学的思想体系（例如不同于宗教的思想体系）都和客观真理、绝对自然相符合，这是无条件的。"① 我们可以根据这一基本原理理解习近平总书记2018 年 1 月 5 日在学习党的十九大精神研讨班上的重要论断："新时代中国特色社会主义是我们党领导人民进行伟大社会革命的成果，也是我们党领导人民进行伟大社会革命的继续，必须一以贯之进行下去。"中国特色社会主义仍然在路上，中国的社会革命仍然没有停止，那么党的意识形态工作也就一刻都不能松懈。此外，党领导伟大的社会革命和领导党的自我革命是相互促进的，党的意识形态工作既是新时代社会革命的先声，亦是党的自我革命的基本要求。因此，意识形态工作体现了党内政治文化、全社会精神意识的领导，以及社会主义核心价值观的强大塑造力，是党领导的一切改革发展成果能够深入人心的精神媒介。

（二）紧扣时代的问题导向

党的十八大以来，以习近平同志为核心的党中央全面推进党的意识形态工作，除了顺应社会主义革命的自身规律的必然要求之外，也遵从问题导向的基本原则，意在着力解决当前党和国家工作中的现实问题，从"四个全面"战略布局的高度彰显意识形态工作的时代性。早在1983年，针对西方敌对势力利用改革开放之初国内解放思想、反思"文化大

---

① 《列宁选集》（第 2 卷），北京：人民出版社，1995 年版，第 96 页。

革命"教训的实际，抓住国内意识形态领域相对自由的条件，大力宣扬资产阶级自由化思想的现状，邓小平在中国共产党第十二届中央委员会第二次全体会议上发表了题为《党在组织战线和思想战线的迫切任务》的讲话，明确指出：理论文艺界"存在相当严重的混乱，特别是存在精神污染的现象"；他还说，"精神污染的实质是散布形形色色的资产阶级和其他剥削阶级腐朽没落的思想，散布对于社会主义、共产主义事业和对于共产党领导的不信任情绪"。从这段表述中可以看出，邓小平所说的"精神污染"包括两个部分：一是资产阶级意识形态，如西方经济上的资本主义和政治上的自由主义等反对中国共产党领导的思想；二是消极腐败的精神状态，如个人主义价值观、贪图享乐的生活作风、封建迷信活动、低俗媚俗的文艺流派等。在改革开放深入整整 30 年之际，中国社会再一次出现了意识形态和人的精神世界的双重危机，只不过这一次前者和后者之间的交叉减少了，党内大量存在的消极腐败现象并非由各种非马克思主义思想观念催生的，而是长期以来管党治党宽松软、政商关系扭曲、社会贫富分化加剧带来的腐蚀效应，进而影响到社会各阶层的人生观、价值观和世界观，这使得意识形态领域急需解决的问题呈现出更繁琐复杂的层次，需要就具体现象对症下药。

在两类问题当中，又以多元社会思潮的兴起对党的意识形态的冲击最为直接、最为猛烈。改革开放将中国推进了全球化的大潮当中，随着市场经济将全世界各地的产品、资本、信息和技术实现了跨国共享，封闭化的政治实体已经不再是单一的经济实体，西方社会的文化产品也大量涌入中国，遍布影视、音乐、体育、艺术设计、娱乐新闻等各个角落。与此同时，中国人通过传统媒体和互联网开始了解西方社会的政治制度的基本架构及其运作逻辑。尤其是 20 世纪 90 年代之初，苏联解体、东欧社会主义国家发生巨变，西方自由民主制度看似掌握了发展道路上的绝对真理，在意识形态宣传中占据了凌厉的攻势地位。与此同时，中国正在加大改革开放的力度，20 世纪 90 年代国有企业改革使得原本在中国社会居于优势地位的工人阶级队伍，因大规模的下岗失业遭遇了重大的冲击，原先体现社会主义社会基本特征的阶级结构变化了。相比之下，民营经济和外资经济如雨后春笋般成长起来，这在为中国经济的腾飞注入活力的同时，也使得中国特色社会主义道路的社会主义特征在普通群众眼中不再像过去那样鲜明，对党的理论创新提出了全新的课题。然而，处于理论供给端的人文社会科学工作却远远没有跟上时代的要求。相反，中国的学术圈反而成为滋生各种非马克思主义意识形态的土壤，这些意识形态大体上包括新自由主义、新左派、新儒家思想、民主社会主义思想、民粹主义思想和民族主义思想。其中，对党的意识形态构成直接挑战的是新自由主义和新左派两大阵营。

当前中国的人文社会科学的主干结构大多于改革开放之初恢复或重新建立，当时恰好是西方新自由主义在公共政策与学术研究领域占据统治地位的时期。当中国打开国门之时，以新自由主义为基本理论原则的西方社会科学，很快成为中国社会科学重建时照抄照搬的模板。加之，学术界本来就已经一片荒芜，那一代的拓荒者很快成为人文科学界的"教父"，他们打着深刻新自由主义烙印的观点，长期以权威的形态统治着后继者的基本学理思维，进而发展成对社会存在的价值导向，因此有人指出西方的自由民主已经成了一个"新道统"。然而，如果采用更加实事求是的态度审视，自由主义者时常会高估自身对社会的影响力，因为这一思潮非常仰赖知识分子的学术话语体系，很难在象牙塔之外的民间广泛传播。再者，自由主义面向公众发出的一些呼吁，相当多的一部分已经在改革的进程中被吸收和采纳，如尊重和保障人权曾经是自由主义者的金字招牌，却早已被写入了《中华人民共和国宪法》当中；加强对公共权力的监督和制约、建立权责对等的行政体系、依法治国、扩大公民的民主政治参与等要求，也正在逐一得到落实并不断完善。尤其在党的十八大之后，中央将全面依法治国作为"四个全面"战略布局之一，习近平总书记从根本上反驳了党内存在的"党大还是法大"的疑问，指出"党大还是法大"是个伪命题，"权大还是法大"才是个真命题。各级党组织要保证司法机关独立行使审判职能，从而化解了自由主义者在党的领导与依法治国之间制造的对立。相反，市场经济初期造成的工人大规模失业，以及教育、医疗、住房市场化导致的民生问题，严重破坏了自由主义主张"全盘私有化""市场万能论"的现实基础，西方国家近年来遭遇的治理困境也难以给予理论援手。事实上，中国自由主义知识分子在学理上几乎已经丧失其所有的立足点，其剩余的阵地只有对中国共产党领导地位的各种质疑，比如过度夸张选举程序对于政权的合法性、编造历史虚无主义、放大党在历史上经历的曲折、贬低以毛泽东为代表的老一辈无产阶级革命家、宣传普世价值、变相否定党的意识形态、宣传历史终结论、妖魔化党员干部队伍等。随着网络新媒体的兴起，新自由主义逐渐走出了知识分子队伍，在社会上"武装"了一大批形形色色的"公知"，已经从一种尚且有借鉴价值的学术思想变成了严重敌视、破坏中国特色社会主义事业的歪理邪说。

与自由主义相比，长期与之论战的新左派阵营虽然同样产生于学术界，但是其基本立场的表达与其学术讨论显得脱节，尽管其中包括了某些治学尚且严谨的学者，然而其冲在一线影响公众的群体却显得戾气充盈、漫天叫骂、缺乏斯文。新左派的思想最为奇特之处在于，它充斥着对市场经济的批判，却极少有关于计划经济"优越性"的论述，对于马克思主义中国化急需实现的讲好中国故事，阐释中国特色社会主义在道路、理论、制度、文化优越性的历史课题不仅避而不谈，相反，它是通过贬低改革开放以来的各种举措作为自己的理论支撑点。这一思想由于理论空洞、缺乏内涵，甚至是基本的人文涵养，常常和国家主义、民粹主义、民族主义等相互之间富有矛盾的其他思想结合在一起，或者说通过借尸还魂的方案扩大它在普通群众中的影响。归根结底，新左派虽然名为左派，实则脱离了马克思主义经典理论，利用贫富分化和腐败严重等社会问题，将改革开放等同于西化，对外鼓动民族主义，对内鼓动民粹主义，同时又利用国家主义的招牌与提倡西方民主宪政和公民社会的自由主义论辩，从理论上完全是"四不像"，但是在宣传口吻上总显得声势浩大、令人畏惧。

在党的十八大召开的前五年，发源于高校学术界的学术思潮都呈现出社会化的趋势，并且在互联网上已经成为客观存在的社会思潮，同时在一定程度上侵入到党内少数领导干部的政治生活当中。于是，在党的十八大报告中才旗帜鲜明地指出，"不走封闭僵化的老路，也不走改旗易帜的邪路"；在十八届六中全会新修订的《关于新形势下党内政治生活的若干准则》明确规定："党员干部尤其是高级领导干部在大是大非面前不能态度暧昧，不能动摇基本政治立场，不能被错误言论左右。"围绕着思想界与社会舆论界呈现的新问题，十八大之后党中央针对意识形态建设在如下若干领域进行重点部署：一是理论创新，让理论更接地气，增强对现实问题的解释力，同时以更加兼容并蓄的态度，提高意识形态吸收消化各种社会思潮的能力。二是提高党的新闻舆论工作的能力，创新方法手段，切实提高党的新闻舆论传播力、引导力、影响力、公信力。三是围绕社会主义核心价值观建设推进文艺事业，将社会主义核心价值观内化为广大公民的行为自觉。四是营造风清气正的网络空间，让网络环境清朗起来。五是牢牢树立马克思主义在哲学社会科学中的指导地位，加快构建中国特色哲学社会科学。六是提高高校思想政治工作水平，牢牢掌握党对高校工作的领导权。七是讲好中国故事，面向世界阐释中国道路的历史和现实。

（三）不断推进理论创新

习近平总书记在哲学社会科学工作座谈会上的讲话中引用恩格斯的名言，"一个民族要想站在科学的最高峰，就一刻也不能没有理论思维"，并鼓舞哲学社会科学战线上的同志们，"当代中国正经历着我国历史上最为广泛而深刻的社会变革，也正进行着人类历史上最为宏大而独特的实践创新。这种前无古人的伟大实践，必将给理论创造、学术繁荣提供强大动力和广阔空间。这是一个需要理论而且一定能够产生理论的时代，这是一个需要思想而且一定能够产生思想的时代"。

要领导全国人民夺取中国特色社会主义的伟大胜利，理论创新一刻也不能止步。党的十八大以来，习近平总书记对党的理论创新工作多次提出重要指示，并从实践创新和理论创新的结合面上，深度阐述理论创新对于中国特色社会主义建设的重要意义，指出"我们党之所以能够历经考验磨难无往而不胜，关键就在于不断进行实践创新和理论创新"，"把坚持马克思主义和发展马克思主义统一起来，结合新的实践不断作出新的理论创造，这是马克思主义永葆生机活力的奥妙所在"。中国特色社会主义进入新时代，提出了习近平新时代中国特色社会主义思想本身就是理论创新的重大成果，而这一成果离不开党对改革开放近 40 年伟大实践的回顾和总结，离不开对十八大以来五年奋斗所取得的历史性突破的同步性思考与提炼。在意识形态领域，党的理论在过去十余年间一直遭遇着形形色色不同思潮的挑战，有些观念和立场甚至已经广泛侵入党的领导干部队伍当中。因此，十八大以来党的理论创新除了对实践经验的总结之外，更重要的是从理论本身出发，在思想的交锋过程中创新和丰富理论的内涵，这充分体现在党对源于学术界广为流传的自由主义论调的直接驳斥，以及继续高举中国特色社会主义伟大旗帜，对否定改革开放的种种新左派思潮的有力回击。

二、当前意识形态工作的基本方略

（一）理论话语交锋中的强力回应

由于中国在改革开放之初，重建哲学社会科学吸收了大量当时西方的理论范式，从而让一些充斥着西方中心主义思想和自由主义价值观念的学术概念，随着高等教育的普及在为数众多的知识分子和青年学生当中广为流传，甚至被一些人奉为圭臬，其中就包含着"普世价值""公民社会"等。这些看似"中性"的学术概念其实起源于西方社会特有的政治发展模式和文明进程，国内学术界在解释过程中由于脱离了概念产生的时代背景和文化背景，自觉或不自觉地用普遍化的语境掩盖了其中的文化特殊性，从而使其成为一种改革中国政治、社会的道路模式得到鼓吹，严重动摇了党的意识形态在思想界的领导地位。

1. 消解"公民社会"理论

"公民社会"一词起源于西方古典时期的城邦社会，"公民"是对拉丁文"civil"的意译。而事实上，古希腊、罗马城邦没有国家与社会的分化，"civil"其实等同于希腊语中的"political"，即"政治"的意思。直到在近代早期，"Civil Society"的确切含义仍然是"政治社会"或"文明社会"，它强调只有建立了完善的政治制度才能让人类告别野蛮混乱的时代。此后，"Civil Society"的内涵逐步重点强调西方近代的城市和商业文明构成的市民生活领域，但仍然没有彻底脱离政治的内涵。例如，黑格尔虽然区分了国家和"市民社会"，可他却认为市民社会当中需要通过司法对人的所有权进行保护，需要通过警察和同业公会在社会中关照人的特殊利益。显然，在当代西方人的眼中，司法、警察是彻彻底底的国家暴力工具，同业公会无疑是具有浓郁封建人身依附特征的组织机构，与完全独立于国家权力的市民社会显得格格不入。真正完整论述市民社会本质特征的是马克思，他笔下市民社会的范畴完全清楚了国家权力的身影，并且从物质的生产关系去把握市民社会中人与人的关系。事实上，马克思对市民社会的论述是其分析资本主义社会的起点。今天西方人所指的"市民社会"被国内学者翻译成"公民社会"，是因为"Civil Society"不仅与国家权力而且与市场经济分离，它是指围绕着公共政策和公共服务形成的社会组织领域，包括非政府组织、协会组织、公民社团和社会运动等。国内宣扬公民社会的学者，正是借鉴了西方公民社会强调公民的政治参与、以非政府的形式投入公共政策的特征，试图发展中国公民在政治权力之外影响公共决策、提高公共服务的"社会领域"。这一主张听起来冠冕堂皇，但其中隐藏着严重地违反社会主义核心价值的理念和思维定式。首先，公民社会的基础是个人主义，几乎一切西方公民社会的组织形式都是建立在以个人权利为中心的人与人的契约关系之上，在中国它很容易扩大不同社会阶层的分歧，激化原本并不明显的社会矛盾。例如，近些年有些地方学习西方社会组织的方案，在城市的居民小区当中建设各种社会组织，原本的目的是出于服务小区居民，结果这些组织却频繁地领导居民上访、缠访，向当地政府提出各种无理要求。这是因为以个人主义的契约关系建立的社会组织的服务对象总是某个社会阶层和某个利益群体，其协调性远不如其抗争性。其次，西方公民社会理论是基于国家与社会的二元关系不断完善的，在中国这就很容易将各种社会组织推向政府的对立面，从而导致既有社会矛盾的发酵，不利于达成协商共识。其实，在深层的意义上，传统中国社会以及中国人的伦理意识和思维方式，与西方公民社会的理论框架迥然有别。公民社会不但是与国家对立的领域，而且是与家庭对立的领域，可中国人的核心生活领域恰恰是家庭。在古代社会，宗族、乡村、商业组织和社团组织都是家庭的扩大与虚拟，一切社会伦理都是家庭伦理的延伸，或者是对家庭伦理的类比，甚至连国家中的政治伦理都是如此。因此，在国家、家庭之外构建一个独立的第三领域是完全不合乎中国人的生活习惯和伦理实际的。中国人理解的"公"不是家庭和个人之外的事务，而是能够触及自身情感与体验的一切事务，仅从利益诉求而非人情冷暖的立场谈公事，反而极易堕落为无节制的自私行为。再次，中国人的思维方式遵循着阴阳互动的辩证理性，注重事务双方的互补与协调，无法在行动上适应公民社会奉行的二元对立逻辑。最后，从中国社会的实际情况而论，政府机关、事业单位有着庞大的机构，并还保留着改革开放之初单位办社会的许多痕迹，何况熟人社会的交往传统使得基层群众具有"托人办事"的习惯，"国家"对于中国人的实际生活来说反而更像"社会"。所以，无论从伦理标准、生活实际还是价值立场来看，公民社会必然会成为西方价值观的传播载体。

党中央从实际工作方案的完善入手消解公民社会的理论依据。中国共产党第十八届中央委员会第三次全体会议强调，中国国家治理体系是党领导下管理国家的体系，"治理"一词的中心是"党的领导"，不能简单地用多元化、多中心的概念生搬硬套，无论是国家机构、群团组织、基层组织还是新社会组织，无一例外贯穿党的领导。习近平总书记指出，社会组织面大量广，加强社会组织党的建设十分重要。2015 年 9 月，中央办公厅印发的《关于加强社会组织党的建设工作的意见（试行）》，为全面加强社会组织党建工作指明了方向、提供了遵循。如果中国存在公民社会，也不是相对于政府直接参与公共政策的第三领域，而是在党的统一领导下被"协调"的对象，最终为的是最广大人民的根本利益，实现人民认同的"最大公约数"。

2. 提出"共同价值"反对"普世价值"

与"公民社会"相比，"普世价值"的流毒更广、危害更大，因为"普世"一词具有相当强大的障眼法，一是将"普世"理解为文明和国家之间人有我有的同质化内容，二是把某些"真理"性的内容混同为"价值"。真理是客观存在规律和发展逻辑，价值则纯属人主观好恶、情感的指向，如马克思对人的一般劳动的分析显然是真理，儒家对人心性之学的讨论也是为了求得某种真理，这不能说是价值。

其实，如果深入西方文明发展的内在逻辑就不难明白，"普世价值"一词体现的是文化中心主义的立场。"普世价值"（Universal Value）这一概念，直接来源于基督教的"普世主义"（Universalism），是西方文明的特殊产物。公元前 4 世纪之后，随着亚历山大东征和罗马帝国的扩张，诸多古老的民族被纳入到统一的"世界帝国"之中。此时的西方人认为，无论存在着多大的文化差异，世界各民族都应遵守宇宙间统一的法则，这就是"普世主义"思潮。基督教正是顺应了这一思潮，在《旧约圣经》中，上帝曾告诉亚伯拉罕，"地上的万族都要因你而得福"，并预言上帝的恩典将超越以色列人的界限进入"异教"的世界。按照基督教教义，信仰是为了让人类获得拯救，传播天国的福音、推广基督的事业即选民身份的证明。因此，基督教的普世主义就是把基督教的教义、伦理推行到全世界，就像太阳普照大地一样，基督的恩惠也必然普照全人类，救赎每一个人"罪恶"的灵魂。近代以来，基督教普世主义成为西方对外扩张的文化动因。18 世纪启蒙运动的思想家们致力于用"理性上帝"取代人格化的上帝，用"理性之光"去普照世界各地，从而使普遍的价值或伦理开始脱去了宗教的外衣，成为文化中心主义和文化一元论的理论滥觞。

当年的欧洲中心主义认为，欧洲是世界的中心，地球上其他的地方必须要接受欧洲文化的洗礼，正如黑格尔所说：太阳虽然从东方升起，但只有到了日耳曼的上空才大放光芒。当今美国代表的西方国家把他们理解的"民主、自由、人权"等作为"普世价值"向全世界强势推行，其理论意旨万变不离其宗，仍然是西方中心主义、文化中心主义、价值中心主义的时代变型。时至今日，随着布雷顿森林体系打造的金融霸权日益萎缩，美国的优势也仅限于军事武装力量和文化传播机制两方面。一手是软实力，即利用现代高科技如网络、传媒和娱乐产品传播美国价值观，以达到"洗脑"和"颜色革命"的目的；另一手则是不断地挑唆、发动战争，这个过程又常常裹挟着对非西方民族文化的"改造"和破坏。西方的优势地位至今不过两个多世纪，西方中心论者却已经急不可耐地宣扬其价值观在全球的胜利。其实，"普世价值"论者难以解释这样的尴尬：他们一面大力宣扬不同的民族之间应该达成"价值共识"，一面又拒绝承认价值共识已经客观存在于不同的文化传统之中。这更加深刻地揭露了"普世价值"在本质上只是西方"单边价值"的事实。

要从根子上批判普世价值就要揭露其文化中心主义的本质面目，应待之以文化相对主义的立场，于是有了习近平总书记提出的"共同价值"的重要论断。2015 年 9 月 28 日，习近平主席在纽约联合国总部出席第七十届联合国大会一般性辩论，发表题为《携手构建合作共赢新伙伴　同心打造人类命运共同体》的讲话，他在讲话中指出："和平、发展、公平、正义、民主、自由，是全人类的共同价值，也是联合国的崇高目标。目标远未完成，我们仍须努力。当今世界，各国相互依存、休戚与共。我们要继承和弘扬联合国宪章的宗旨和原则，构建以合作共赢为核心的新型国际关系，打造人类命运共同体。"这里，习近平主席所阐述的"共同价值"概念，反映了全人类的价值共识，体现了"人类命运共同体"的价值诉求。讲话一经发表，立刻引起了国内理论界、思想界、学术界的高度共鸣。

"共同价值"在理论上是反对文化中心主义的，其理论基础是价值中立主义、文化相对主义和文化多元论。这种理论认为全世界各民族、各文化系统都是平等、并行的，各民族都有自己特殊的核心价值和文化传统，各文化传统之间不存在着优劣高低之分，而是各有优长，彼此取长补短、共同发展。因此，文化相对主义立足于民族的本位文化，尊重其他民族独立发展的特殊途径。不过，文化相对主义虽然强调民族文化的多源、多样和多元性，但同时承认作为人类共同体中的一员，彼此之间存在着相同的利益诉求和道德关怀，怀有共同的价值目标。因此，共同价值与其说是被"实现"的，不如说是被"发现"的。倡导共同价值首先应呼吁文化的平等、自主发展，坚决抵制戴着高低优劣的有色眼镜对待文化差异的态度。其一，历史地看，世界各大文明的起源有先有后，其发展水平在具体的时空条件下也是不平衡的，但这并不是说价值共识只能在优势文明的领导下才能实现。其二，由于各个民族在风俗习惯、制度体系、信仰传统、审美情趣等方面经年日久积累下了诸多差异，共同价值的表达亦离不开具体的民族文化形式。最后，凝聚价值共识还离不开宽容、兼蓄的心胸和有机、辩证的哲理思维。中国文化自古就充满着辩证理性，如宋明理学主张"理一分殊"，"理"是宇宙万物遵循的永恒的本体和规则，万物对"理"的认识需要诉诸事物的特殊性来实现，正所谓"物物各据此理，物物各异其用"。正是这种"有机"的哲理思维，缔造了中华文明兼容并蓄的博大胸襟。

2016 年 1 月 21 日，习近平主席在《伊朗报》发表题为《共创中伊关系美好明天》的署名文章中指出："中国人说：'人之相知，贵在知心。'波斯谚语说：'人心之间，有路相通。'不同国家、不同民族、不同文明之间，应该坚持交流互鉴、和谐共存。"提倡共同价值必须先行树立起平等的文化心理，在相互尊重的基础上加深彼此之间的了解，珍惜并巩固已经被发现的价值共识。马克思主义经典作家很早就指出，一切人类文明成果都可以被吸收、容纳到社会主义当中。马克思主义在形成过程中，更是充分汲取了不同文化的结晶。高举全人类共同价值的旗帜，就是要用好马克思主义的思想武器，扩大、深化文化之间的交流，充分理解"全人类共同价值"的文化属性，从根本的思维形态与"普世价值"划清界限。

（二）意识形态工作领域的最新部署

今日之意识形态工作，本质上正是党的领导权问题在全面执政、长期执政环境下的新的形态，党掌握国家政权并不意味着同样也能掌握意识形态的领导权，在精神和思想领域仍然存在着守土有责、寸土不让的斗争环境。鉴于过去的经验和教训，意识形态工作的成败需要紧扣由党内向党外的"领导"环节，对内要让全面从严治党的目标、策略、标准和评价指标都围绕着党的领导是加强了还是削弱了来制定和判断，对外要把握社会风气、群众道德和党的政治领导力、思想引领力、群众组织力以及社会号召力的强弱，要切忌单纯使用群众资源代替基层党组织的政治功能。意识形态领导权的加强和巩固中枢在于党内政治文化和党的思想建设，如果党内的思想涣散、风气不正，优秀的文化基因得不到传承，对外的思想工作、宣传工作、意识形态工作自然是无的放矢、无路可循。然而在理论上仍然要把握好党性和人民性的统一，让党内政治文化既表现出意识形态层面的先进性，同时也要具备对广大群众的带动性和感召性，这就要求意识形态工作走出照本宣科、空喊口号的误区，用生动丰富的舆论工作和文艺形式走入党心、民心，因此习近平总书记指出："党性和人民性从来都是一致的、统一的。要树立以人民为中心的工作导向，把服务群众同教育群众结合起来，把满足需求同提高素养结合起来，多宣传报道人民群众的伟大奋斗和火热生活，多宣传报道人民群众中涌现出来的先进典型和感人事迹，丰富人民精神世界，增强人民精神力量，满足人民精神需求。"党的意识形态建设应该采用文化传播的途径成为人民群众乐于接受、自觉接受的精神和心理体验。

第一，要做好新闻舆论工作。在市场在资源配置中起决定性作用的全面深化改革的年代，新闻舆论一直面对着如何在市场竞争中牢守意识形态阵地的问题，怎么才能用好市场、驾驭市场，而非被市场所左右。一味迎合市场，新闻界必然会出现如虚假报道、低俗媚俗、不讲政治原则的批判，甚至弱化新闻对公共权力的监督职能，演变为西方新闻界为了吸引市场无节制批判政府，甚至用舆论绑架政府的现象发生。对于世界上任何一个政党和政府，政治工作的艰巨性、挑战性都是新闻舆论所承担不了的，经济衰败了、社会混乱了、国家分裂了，当权者要负责、政府要负责，媒体和舆论却不需要负责，但是在西方选举政治和否决政治的环境下，新闻舆论因为掌握了大众而极易让政府在他们的面前退让，从而成为民粹主义滋生的温床。有鉴于此，中国共产党领导下的新闻舆论工作要承担着监督批评与引导建设双重任务，不能因为市场风向而破坏自身的思想阵地，所以习近平总书记明确要求："党的新闻舆论工作坚持党性原则，最根本的是坚持党对新闻舆论工作的领导。党和政府主办的媒体是党和政府的宣传阵地，必须姓党。党的新闻媒体的所有工作，都要体现党的意志，反映党的主张，维护党中央权威、维护党的团结，做到爱党、护党、为党，都要增强看齐意识，在思想上政治上行动上同党中央保持高度一致；都要坚持党性和人民性相统一，把党的理论和路线方针政策变成人民群众的自觉行动，及时把人民群众创造的经验和面临的实际情况反映出来，丰富人民精神世界，增强人民精神力量。"党媒姓党为的是在全社会范围内营造社会主义核心价值观的氛围，让广大党员的精神世界在生活中无时无刻不浸沐和接受主流意识形态春风化雨般的滋养，当然，这需要新闻舆论工作者首先有过硬的理论素质和党性修养，能够明辨是非，善于把握正确导向，善于说理，用党员群众听得懂的语言灵活生动地表述自己的观点，讲好中国故事，体现时效度。同时，在对公权力的法律监督和对社会行为的道德的监督上，新闻舆论工作理应开风气之先，不但在大是大非的意识形态方面敢于亮剑，还要善于从群众关心的身边事情着手树立社会正义、针砭时弊，让群众自觉地投身到捍卫社会主义核心价值感的阵地上来。这同样要发挥党组织在文化领域制高点的作用，在新闻舆论的关键岗位上锻造一批思想、能力过硬的党员队伍，紧密围绕着业务工作的开展严肃党内政治生活，将党的思想建设与文化建设成果及时转化为媒体工作的资源。随着互联网和新媒体大有取代传统媒体之势，新闻舆论工作的重心已经发生了转移，习近平总书记专门指出，对于正面的理论宣传，"做好网上舆论工作是一项长期任务，要创新改进网上宣传，运用网络传播规律，弘扬主旋律，激发正能量，大力培育和践行社会主义核心价值观，把握好网上舆论引导的时、度、效，使网络空间清朗起来"；对于营造健康积极的精神状态，同样不能放松网络空间的治理，因为"网络空间是亿万民众共同的精神家园。网络空间天朗气清、生态良好，符合人民利益。网络空间乌烟瘴气、生态恶化，不符合人民利益。谁都不愿生活在一个充满虚假、诈骗、攻击、谩骂、恐怖、色情、暴力的空间。互联网不是法外之地。"

第二，要重视理论创新。党对意识形态和社会思潮的领导必须紧紧抓住人的本质，让党员和群众像对待传统社会的家庭一样对待党的组织和自己生活的社会群体。这首先需要理论创新，把道理讲清楚；其次需要接地气的理论传播。中国民主革命年代，共产党人的著作不但感召了一大批党内人士和民主党派人士，同样也受到国民党党内许多高级官员的推崇与认可，就是因为以毛泽东的著作为代表的党的理论宣传不但讲清了很多道理，同样还会讲这些道理。理论创新的中心是中国的哲学社会科学，哲学社会科学工作者是思想意识形态的关键人群，要让他们成为先进思想的倡导者、学术研究的开拓者、社会风尚的引领者、党执政的坚定支持者，需要将党组织渗入他们当中，就像革命战争年代动员军人、动员农民、动员工人一样团结他们，为他们培养研究的基础，增强他们的荣誉感、获得感、责任感，给予他们不断的激励，将他们中的先进人事发展入党内，扎根学术工作的阵地。调动他们的力量培养学生，吸引年轻人。为了实现这个目标，各级党组织都必须尊重知识、尊重人才、尊重创造，努力学习，各级领导干部要懂得虚心向知识分子请教，主动同专家学者打交道、交朋友，而这也关系到党的执政方式和领导方式的改变。哲学社会科学工作的成效将为党内政治文化的建设提供源源不断的理论资源，如何让二者有机融合、无缝对接，取决于各级党组织在谋求发展、领导中心工作时对待知识与知识分子的态度。在现实中，急功近利的思想没有真正得到克服。尽管许多领导干部也尊重知识分子、重视专家学者，但更多是从实用主义角度，希望专家学者给他们出主意、出办法，帮助他们解决眼前的问题，而没有站在思想意识、文化涵养、知识积累的角度向哲学、社会科学专家学者求教。于是，党内的理论学习和政治教育经常是为了完成上级任务认认真真走过场，充斥着各种庸俗化、随意化、娱乐化现象。这样既不有利于党内政治文化建设深厚土壤的培植，更不利于调动知识分子投身于理论创新的工作积极性，以及深入群众之中开展思想引领的社会责任感。党内政治文化与社会主义核心价值观建设更是成了无源之水、无本之木。有鉴于此，各级党组织应当从知识生产的内在规律入手，学会善于调动哲学社会科学工作者的积极性，不能单纯地依靠物质利益的诱导或固守"学而优则仕"的思维定式，让一些优秀的，原本可以进一步创造更多学术成果的学者去从事各项行政工作。这样不但会扭曲学术生态，还会让学术界变得风气浮躁，对于原本应该久久为功的大学问多浅尝辄止。习近平总书记指出："构建中国特色哲学社会科学，要从人抓起，久久为功"，坐不了冷板凳就出不了大思想。要让党牢牢把握在哲学社会科学工作上的领导权，就得尊重人的价值，把握学者的心理，给他们合适的平台与正当的激励，从而让知识群体自觉向党靠拢，为党发声，感受到在党的领导下中国特色社会主义的优势，成为马克思主义的忠诚捍卫者和创新者。

第三，同样的要求也可以适用于高校思想政治工作。习近平总书记强调："高校思想政治工作关系高校培养什么样的人、如何培养人以及为谁培养人这个根本问题。要坚持把立德树人作为中心环节，把思想政治工作贯穿教育教学全过程，实现全程育人、全方位育人，努力开创我国高等教育事业发展新局面。"高等教育的对象是年轻人，他们正处在人生观、价值观的塑造期，思维意识形态最为活跃也最为敏感。高校思想政治工作的领导权在于把握年轻人的心理，运用年轻人爱听的语言、喜闻乐见的方式、贴近生活的行动，在课堂上、生活中潜移默化地对其施加影响。正如革命年代，中国共产党用农民、士兵、工人能够接受的文化样式吸引他们一样。目前高校思想政治教育课程枯燥、形式单调，与学生们的专业课程结合不够紧密，满堂灌输缺乏思考，教师队伍培养也落后于专业课程的专业骨干教师，这些都是现存的问题。从根本上说，各级党组织应该抓总体、抓全面，不但要对思想政治课的教师提供足够多的激励和荣誉，还要抓好专业课教师的思想动态，多与他们对话、谈心。对其中的党员还要严格要求，要加强做好学生工作的投入力度，丰富日常的生活教育，高校党委和各部门的负责人要多与学生接触，克服官僚主义、形式主义，帮助年轻人在政治上的成长。

第四，意识形态工作的主阵地还是形形色色的文艺作品。党中央提出要坚持中国特色社会主义文化自信，这里的文化是指中华民族的精神传承，而非某种具体的文化样式。如果把文化样式理解为文化的全部，很容易将文化自信庸俗化，过去许多文化样式一旦失去就不可能再生，我们只能本着传递文化精神，加强中华传统文化的创造性转化的立场，去继承、改造、创新文化的载体。文艺作品在这方面起到精神凝聚、心理引导的重要功能。在很长一段时期内，中国的文化产品的生产与意识形态宣传发生了严重的脱节，一大批低俗媚俗，甚至宣扬西方价值观念的文化产品充斥在影视媒体和互联网上。而国内外意识形态建设的成功经验表明，意识形态不可能不依赖文化资源。例如，民主革命时期，共产党人创作了一大批脍炙人口的文艺作品，让革命理想、奋斗精神、集体主义价值观等深入人心。所以，习近平总书记在 2014 年文艺工作座谈会上要求："我们要在全社会大力弘扬和践行社会主义核心价值观，使之像空气一样无处不在、无时不有，成为全体人民的共同价值追求，成为我们生而为中国人的独特精神支柱，成为百姓日用而不觉的行为准则。要号召全社会行动起来，通过教育引导、舆论宣传、文化熏陶、实践养成、制度保障等，使社会主义核心价值观内化为人们的精神追求、外化为人们的自觉行动。"如空气一样、日用而不知的精神环境，正是靠传统媒体和互联网新媒体层出不穷的文化产品烘托起来的。文化产品对意识形态的传播功效可以体现在，人们对一个国家价值观念的认同会逐渐与这个国家、政权的具体政策导向发生适度的分离，即使决策出现问题，导致了经济、社会方面的负面反应，人民群众也不会转而质疑本国的基本价值观念。例如，美国的文化建设处处充斥着美国的核心价值观以及爱国主义思想，越南战争是影响美国社会异常深远的一场战争，在整整两代人的内心深处造成了严重的创伤，美国人对作为一场战争的越南战争是持否定态度的，但是对于越南战争背后的核心价值他们从来没有丝毫的质疑。从这一要求来看，中国意识形态建设的目标将更加明确，任务也更加艰巨。要想让有效的公共政策提升群众对中国特色社会主义核心价值观的认同，而不会因为政策的失效降低这种认同，执政过程与意识形态领导势必做到适度的分离，这样大量的工作都被交由文艺工作者去承担。

第五，意识形态工作是由党内向党外的辐射和带动过程，其基本阵地仍然要坚持马克思主义的指导地位。历史的经验告诉我们，凡共产党员坚定理想信念者，首先是出于对民族人民苦难境遇的同情，本着同理心的拟情化伦理，牢牢树立起家国天下的责任意识和使命意识。然而这只是理想信念的本源，坚持理想信念，让党的意识形态宣传显得牢不可破还得有能够说服人的、科学的理论武器，马克思指出："理论一旦掌握了群众，也将变成物质力量。"党的成功秘诀就在于用彻底的理论说服了群众，最后掌握了群众，从而使中国共产党的事业有别于以往的政治革命、工人运动和农民起义。直到中国社会已经高速发展，人民物质生活需求极大满足的今天，理论仍然能够让共产党人看到现存的问题，不产生精神懈怠，仍然没有丢失家国天下的情怀，让自己的工作合情合理、充满动力。因此，我们可以理解为什么习近平总书记指出："宣传思想工作就是巩固马克思主义在意识形态领域的指导地位，巩固全党全国人民团结奋斗的共同思想基础。党员、干部要坚定马克思主义、共产主义信仰，脚踏实地为实现党在现阶段的基本纲领而不懈努力，扎扎实实做好每一项工作，取得"接力赛"中我们这一棒的优异成绩。"

十八大以来，中共中央就党领导意识形态工作做出了大量的具体部署，2015 年中办国办下发《关于进一步加强和改进新形势下高校宣传思想工作的意见》和《关于推动传统媒体和新媒体融合发展的指导意见》。一些主流媒体大力提升、创新宣传工作方法，如《人民日报》进一步完善"中央厨房"运行机制，新华社强化内容创新，推出"四个全面"等一批融媒体报道产品；中央人民广播电台成立融媒体新闻指挥中心，统筹全台融媒体内容生产；中央电视台创新载体手段，涌现大数据服务、VR 视频、网络直播等多种融合互动形式，打造"智慧融媒体"宣传矩阵。体现中国特色社会主义"四个自信"的哲学社会科学体系的建设，这几年涌现出一大批新的理论成果，能够更科学、更有逻辑地讲清中国特色社会主义道路的优势和历史必然性，高校哲学社会科学的课堂风气也焕然一新，而不负责任、哗众取宠，宣扬西方价值观念的声音正在大范围缩水，过去活跃在网络和报端的"公知"们也正在销声匿迹，这一切都昭示着党将会越发牢固地掌握对意识形态工作的领导权。

第四节　党内政治文化建设的原则：民主集中制

民主集中制既是党的根本组织原则也是国家政权的根本组织原则，它宣示着无产阶级政党领导人民群众践行社会主义道路，实现社会主义理想的基本制度方案。在中国共产党的建设史上，制度建设最主要的工作就是加强和完善党的民主集中制。党的十八大之后，党的制度建设取得了重大的历史成果，习近平总书记在党的十九大报告中强调："完善和落实民主集中制的各项制度，坚持民主基础上的集中和集中指导下的民主相结合，既充分发扬民主，又善于集中统一。"除了重申民主和集中的对立统一关系之外，更富有针对性地强调了要加强民主集中制的制度建设，这里的"制度"不是抽象的制度框架，而是可以在工作的不同层面和领域得以操作的具体方案。随着党的全面领导体制机制的不断完善与全面从严治党战略布局的深入推进，党的民主集中制建设必将在体制机制层面得到进一步优化和完善。然而，我们必须意识到，习近平党建思想中的制度建设只是营造风清气正的党内政治生态的有机结构，制度建设的目标归根结底是对人的锤炼与塑造，即提高广大党员干部的党性修养，坚定党的理想信念，持之以恒地改进作风，提高党员干部的政治能力，增强各级党组织的凝聚力、战斗力和创造力。对于党员尤其是党员干部个体来说，良好的政治生态意味着一个良好的从政环境，对于广大人民群众而言，良好的政治生态可以增强中国特色社会主义道路的感召力和党的政治领导力。正如自然生态囊括了生物生存和发展的物理特性、生理特性和生活习性一样，政治生态除了有章可循的制度结构和权力流程之外，还包括人的风俗习惯、情感状态、伦理要旨与最为核心的行为规范，即党内政治文化。事实上，习近平总书记对于民主集中制理论的重大创新之处在于，他揭示了民主集中制内在的文化意蕴。

一、民主集中制的制度与文化

（一）民主集中制：制度与文化的交界面

党的十八届六中全会期间，习近平总书记对于发展积极健康的党内政治文化进行了集中阐述，他指出："党内政治生活、政治生态、政治文化是相辅相成的，政治文化是政治生活的灵魂，对政治生态具有潜移默化的影响。"他在 2013 年全国组织工作会议上则强调："严肃党内生活，最根本的是认真执行党的民主集中制。"这就意味着，民主集中制的执行一定要触及党内政治生活的灵魂，即政治文化才能起到根本的效果。而在一系列阐述严肃党内政治生活的要求时，习近平总书记多次从各个方面谈到了组织内理所应当具有的精神风貌和人文环境，例如政治生活本身应当反对"庸俗化、随意化、平淡化倾向"，在观念层面反对"自由主义、好人主义、分散主义"，在道德领域要将党内政治生活视为党性锻炼的平台，提高思想觉悟的熔炉，指出缺乏党性和担当的表现是因为"怕结怨树敌、怕引火烧身，说到底还是私心杂念在作怪"，提倡对同志的批评要"闻过则喜、虚心接受"，党内生活要交心，党内同志要做净友、挚友，在人际关系方面谈论得最多，包括反对"圈子文化""码头文化""人身依附关系"等。通过以上论述可以看出，习近平总书记是站在政治文化的立场思考和评判党内政治生活的应然状况，这些论述涉及党员个体的道德、修养，党员之间共享的行为准则与自觉意识，以及在此基础上形成的风气，覆盖了"文化"由表及里的各个层次，如态度、习惯、价值、道德、规范。无论是道德的培养、价值观的塑造、习惯的锻炼，还是行为自觉的规范养成，都离不开民主集中制的机制在发挥作用，而民主集中制本身也是一种文化形态，如习近平总书记指出："要发扬党内民主，营造民主讨论的良好氛围，鼓励讲真话、讲实话、讲心里话，允许不同意见碰撞和争论，同时善于进行正确集中，防止议而不决、决而不行。"要达到这样的境界，除了具体的制度保障之外，人们讲真话、讲实话、讲心里话的充分意愿，以及相互之间的体谅、宽容和虚心接受起着举足轻重的作用，从党内政治生活的角度理解，民主集中制无疑包含着文化的基本形态。

正因如此，在十九大新修订的党章中，"发展积极健康的党内政治文化，营造风清气正的良好政治生态"被写入民主集中制的相关段落之中。事实上，习近平总书记使用党内政治文化的概念充实民主集中制的具体内容，既是党的重要理论创新，也是对历史上民主集中制相关理论要求的归纳与提炼。诚然，民主集中制自诞生之日起是被作为一套组织制度与领导制度对待的，列宁对于民主集中制的讨论一般不会离开具体的制度要求，包括代表和领导机构由选举产生，并且有一定任期，他们必须向党员报告工作，可以撤换；党的领导机关对下级机关具有指挥权和约束力等等，这些都被列宁归纳为民主集中制原则建立起来的制度。中国共产党对民主集中制的运用和理论阐释一直以来也紧扣制度的范畴，尤其需要指出的是，毛泽东不但在《关于健全党委制》当中第一次阐释集体领导和个人负责制的关系，对民主集中制原则在具体实践过程中的制度机理做出了深入的归纳和探索，他还首次把民主集中制作为未来中国国家的政治制度，即政体。健全和完善民主集中制的目的在于建立能够保证有效地发扬民主、善于集中的规则，提高民主集中制的法理化、程序化的水平。中国共产党第十一届中央委员会第三次全体会议上，邓小平指出民主集中制是党和国家的最根本的制度，再次突出了制度建设对于健全民主集中制的重要意义，并进一步要求"必须使民主制度化、法律化，使这种制度和法律不因领导人的改变而改变"①。改革开放以来，民主集中制在制度建设上取得了诸多重大成果。如，1987 年中国共产党第十三次全国代表大会对中央层面上民主集中制的制度化提出了设想，包括中央政治局常委向中央政治局、中央政治局向中央全会定期报告工作的制度；适当增加中央政治局全会每年开会的次数；建立中央政治局、政治局常委会、中央书记处的工作规则和生活制度，地方各级党组织也要相应建立和完善有关议事规则、表决制度和生活会制度。1994 年在中国共产党第十四届中央委员会第四次全体会议上通过的《中共中央关于加强党的建设几个重大问题的决定》中，特别强调了"制度建设带有根本性、全局性、稳定性和长期性，必须进一步健全和完善民主集中制的一系列制度"，要制定一系列关于"正确规范党内政治生活、处理党内关系的基本准则和具体制度"。党的十八大以来，习近平总书

---

① 《邓小平文选》（第二卷），北京：人民出版社，1994 年版，第 146 页。

记对于民主集中制的制度阐述更加具体、内容更加丰富。如，2013 年习近平总书记主持拟定的《中央党内法规制定工作五年规划纲要（2013—2017）》提出："抓紧建立健全民主集中制的具体制度，着力构建党内民主制度体系，切实推动民主集中制具体化、程序化，真正把民主集中制重大原则落到实处。"此外，习近平总书记在不同的场合多次强调要从制度方面坚持和完善党的民主集中制，包括完善集体领导制度、强化一把手的领导责任、党组织负责人在党风廉政建设方面的主体责任和监督责任。要求每个领导干部都要加强对民主集中制的教育培训，熟悉民主集中制的规矩，懂得民主集中制的方法。考察班子成员时，要对观察民主集中制不力、发生重大偏差和失误的班子和个人追究责任，明确了建设和完善民主集中制的基本方向。

（二）制度的精神指引

然而，需要指出的是，党的民主集中制在制度方面的完善和发展需要明确的价值指引，并且有赖于全体党员的主动意志予以落实。制度是人制定的，靠人来执行，人对制度的认同才是制度的内在生命。因此，历史上党的领导人更多是在文化意义上对民主集中制加以理论阐述的，其中又以毛泽东的论述最为广博。在党内的精神风貌方面，毛泽东认为民主集中制是为了确保党的团结，必须同各种分裂主义和宗派主义做坚决的斗争，"个人服从组织，少数服从多数，下级服从上级，全党服从中央"即"四个服从"党的纪律，并明确指出："谁破坏了这些纪律，谁就破坏了党的统一。"团结对于党员个体而言不是机械、盲目地服从，不是被动地执行命令，它蕴含着更加积极向上的工作态度，在毛泽东看来团结的氛围理应是积极的状态，要"用发挥全党的积极性，锻炼出大批的干部，肃清宗派观念的残余，团结全党像钢铁一样"[1]。而对他民主集中制塑造的党内政治生活最为经典的描述，"努力在全党形成又有集中又有民主、又有纪律又有自由、又有统一意志又有个人心情舒畅生动活泼的政治局面"，这句话已经成为民主集中制建设的努力方向和严肃

---

① 《毛泽东选集》（第一卷），北京：人民出版社，1991 年版，第 278 页。

党内政治生活的基本标准，被习近平总书记在多个场合予以着重强调，并写入十八届六中全会通过的《关于新形势下党内政治生活的若干准则》之中。从文化传承的意义上看，这段话刚好又是"随心所欲不逾矩"儒家箴言在党的建设和当代中国政治发展的现代诠释。在儒家思想看来，象征着外在约束力的"礼"与强调变通的"权"都应该符合天道、天理决定的"仁"和"义"，人的修养要在"经权合一"的过程中不断提升，而只有圣人才能让自己的每一步行动都同时符合礼和权的要求，让人的心性及欲望符合道义仁心的要求，这是天理与人欲的统一、规范与变通的统一。一个人的主观意志与客观规则制度高度合一的理想状态，在这种状态下制度已经不再是对人的主观意志的约束力量，而是全体党员在行动时真心认同、自觉遵守的法则和规范。民主集中制在价值、道德与修养方面的要求与之有着共享的认知—行动结构，党员的一切主观意志在内容上都符合党的基本宗旨，在行动上都不会逾越党的纪律和规矩。纪律和规矩不仅仅是对党员行为的外部约束，而且是成为党员施展其行为的自觉规范，作为组织原则的民主集中制在规范的层面上体现了其作为政治文化的属性。

事实上，民主集中制自它诞生之日起就不断接受马克思主义基本立场和价值的追问，其必须以最直接、最显白的方式体现马克思主义的价值与信仰追求。列宁在1903年俄国社会民主工党第二次代表大会上首次提出"集中制"的概念时，只是为了在技术层面确保党中央的权威自上而下、不打折扣地落实，"集中制要求中央和党的最遥远、最偏僻的部分之间没有任何避障"，此时的民主集中制只是纯正的制度概念。但是，当罗莎·卢森堡①对集中制的要求发出质疑时，她绝不是从制度和技术的操作效率质疑的，而是从实现马克思主义无产阶级先锋队的要求上指出，真正的集中制应该是工人阶级有觉悟的先锋队（与它的各个集

① 罗莎·卢森堡（Rosa Luxemburg, 1871–1919）：国际共产主义运动史上杰出的马克思主义思想家、理论家、革命家。严肃批判伯恩施坦的修正主义，领导反对第一次世界大战的运动，领导1918年德国革命，创建德国共产党。重要著作有《社会改良还是革命?》《资本积累论》《狱中书简》等。

团和各个成员相对而言）意志的强制性综合，于是问题就转化成如何通过这一制度唤醒无产阶级的革命觉悟，以及在党内杜绝与社会主义要求相违背的官僚集中制和少数人独裁。显然，从这一刻开始，无产阶级的阶级意识成为民主集中制的中心问题。根据马克思主义基本原理，在推动人类解放的进程中，无产阶级的阶级意识将成为唯一真实的、普遍化的意识形态。然而，在阶级分化仍然存在的历史条件下，无产阶级政党的先进性应该体现在广大党员已经训练形成共同的无产阶级的觉悟、思想和道德，这些是党员之间主动遵守、共同认可的精神意志，无需任何外在强制力以驱使党员行动整齐划一。毛泽东对党内政治生活的期望无疑是符合这一境界的，它提倡的党内团结亦是卢森堡担心的下级组织对上级组织"机械式服从"的反面。

因此，在民主集中制理论的初创之日，列宁和卢森堡的对话中已经呈现出这一制度的功效必须与马克思主义的意识形态理论相吻合，即无产阶级需要本阶级的意识自觉，否则就难以集中力量在改造世界中摆脱资产阶级的意识形态控制。然而，尽管列宁吸收了卢森堡的建议，在1906年发表的《提交俄国社会民主工党第四次代表大会的策略提纲》一文中将"民主"作为"集中"的定语，但是他思考的民主是"按大多数人的意志做决定"。显然，列宁的民主体现的是卢梭①批判的"众意"，而马克思和卢森堡倡导的则是无产阶级普遍的阶级意志，即卢梭对马克思产生深远影响的核心概念——"公意"。当然，实践中民主集中制不可能一蹴而就地实现公意，可倘若无产阶级政党仅满足于意志的众数集合，就难以避免卢森堡的批评，民主集中制只是通过制度使无产阶级领导层内部的不同意见达成有效统一的方式，从而衍生出党内的官僚制以及党员机械式的服从。

---

①　让-雅克·卢梭（Jean-Jacques Rousseau，1712-1778）：法国伟大的启蒙运动思想家、哲学家、文学家，法国革命思想先驱。强调私有财产是人类不平等的根源，主张培育自然人，克服科学和艺术带来的道德堕落。认为只有凭借公意才可让人联系起来，使社会克服自然状态的不足。在国家中立法权属于人民，政府只是寄托对象，其不但要捍卫自由，还要捍卫道德。代表作有《论人类不平等的起源》《爱弥儿》《社会契约论》等。

简言之，列宁迫于革命环境的压力对民主集中制的制度构想无法解决凝聚公意的现实要求，于是只能求助于文化的影响力。在民主集中制要求传入中国之后，这一张力迅速驱使中国共产党人要尽快赋予它文化意义，从而在价值、宗旨、理想和信念的若干维度确立制度的完善方向，以及因制度而造就的人际环境和政治生态的理想状态。1927 年国共合作的失败使得党内对执行民主集中制的问题的反思在无意识间指向了文化层面，如八七会议通过的《中国共产党中央执行委员会会告全党党员书》批评："党里面完全是宗法社会制度，一切问题只有党的上层领袖决定，而'首领'的意见不但总应当认为是必须服从的，而且总以为无条件的每次都是对的。"这里所说的"宗法社会制度"不仅仅是制度，对党内冲击最大的其实是"家长制"文化，毕竟当时身为党的总书记的陈独秀并没有制度赋予他一手遮天的大权，他专横的做事风格也引起了许多党员与之公开针锋相对，问题是这样一来健康的民主风气就难以形成。党内对破解这一问题的重点也逐渐集中到了观念、作风和意识形态方面，最后也正因为思想的统一带动了后来的制度变革。

二、民主集中制是马克思主义中国化的政治形态

（一）冲突与统合

随着中国革命的深入，中国文化的特殊性使得中国共产党对民主集中制的理解，与列宁的论述的差异性愈发地显而易见。最典型的是，列宁将"民主"作为"集中"的定语，但是在中国的理论话语中，民主和集中是矛盾对立统一的两个方面，毛泽东在 1945 年中国共产党第七次全国代表大会的结论报告中专门阐释了这对辩证关系，高度的民主和高度的集中虽有矛盾但可以统一。民主集中制就是这两个带着矛盾性的东西的统一。邓小平在改革开放后又指出，民主和集中两个过程要"相结合"，"高度的集中与高度的民主相统一"。显然，中国传统辩证法思想中阴阳互补、对立统一的思维结构是这一制度合理性的内在支撑。"民主"和"集中"正是对立统一的两极，独重任何一极都有可能造成党的事业的严重挫败。不过，正如许多毛泽东研究专家注意到的是，毛泽东

对于矛盾的理解继承了马克思主义冲突论的视角，即矛盾的双方首先是冲突的，统一是冲突发生后经过扬弃而形成的客观结果，这与中国传统哲学中的辩证思维不太相同，后者更加重视矛盾双方互补的特征。但是，毛泽东有关民主集中制的操作方式的讨论仍然体现了传统"和合学"的思维，比如他在《党委会的工作方法》中提出了"十个指头"弹琴的著名比喻，习近平总书记在《之江新语》中也曾用多种声音和一首乐曲的关系、多个指头和一个手掌的关系类比民主与集中。由此可见，中国共产党人是从中国化马克思主义的文化高度领会民主集中制的精要，进而从文化的各个层次对民主集中制的贯彻与实现提出了自身的期望和要求。对于民主和集中的权衡，还体现了中国传统文化的中庸之道。反对"极端民主化"和"权力过分集中"体现的正是"物极必反""过犹不及"中庸思想原理。中庸并不意味着凡事都走中间路线，而是根据环境做出的一种恰如其分、恰到好处的选择。中庸的机制在于"和"，君臣、父子、兄弟、夫妻、朋友五伦都应该如琴瑟之乐，相互应和，在多元关系之中达到适中的状态，使得各种立场和价值要素殊途同归。体现了和合思维结构的民主集中制在运行中的要求必然明显有别于西方的民主制度，其一，"和"才是民主的目标，"合"则是集中的状态。冲突是不可避免的，民主就意味着冲突，甚至意味着斗争，但斗争的结果应当取得团结，而非此消彼长的零和博弈。极端民主化的问题在于它破坏了团结的根本目的，毛泽东就认为其根源在于"小资产阶级的自由散漫性"，"绝对平均主义的来源，和政治上的极端民主化一样，是手工业和小农经济的产物，不过一则见之于政治生活方面，一则见之于物质生活方面罢了"①。其二，这也从另一个角度强调了民主集中制必须依靠某种正确的、无产阶级意识形态。这就是为什么习近平总书记今天坚决反对山头主义、圈子文化、码头文化，拉帮结派、人身依附、自由主义、分散主义、好人主义的根源，由此也可以看出，党内政治文化健康与否决定了民主集中制的运行是否正常，民主集中制的建设与维护又

① 《毛泽东选集》（第一卷），北京：人民出版社，1991年版，第88-89、91页。

将有益于党内政治文化的涵养。

（二）民主集中制的规范之维

除了中国文化的内在结构使得民主集中制具备了突出的文化意蕴之外，民主集中制在党内自身的定位本身使之从一开始就成为一则文化的概念。无论在党的历史上关于"民主集中制"的定义如何丰富，在《党章》中它始终是党根本的组织原则，"党的组织制度"一章中规定："党是根据自己的纲领和章程，按照民主集中制组织起来的统一整体。"原则是什么呢？在列宁的基本设计中，原则即党内的一切制度的结构框架以及制度运行的基本原理，这种原则是"物理"意义的。然而，原则还有另外一重意义，那就是人开展自身行为以及人际交往共同遵守的规矩，这种法则和规矩最初是由外部条件施以约束的，但最终却能转换成为人与人内心深处共同认可、主动尊奉的"规范"。按照当代政治文化理论的定义，规范具有普及性和行动性两种特征。其一，它是人与人之间共享的心理机制，并非一个人独有的；其二，它是可以促发人的行为而非单纯的心理活动，如价值和道德就是纯粹的心理活动，它必须借助规范转化为行动；其三，规范是持久性的心理活动，不会因为条件和环境的特殊性而变化。如，在中国传统文化中，孝顺父母就是规范，每个人与父母的关系可能不同，但都认为应该孝顺父母，也会在行动中孝顺父母。或如，根据红绿灯的指示过马路本来是一种外部引导和约束机制，但当马路上没有车辆时，行人也按照指示灯的指示过马路，就意味着一种规范已经在内心养成。中国共产党理解的民主集中制理应是党员共享的规范，如果只是把"四个服从"理解为一种外部施加的强制，民主集中制无疑会成为卢森堡当年批判的"党的官僚制"和"机械式的服从"，在党内"四个服从"应当成为每一位党员的行为自觉，甚至谁不做到"四个服从"就会遭遇其他党员的内心中的拒斥与行动上的批评。2014年1月14日，习近平总书记在《严明党的组织纪律，增强组织纪律性》讲话中说道："党章规定的'四个服从'，既是党最基本的组织原则，也是最基本的组织纪律。相信组织，这是党内很多老同志最可贵的品质，他们把相信组织、服从组织视为生命。"同理，党的十八以来中央高度强调纪律建设，纪律建设的目标不只是为了让全体党员熟知纪律的底线在哪里，应该令行禁止，更是为了让纪律成为内心深处的规范，成为党性修养的重要环节予以自觉遵循。所以习近平总书记特别强调，纪律教育的目的是为了增强党员、干部的纪律意识，使党员干部把"党章党规党纪刻印在心上"，"把他律要求转化为内在追求，自觉以身作则，发挥表率作用"。

由此可见，民主集中制的基本要求等同于党内政治文化建设亟待塑造的规范。我们已经看到，党历史上关于民主集中制的讨论始终离不开与之相适应的道德、习惯、修养、作风的培育和维持，这些文化要素在各个层次上决定着民主集中制的运行质量。中国的社会制度在近 100 多年的时间内也发生了重大转向，社会道德和价值观念的变化更是显而易见的，可传统中国人的认知—行动结构及社会行为规范则以相当强劲的生命形式延续了下来。在中国社会，随处可见"差序格局"和"圈子文化"对人的行为带来的影响，人情社会仍是中国社会的重要特征，影响人们思考利益纠纷的原则首先不是"权利"，而是彼此间的关系、对方的态度，自己有没有被"欺负"、有没有受气。在政治认知方面，人们仍然尊重权威，各种社会矛盾仍然汇集在党委、政府，同时人们又习惯于质疑掌权者，群众心中依旧充斥着大量的关于官员的负面形象。这些没有因制度变迁而消失的认知—行动结构，在党健全和完善民主集中制的过程中得到了充分考虑，并且成为有针对性的制度设计的依据。

（三）优良作风的伦理意蕴

中国共产党领导的正当性植根于中国社会的伦理传统，即人同此心、心同此理的拟情式认知结构。对中国共产党来说，最为合乎人情伦理的莫过于党的"作风"。恰好，民主集中制常常被理解为"发扬民主"和"善于集中"，前者是作风，后者是能力，二者都在一定程度上体现了文化的内核——规范。例如，为了发扬民主，就必须改变过分集中、独断专行的领导作风。在毛泽东看来，民主作风是一种在集中统一成为必要形势下言论上的自由，早在中国共产党第六届中央委员会第六次全体会议上他就指出，"党的民主"需要党员必须"敢于和善于提出问题、发表意见、批评缺点，以及对于领导机关和领导干部从爱护观点出发的监督作用。没有这些，所谓积极性就是空的。而这些积极性的发挥，有赖于党内生活的民主化。党内缺乏民主生活，发挥积极性的目的就不能达到"①。在这段论述中，他提出了对中国共产党党内政治生活影响至深的一系列重要命题。首先，民主作风体现为敢于说话、敢于直言，这要求党员必须具有充分的担当精神、诚实的道德品格，以及对组织的强烈责任意识。其次，民主作风不仅事关党内的决策环节、工作环节、领导环节，更是渗入党内生活的方方面面。民主集中制也是党内政治生活的基本原则，因而具备了更加广泛的文化内涵。最后，民主有赖于党员的积极性，同时也可以促进党员的积极性。正如西方的共和主义意识形态有赖于公民积极投身公共事业的公民美德一样，党的事业同样离不开党员的积极投入，这既包括积极投身改造客观世界的工作事业，也包括积极投入党内的政治生活。党员积极性同时属于价值、规范和道德，对党内生活的积极态度说明党员在价值观上拥护党为之奋斗的理想信念和政策主张；在规范意义上，没有行动就不能体现人的积极，因此对待民主作风的积极性意味着讲真话、讲实话是党员深表认同，无需外力驱使的行为模式；而在道德层面，积极参与党内事务，积极监督党员干部、批评不良现象是得到党内充分认可的，是高尚人格的表现。

民主集中制的重要方面——集体领导制度，同样有赖于一套良好的作风维系，在《党委会的工作方法》中，毛泽东分别从制度程序和工作作风两个方面进行了阐述。关于集体领导的程序，"一切重要问题（当然不是无关重要的小问题或者已经会议讨论解决只待执行的问题）均须交委员会讨论，由到会委员充分发表意见，做出明确决定，然后分别执行。"而在作风方面，"书记和委员，中央和各中央局，各中央局和区委之间的谅解、支援和友谊，比什么都重要"。② 显然，毛泽东非常深刻地认识到富有规范色彩的作风对于集体领导的有效运行的重要意义，而作

---

① 《毛泽东选集》（第二卷），北京：人民出版社，1991 年版，第 529 页。
② 《毛泽东选集》（第四卷），北京：人民出版社，1991 年版，第 1340 – 1341、1441 页。

风包括了谅解、支援和友谊，已经囊括了重要人伦情感的内容。事实上，中国共产党对作风的理解包括了单纯的行为，以及复合了行为和认知的规范结构两个层面的含义，而后者一直被视为作风建设之本。

"作风"一词带有做派、风格、姿态等含义，从直接的字面意思来看，这一概念似乎仅限于人的行为带给对方的观感。然而，只要联系党内反对形式主义的传统就不难理解，"作风"意味着从个人的行动和集体的风气传递出一套内心深处真实的情感、道德、价值。正如当群众从各种不良作风当中获取的道德败坏的印象基本不会失真一样，优良作风同样应该是与人的思维和情感世界相匹配的，它是道德和价值层面，而非科学与真理层面达成的知行统一。作风对于人的内心世界而言，除了情感、道德和价值外，还充分反映了人对外在世界的认知结构，因为它直接关系着人的行为的模式，"作风"即规范的外化形式。

诚然，在国家治理体系和治理能力现代化的要求下，随着管党治党工作的日益深入，党的作风建设也逐渐区分为"标"和"本"两个层面。鉴于党内存在的严重的官僚主义、形式主义、脱离群众和贪污腐败问题，十八大之后在全党范围内改进作风首先是外在行为这一单维上发力的，无论广大党员在内心深处有没有觉醒，都必须通过外部强制力扭转一直以来存在的不良风气。习近平总书记关于作风建设的论述以及中央抓作风建设的方向也是沿着由表及里的方向层层渗透，最初强调的是外在的力量约束，在反"四风"问题上要求令行禁止，"既然做规定，就要朝严一点的标准努力，就要来真格的。不痛不痒的，四平八稳的，都是空洞口号，就落不到实处，还不如不做。定规矩，就要落实一些已经有明确规范的事情，就要约束一些不合规范的事情，就要规范一些没有规范的事情"①。他还不遗余力地强调改进工作作风的任务非常繁重，"我们要以踏石留印、抓铁有痕的劲头抓下去"，反对"四风"的重点起先也集中在落实中央八项规定精神方面。但是，当全党范围内"四风"

① 习近平：《在中央政治局会议上关于改进工作作风、密切联系群众的讲话》（2012 年 12 月 4 日）。

现象稍有收敛之后，中央改进作风的工作就不再仅限于规范党员的行为，而是要规范党员的内心，将作风建设与党性教育并轨，最终纳入严肃党内政治生活的总体布局，改进作风不再只是规训党员的行为。习近平总书记在《党的群众路线教育实践活动工作会议上的讲话》中指出，要真正解决"四风"问题，"就要有抛开面子、揭短亮丑的勇气，有动真碰硬、敢于交锋的精神，有深挖根源、触动灵魂的态度"。行为上的作风建设，最终还要从人的灵魂深处打地基。

只要理解了"作风"贯通着道德认知与外在行为的全过程，就可以将其与政治文化的中心"规范"画等号。当然，作风在不同的场合中，行为和认知的匹配度可能会存在适当的差别。比如做群众工作，尤其是化解群众矛盾时，外在的行为有时不能取决于内心深处的感受，党员有时不得不忍让群众各种各样看似"不可理喻"的要求和纯粹为了发泄、顺气的目的，在情感、理性和道德上的认同并不能以最直观的方式转化为外在的作风。尽管此刻的作风多指行为，不过，党员的克制有赖于对群众的深厚感情、做群众工作的耐心以及对党的执政基础的负责态度，也可以与行为共同构成对待群众工作时的规范。而在党内政治生活中，作风就知行统一而言，更为广泛地包含了党员的真实的情感与道德，这无疑丰富了民主集中制内涵的多面性和层次上的立体性。

（四）党的群众路线确定的认知结构

民主集中制是党的根本组织原则，也是党的群众路线在党的生活中的应用。根据党的十九大的要求，党的群众路线要贯穿到治国理政的全过程，这就预示着需要在党的组织和国家组织原则之外，拓展民主集中制的制度建设空间，从而体现党领导国家治理的群众路线的要求。习近平总书记也再次强调过，民主集中制是党的根本的组织原则、组织制度和领导制度，作为党的领导制度，那就涉及衔接党和国家、党和社会，乃至于党对一切工作的领导环节当中。因此，新时代的民主集中制和党的群众路线是同方位、同过程的，如果说在党内民主集中制体现的是群众路线的要求，在党的领导工作中，民主集中制理所应当等同于群众路线本身，这无疑包括了从党的作风到社会公序良俗在内的更广泛的政治文化内涵。

习近平总书记指出："群众路线是我们党的生命线和根本工作路线，是我们党永葆青春活力和战斗力的重要法宝。"① 一般而言，党的群众路线的基础是马克思主义实践认识论，其理论渊源在于人的认识与行动的同步性，人对一切事物的认知都凭借实践积累的经验素材，而物质世界的经验已经经过了整个社会人的活动的加工和改造，早已不是纯正的自然之物，因此人的一切认识都有赖于他人和本人的实践活动。中国共产党要想正确地发挥领导功能，就必须在实践中不断地加深对客观世界的认识，而实践的对象是人的一切活动，即广大人民群众的生活。毛泽东在《实践论》当中概括："认识从实践始，经过实践得到了理论的认识，还必须回到实践去。认识的能动作用，不但表现于从感性的认识到理性的认识之能动性的飞跃，更重要的还须表现于从理性的认识到革命的实践这一个飞跃。"② 密切联系群众的目的是，为了让党员不断实现从对人类社会的规律的把握直至完成社会变革，在今天就是通过密切联系群众的实际，发挥群众的主动性和创造性推进全面深化改革、建成全面小康社会。

党的领导的中心任务是对世界的不断完善和改造。党的群众路线的意义在于，不断地提升党员对世界的认识能力和改造世界的实践能力。毛泽东曾指出："除了我们的觉悟，无产阶级先锋队的觉悟问题以外，还有一个人民群众的觉悟问题。当着人民还不觉悟的时候，把革命果实送给人家是完全可能的。"③ 今天党的群众工作同样包含着对群众的教育和正确引导，但是这一系列工作开展的前提是党员具有更为先进的意识，党群之间在认识上有差序存在，对于基本的经验问题，群众是党员的老师；对于事务发展的真理性知识来说，党员是群众的老师。对于群众对美好生活的期许，党应该本着实事求是的原则做到正确的引导。毛

---

① 习近平：《在纪念毛泽东同志诞辰一百二十周年座谈会上的讲话》（2013 年 12 月 26 日）。

② 《毛泽东选集》（第一卷），北京：人民出版社，1991 年版，第 292 页。

③ 《毛泽东选集》（第四卷），北京：人民出版社，1991 年版，第 1131 页。

泽东在《实践论》当中倡导的认识—实践的循环，具体到群众路线中那就是认识世界—改造世界的循环，随着循环过程带动人的认识一步步达到更高的阶段，党员和群众的认识都会产生飞跃。马克思强调的无产阶级普遍的、真实的阶级意识最终会愈发地清晰、真实起来，而当年列宁与卢森堡对话的焦点问题也恰恰是如何在党内形成无产阶级的阶级自觉意识。

于是，我们可以理解如何化解群众路线和民主集中制的差异性问题。群众路线形成是从分散的、碎片化的、不系统的群众意见中，通过理性的加工形成正确的意见，而民主集中制的"四个服从"的规范意识是程序决定的而非正确与否决定的。多数的、上级的不见得是正确的，历史已经证明，中央也有可能犯错误。当民主集中制成为党的领导制度时，其运行的制度原则与群众路线高度合一，这就需要保证最后集中的结果既符合程序正义，又符合事实正义。于是，民主集中制的政治文化属性除了价值、道德、规范、作风之外，又多出了正义的要求。近年来，党内对于群众工作的制度创新很大程度上是为了通过拓宽程序正义，尽最大限度地实现实质正义，《关于新形势下党内政治生活的若干准则》提出要坚持领导干部调查研究、定期接待群众来访、同干部群众谈心、群众满意度测评等制度。党的十九大报告指出，社会主义协商民主是党的群众路线在国家政治生活中的运用，其实已经宣告了群众路线的制度化载体正是社会主义协商民主。协商其实带有道德、规范、作风的多重含义，比如在态度上贴近群众，通过改善作风获取更多真实的意见，进而增进了与群众的感情。毛泽东在《工作方法六十条（草案）》中有一句名言，"人们的工作有所不同，职务有所不同，但是任何人不论官有多大，在人民中间都要以一个普通劳动者的姿态出现"①，说的正是这种状态。习近平总书记在《善于同群众说话》一文中明言："有少数干部不会同群众说话，在群众面前处于失语状态。其实，语言的背后是感情、是思想、是知识、是素质。不会说话是表象，本质还是严重疏

① 《毛泽东文集》（第七卷），北京：人民出版社，1999年版，第355页。

离群众，或是目中无人，对群众缺乏感情。"在西方文化中，程序正义与实质正义常常是两个学理范畴；但是在中国的伦理社会中，"情感"与"作风"则发挥着潜移默化的微妙作用，作风端正、情感饱满，往往象征着"程序"正当，或者说比程序正当更为有效，同样当作风、态度、情感都到位了，群众的意见和诉求也会发生变化，实现实质正义也更加便捷了。中国共产党更是把巩固党的执政基础的任务交给了千千万万直接面对群众的党员、干部，成为人格化的"正当性"的基础。因此，作风之于群众路线不仅仅体现了支配认知—行动的内在结构，也是情感政治文化的组织再造。

综合而言，党的民主集中制实际上在结构、规范、情感、价值、道德等多个向度直接融入了群众路线的基本要旨。事实上，群众路线秉承的也是民主集中制原则，它是这一原则在党领导国家方面的体现。在党内，民主集中制无论是作为工作组织原则还是生活组织原则，都离不开实践的检验和锤炼。实事求是、兼容并蓄可以最大范围内地汇集广大党员和各级组织基于经验基础上的意见和方案，避免一把手的专断任性，就等于在反对官僚主义方面抓住了关键的少数。实现毛泽东"打掉"官风的主张和要求，除了发动群众监督领导干部之外，更需要党内的"群众路线"以实践原则的推行来实现。实际上，毛泽东关于反对官僚主义的思考是没有严格区分党内和党外的，同样是在《工作方法六十条（草案）》当中他指出："对于下级所提出的不同意见，要能够耐心听完，并且加以考虑，不要一听到和自己不同的意见就生气，认为是不尊重自己。"① 可见，官僚主义症结是在认识领域上脱离实际，个人修养、人格和情操上缺乏虚怀若谷的态度两方面构成的，所以知行统一及要求对客观事物的实事求是，还包括是道德修养上的高度自觉。

组织生活方面落实民主集中制原则，更能表现党的群众路线在感情、道德上的实践要求。党内的组织生活制度的中心并非业务工作，而是党员的党性、态度、意识形态、作风，通过组织生活可以反映党内政

---

① 《毛泽东文集》（第七卷），北京：人民出版社，1999年版，第355页。

治生活中的实际问题。党的群众路线在制度设计方面是通过具体事务的处理来体现人的道德、情感和作风，那么党内组织生活则是将事关政治文化最显性的内容集中起来，但是它仍然要贴合实际、实事求是。习近平总书记在党的群总路线教育实践活动总结大会上的讲话提到："党内政治生活和组织生活都要讲政治、讲原则、讲规矩，不能搞假大空，不能随意化、平淡化，更不能娱乐化、庸俗化。"求真、求实即实事求是，它要求党员必须直面实际存在的问题。求真和求善为一体的特征，在群众路线和实事求是的哲学思想中，在党的民主集中制当中，则体现为"正确集中"的需求，既要讲事实，也要讲政治。习近平总书记每逢谈及批评和自我批评都会谈到要杜绝组织生活会当中一些不切合实际的现象，如要坚决克制文过饰非、知错不改等错误倾向。若要做到组织生活中的实事求是，一系列高尚的道德修养是必须具备的，如"对同志的提醒批评，要闻过则喜、虚心接受"[1]；不敢相互批评的原因在于"为人情所困、为利益所惑，怕结怨树敌、怕引火烧身，说到底还是私心杂念作怪，缺乏党性和担当"[2]。每一名党员不分职务的高低，以平等的身份开展批评与自我批评，实则是中国人的伦理原则在党内的转化。普通党员能够不计个人得失批评领导干部，领导干部能够放下身段接受批评并作出自我批评，从伦理上是构成对中国传统政治文化中的权威人格和面子文化的冲击与否定，同时也是对差序格局下亲近关系之间能够畅所欲言、直抒胸臆的吸纳和汲取。党员作为一名具有现代道德人格的个体，应该体现更加大公无私，为党的事业、为组织的健康更加担当的精神，一旦这种精神成为共有的意识，干部也不会因面子而影响权威，党员也不会因批评而结怨他人，道德也就内化为支配认知—行动的规范了。

① 习近平：《在党的群众路线实践活动总结大会上的讲话》（2014年10月8日）。
② 习近平：《在第十八届中央纪律检查委员会第六次会议上的讲话》（2016年1月12日）。

总　结

　　党的十九大前后，习近平总书记的一系列论述将发展积极健康的党内政治文化的重要性提到了前所未有的高度，作为与坚持民主集中制、严肃党内政治生活、严明党的纪律、强化党内监督等量齐观地坚持全面从严治党的基本举措。在党的十八届六中全会上，习近平总书记详细阐述了党内政治文化的性质："党内政治文化是以马克思主义为指导，以中华优秀传统文化为基础，以革命文化为源头，以社会主义先进文化为主体，充分体现中国共产党党性的文化。"根据这一重要论断，我们可以将党内政治文化的内在结构划分为若干层次：

　　第一层是由科学的理论武装之后体现党的先进性的世界观，它决定了共产党人的理想信念。第二层是中国共产党人的价值观，它是建立在解放思想、实事求是的基本认识论基础之上，以人民幸福、民族复兴、世界和平为评判标准，以解放和发展生产力，建设中国特色社会主义为现实要求有机构成的精神系统。第三层是强调勇于奋进的精神风貌，民主革命和社会主义建设年代的伟大实践将马克思主义改造世界的基本要求内化为中国共产党人的行为指向，缔造了热情忘我投身伟大事业的积极氛围和敢于攻坚克难的精神气质。第四层是团结友好的人际关系，民主集中制的根本组织原则通过民主和集中相结的方式，在组织内力求同志之间的团结统一，对组织外则积极争取、团结一切党外人士和广大人民群众。民主集中制鼓励纯粹的思想斗争，最终要实现党内意志的高度统一。第五层是党性修养锤炼的基本道德，这一道德源自中华民族传统美德，经由马克思主义指导下发生了现代性和创造性转化，成为以党的价值观为修养标准的道德标准。最后一层，也就是党内政治文化最核心的要素，即党员之间共识、共享的行为自觉——规范。它包括党员必须自觉遵守的"四个服从"，不需任何外部的督导和约束都能履行党员义务和党的纪律。规范在文化的层次中具有最稳定、最持久，可以直接促发行动的社会认知。个人层面上决定行动的认知只是道德，总有少数人做得比其他人更出色，规范则必须在人际环境中相互影响才能实现，一经实现就为群体所有，人们遵守规范的情况并不会表现出太大的差异。

基于党内政治文化的若干层次可以看出，发展积极健康的党内政治文化具有两方面重大的现实意义。

其一，对于我们党保持先进性和纯洁性深刻意义。党的先进性和纯洁性是马克思主义要求中国共产党人具备的基本品质，从历史发展的规律来看，党的先进性即无产阶级的先进性，党的纯洁性即抵制各种腐朽文化、落后文化侵蚀的基本属性和基本能力。先进性和纯洁性具体到思想上，体现为坚守马克思主义的基本立场和中国特色社会主义的道路、理论、制度和文化自信，树立正确的人生观、权力观、利益观、荣辱观；在精神面貌上要勇于变革、勇于创新、永不僵化、永不停滞，坚持不断地自我革命；在作风上要实事求是、理论联系实际、密切联系群众，自觉捍卫党的群众路线这一根本的工作路线和生命线；在道德品质上要自觉加强党性修养，将党章对党员的基本要求转化为个人立身的基本标准；在政治上要坚守正确的政治立场、政治方向，严肃党的政治纪律，提高个体的政治能力，在思想上、理论上、行动上与中央保持高度一致。这些都属于政治文化的范畴，也是民主集中制对党员基本行为规范要求的表现。

其二，发展积极健康的党内政治文化对于引领社会主义先进文化具有重大意义。党内政治文化和社会主义先进文化的关系，既不是物理上的包含与被包含关系，亦非有机体的构成关系，而是中心与外围的关系。我们已经看到，在中国的伦理社会中，人与人之间通过由近及远的"拟情"式的心理活动，从人与人之间最质朴、最天然的人际关系为中心对外辐射扩散而形成普遍的社会心理和意识形态。在中国共产党领导的漫长的社会革命和社会主义建设的过程中，中国人逐渐熟悉、适应并接纳了以组织为中心的新式公共生活和新式教育场域，党的组织取代了家庭演变为新的伦理制高点，由中心向外构成新认同、新价值、新观念的辐射网络。党内政治文化并非无本之木，它先是有效地适应了中国的传统伦理，结合群众的需求提出自己的主张，进而教育群众接受新的观念。如今它仍然在发挥这样的社会功能，并且成为党的领导的重要内容和方案之一。

全面从严治党的艰巨任务必须从拧紧人身总开关开始，必须从提高党员党性修养开始，从严肃党内政治生活、贯彻党的民主集中制开始，这些具体工作的背后都贯穿着共同的人生观、价值观、为政之德以及党的意识和党员意识。近些年，全党上下为解决好"总开关"问题，加强马克思主义基本理论学习，从中央开始推动全党形成党章意识，开展党的群众路线教育实践活动和"三严三实"专题教育，推进"两学一做"学习教育常态化制度化，严肃党内政治生活取得了突出的成效，大力开展批评与自我批评，党的作风建设得到了极大的提升，党员的纪律意识明显增强，这些都为今后继续发展积极健康的党内政治文化奠定了良好的基础。同时，发展党内政治文化还面临着严重的问题。首先，从近些年查处的事关党内高级领导干部的大案要案来看，山头文化、圈子文化、码头文化的消极影响仍然严重，一些领导干部在所在地方和分管领域搞"独立王国""私人领地"的现象仍然突出。封建主义、资本主义在党内造成的个人主义、利己主义，以及人身依附和潜规则等腐朽文化形态仍然十分突出。其次，党仍然面临着精神懈怠的危险。仍有不少党员面对工作不尽心、不尽责，不敢于担当，总是回避困难，试图规避责任，丧失了革命斗争精神。再次，尚未形成健康、坦率的党内人际关系。习近平总书记指出，"批评和自我批评存在的普遍性问题是，自我批评难，相互批评更难。难就难在为人情所困、为利益所惑，怕结怨树敌、怕引火烧身"①，看人下菜碟、好人主义、阿谀奉承大行其道。最后，党内政治生活的严肃性还需要提高，形式主义、随意化、平淡化、假大空的问题尚未根除。党内组织生活开展仍然需要破解积极性、主动性不够的问题，距离习近平总书记提出的一切工作到支部的要求还有一定距离。

根据党内政治文化的基本内容和意义，当前发展积极健康的党内政治文化需要一个由表及里、循序渐进的过程，首先是要抓关键、抓重点。

党内需要进一步深入强化理论学习，提高全党干部的马克思主义理论水平。理论学习需要坚持，各级党组织都需要烘托学习氛围、大兴学习之风，让广大党员尤其是领导干部认识到理论学习对于实际工作的重要指导意义。最重要的莫过于马克思主义的中国化大众化，建设体现中国道路和中国特色的哲学社会科学，讲好中国故事，用润物细无声的环境让经典理论结合中国实际入脑入心。

发展积极健康的党内政治文化需要领导干部带头率先垂范、以上率下。2017年10月31日，党的十九大闭幕仅一周，习近平总书记带领中共中央新一届政治局常委瞻仰在上海的中国共产党第一次全国代表大会会址和嘉兴红船，回顾建党历史，重温入党誓词，宣示新一届党中央领导集体的坚定政治信念，以身作则弘扬党的初心，践行文化自觉。领导干部在各自的党组织内，带头学习红色经典、营造团结互助的同志关系、自觉坚持党的民主集中制、做党性修养的表率，能够直接带动一个班子、一级组织的文化氛围，营造清明的党内政治生态。

大力推进严肃党内政治生活。严肃党内政治生活需要坚持和发扬实事求是、理论联系实际、密切联系群众、开展批评和自我批评、坚持民主集中制等优良传统。要通过一定的制度设计让党内政治生活常态化，让党内同志在政治生活中养成接受监督和批评的习惯，进而能够做到闻

---

① 习近平：《在第十八届中央纪律检查委员会第六次全体会议上的讲话》（2016年1月12日）

过则喜、虚心接受。要鼓励、表彰敢于亮剑、态度端正的党员，要让领导党内政治生活的质量成为考察选任干部的重要依据，倒逼党员适应严肃认真的政治生活，进而形成习惯，对同志的提醒批评做到闻过则喜、虚心接受。此外，还要加强对党员的生活教育，大力弘扬包括良好家风在内的传统美德，帮助党员解决实际问题，减少党员工作的后顾之忧，让组织生活不再远离党员的日常生活。

　　健全和完善党的民主集中制。中国共产党是按照民主集中制的原则组织起来的，发展积极健康的党内政治文化的一切工作最终都要具体到民主集中制的执行和运转上。全党上下要发扬民主，调动党员的积极性和自觉性，让党员时刻牢记自己的第一身份是共产党员，把党组织的事情摆在第一位，久而久之强化党员对党的忠诚度和归属感。要加强党中央的集中统一领导，通过党的政治建设提高党员尤其是领导干部的政治能力，在具体工作中自觉落实中央要求，强化党内监督，培育党员之间共同捍卫"四个服从"，遵守党的纪律的良好氛围，让民主集中制的"规范"成为党员的行动自觉。

参考文献

中文文献：

1. 《马克思恩格斯选集》（1—4 卷），北京：人民出版社，1995年版。

2. 《马克思恩格斯文集》（1—10 卷），北京：人民出版社，2009年版。

3. 《列宁全集》（第 38 卷），北京：人民出版社，1986 年版。

4. 《建党以来重要文献选编》（1—26 卷），北京：中央文献出版社，2011 年版。

5. 《建国以来重要文献选编》（1—20 卷），北京：中央文献出版社，2011 年版。

6. 《毛泽东选集》（1—4 卷），北京：人民出版社，1991 年版。

7. 《毛泽东文集》（1—8 卷），北京：人民出版社，1993、1996、1999 年版。

8. 《邓小平文选》（1—3 卷），北京：人民出版社，1993、1994年版。

9. 《习近平论治国理政》，北京：外文出版社，2014 年版。

10. 《习近平论治国理政》（第二卷），北京：外文出版社，2017年版。

11. 《习近平关于社会主义政治建设论述摘编》，北京：中央文献出版社，2017 年版。

12. 《习近平关于全面从严治党论述摘编》，北京：中央文献出版社，2016 年版。

13. 《习近平关于社会主义文化建设论述摘编》，北京：中央文献出版社，2017 年版。

14. 《习近平新时代中国特色社会主义思想三十讲》，北京：学习出版社，2018 年版。

15. 《瞿秋白文集》（第四卷），北京：人民出版社，1998 年版。

16. 《共产国际有关中国革命的文献资料（1919—1928）》，中国社会科学院近代史研究所翻译室编译，北京：中国社会科学出版社，1981 年版。

17. ［美］阿尔蒙德、［美］维巴：《公民文化》，马殿军等译，杭州：浙江人民出版社，1989 年版。

18. ［美］白鲁恂：《重温政治文化》，梅祖蓉译，《政治思想史》2012 年第 4 期。

19. ［法］布罗代尔：《文明史纲》，肖昶、冯棠等译，桂林：广西师范大学出版社，2003 年版。

20. 丛日云（主编）：《传统政治文化与现代政治文明》，北京：中国社会科学出版社，2015 年版。

21. 丛日云、王路遥：《关于政治文化研究"复兴"的争议》，《教学与研究》2013 年第 1 期。

22. ［法］丹尼斯·库什：《社会科学中的文化》，北京：商务印书馆，2016 年版。

23. 顾忠华：《韦伯学说》，桂林：广西师范大学出版社，2004 年版。

24. 韩庆祥：《政治文化、政治生活和政治生态的内在逻辑》，《理论视野》2017 年第 5 期。

25. ［法］基佐：《欧洲文明史》，程洪逵、阮芷译，北京：商务印书馆，2005 年版。

26. ［美］克利福德·格尔茨：《文化的解释》，南京：译林出版社，2014 年版。

27. 李忠杰：《建设先进的党内政治文化》，《理论视野》2017 年第 5 期。

28. 梁启超：《清代学术概论》，上海古籍出版社，1998 年版。

29. ［美］裴宜理：《安源——发掘中国革命之传统》，阎小骏译，香港大学出版社，2014 年版。

30. ［美］魏斐德：《历史与意志：毛泽东思想的哲学透视》，李君如等译，北京：中国人民大学出版社，2013 年版。

31. 《魏源集》（上册），北京：中华书局，1976 年版。

32. 吴灿新：《党内政治文化建设略探》，《中国延安干部学院学报》2017 年第 1 期。

33. 谢龙（主编）：《平凡的真理　非凡的求索——纪念冯定百年诞辰研究文集》，北京大学出版社，2002 年版。

34. 阎步克：《士大夫政治演生史稿》，北京大学出版社，2015 年版。

35. 应星：《大河移民上访的故事——从"讨个说法"到"摆平理顺"》，北京：读书·生活·新知三联书店，2000 年版。

36. 余英时：《宋明理学与政治文化》，长春：吉林出版集团，2008 年版。

37. ［美］约翰·斯塔尔：《毛泽东的政治哲学》，曹志为、王晴波译，北京：中国人民大学出版社，2013 年版。

38. 曾天雄、陈井鸿：《论邓中夏无产阶级领导权思想的形成及其历史意义》，《湖南人文科技学院学报》2008 年 12 月。

39. 张灏：《幽暗意识与民主传统》，北京：新星出版社，2006 年版。

40. 张善若：《中国政治文化对公共政治讨论话语的影响》，《武汉大学学报》2017 年第 2 期。

41. 张允熠：《中国文化与马克思主义》，北京：人民出版社，2015 年版。

42. 朱熹：《四书章句集注》，北京：中华书局，1983 年版。

43. 祝灵君：《中国共产党人的党性与党性修养》，北京：人民出版社，2016 年版。

英文参考文献：

1. Chen, Jie, Popular Political Support in Urban China, Washington DC, and Stanford, CA: Woodrow Wilson Center Press and Stanford University Press, 2004.

2. Dickon, Bruce, What Explains Chinese Political Behavior?, Comparative Politics, Vol. 25, No. 1 (Oct., 1992).

3. Dittmer, Lowell, Political Culture and Political Symbolism: Toward a Theoretical Synthesis, World Politics, XXIX (1977).

4. Jacobs, J. Bruce, A Preliminary Model of Particularistic ties in Chinese Political Alliances, The China Quarterly, No. 78 (June 1979).

5. Jean, Oi, State and Peasant in Contemporary China, Berkeley: University of California Press, 1989.

6. Kennedy, Scott, Comparing Formal and Informal Lobbying Practices in China, China Information, 2009. 23 (2).

7. Li, Lianjiang, Political Trust in Rural China, Modern China, 2004. 30 (2).

8. Manion, Melanie, Democracy, Community, Trust: The Impact of Chinese Village Elections in Context, Comparative Political Studies, 39, no. 3 (April), 2006.

9. Nathan, Andrew, Debate: Is Communist Party Rule Sustainable in China? Reframing China Policy: The Carnegie Debates, Library of Congress, Washington DC, October 5, 2006.

10. Pye, Lucian, Asian Power and Politics: The Cultural Dimension of Authority, Cambridge, Massachusetts and London, England: The Belknap Press of Harvard University Press, 1985.

11. Pye, Lucian, The Manadrian and the Cadre: China's Political Cultures, Ann Arbor: Center for Chinese Studies, University of Michigan, 1988.

12. Read, Benjamin, Democratizing the Neighbourhood? New Private Housing and Home-Owner Self-Organization in Urban China, The China Journal 49, 2003.

13. Shi, Tianjian, The Cultrual Logic of Politics in Mainland China and Taiwan, Cambridge University Press, 2014.

14. Tang, Wenfang, Populist Authoritarianism: Political Culture and Regime Stability, Oxford University Press, 2016.

15. Verba, Sideny, Comparative Politics, in Pye and Verba (eds.), Political Culture and Political Development, Princeton University Press, 1965.

16. Walder, Andrew, Communist Neo-Traditionalism: Work and Authority in Chinese Industry, Berkeley: University of California Press, 1986.

17. Wang, Zhengxu, Before the Emergence of Critical Citizens: Economic Development and Political Trust in China, International Review of Sociology, 2005.

18. Zhang, Shanruo, Confucianism in Contemporary Chinese Politics: An Actionable Account of Authoritarian Political Culture, Lexington Books, 2016.

19. Zhong, Yang, Political Culture and Participation in the Chinese Countryside: Some Empirical Evidence, Political Science and Politics, Jul. , 2004.